Eduard Baldamus

Deutsche Literatur auf dem Gebiete der Kriegswissenschaft und

Pferdekunde 1875-1879

Eduard Baldamus

Deutsche Literatur auf dem Gebiete der Kriegswissenschaft und Pferdekunde 1875-1879

ISBN/EAN: 9783743321243

Hergestellt in Europa, USA, Kanada, Australien, Japan

Cover: Foto ©ninafisch / pixelio.de

Manufactured and distributed by brebook publishing software (www.brebook.com)

Eduard Baldamus

Deutsche Literatur auf dem Gebiete der Kriegswissenschaft und Pferdekunde 1875-1879

Die Erscheinungen der deutschen Literatur

auf dem Gebiete der

Kriegswissenschaft und Pferdekunde.

1875—1879.

Mit einem Anhange:

Die wichtigsten Karten und Pläne Europa's.

Systematisch und mit alphabetischem Register

von

Eduard Baldamus.

Leipzig 1880,
J. C. Hinrichs'sche Buchhandlung.

Inhalts-Verzeichniss.

Jahrbuch, militär-statistisches, f. d. J. 1875. 2 Thle. Ueber Anordng. d. k. k. Reichs-Kriegs-Ministeriums bearb. u. hrsg. v. der III. Section d. techn. u. administrativen Militär-Comité. gr. 4. (IV, 200 u. IV, 301 S. m. 3 Steintaf.) Wien 1879, k. k. Hof- u. Staatsdruckerei.   4. 80.

Jahrbücher f. die deutsche Armee u. Marine. Red. von G. v. Marées. Jahrg. 1879. 30—33. Bd. à 3 Hfte. gr. 8. (30. Bd. 1. Hft. 112 S.) Berlin, Schneider & Co. n. 32. —; einzelne Hfte. à n. 4. —

Jahresberichte üb. die Veränderungen u. Fortschritte im Militärwesen. 5. Jahrg. 1878. Hrsg. von H. v. Löbell. gr. 8. (XIV, 540 S.) Berlin 1879, Mittler & Sohn. n. 8. —; geb. n. 9. 50.

Kábdebo, Heinr., Bibliographie zur Geschichte der beiden Türkenbelagerungen Wien's 1529 u. 1683. Mit e. lith. Taf. u. 50 Holzschn. (eingedr. u. auf 8 Taf.) gr. 8. (XVIII, 157 S.) Wien 1876, Faesy & Frick.   n. 8. —

Kasprowicz, E. L., Tornister-Dolmetscher d. deutschen Soldaten im täglichen Verkehr m. allen slav. Volksstämmen. Sammlung der nothwendigsten Worte u. Ausdrücke m. Wiedergabe ihrer Aussprache in deutscher Sprache. qu. gr. 16. (48 S.) Leipzig 1877, Kasprowicz.   n.n. — 50.

Katalog der Bibliothek d. königl. preussischen grossen Generalstabes. gr. 4. (XVI, 481 S.) Berlin 1878, (Mittler & Sohn).   n. 8. —

—— der Bibliothek d. kgl. sächs. Sanitätsofficiercorps. gr. 8. (VII, 138 S.) Dresden 1878, Weiske.   n. 1. 50.

Kriegerheil. Organ der deutschen Vereine zur Pflege im Felde verwundeter u. erkrankter Krieger. Red.: E. Gurlt. 14. Jahrg. 1879. 12 Nrn. (B.) gr. 4. Berlin, C. Heymann's Verl.   n. 3. —

Kriegs-Archiv, das k. k. Geschichte u. Monographie. Lex.-8. (III, 123 S.) Wien 1878, (Gerold's Sohn).   n. 2. 80.

Kriegs-Lexikon, illustrirtes. Persönlichkeiten, Länder- u. Völkerkunde, Heer u. Flotte, Städte, Festgn., Gebirge, Flüsse, Seen u. Häfen im Gebiete d. russisch-türk. Kriegsschauplatzes. Nebst e. chronolog. Uebersicht der Kriegs-Ereignisse. Vademecum f. Zeitungsleser. Mit Portraits, Ansichten u. Karten. 2. Aufl. 8. (VIII, 100 S.) Leipzig 1877, Weber. geb.   1. —

Marine-Verordnungs-Blatt. Hrsg. v. der kaiserl. Admiralität. 10. Jahrg. 1879. 24 Nrn. gr. 8. (Nr. 1. ³/₈ B.) Berlin, Mittler & Sohn.   n. 4. —

Militär-Encyclopädie, allgemeine. Hrsg. u. bearb. v. e. Verein deutscher Offiziere u. A. Supplement. gr. 8. (494 S.) Leipzig 1877,78. Webel.   n. 9. 60.

Militär-Literatur-Zeitung. Gegründet von C. v. Decker u. L. Blesson. Red.: F. v. Meerheimb. 60. Jahrg. 1879. 12 Hfte. (à 3—4 B.) gr. 4. Berlin, Mittler & Sohn.   n. 12. —

Militär-Verordnungsblatt, schweizerisches. 4. Jahrg. 1879. gr. 4. (Nr. 1. 10 S.) Bern, (Huber & Co.).   n. 5. 35.

Militär-Verwaltung, die deutsche. Organ f. die Beamten d. deutschen Heeres. Red.: H. Ertz. 6. Jahrg. 1878. 24 Nrn. (à 1—1½ B.) Fol. Berlin, (H. J. Meidinger).   n. 4. —

Militär-Wochenblatt. Red.: v. Witzleben. 64. Jahrg. 1879. 104 Nrn. (à 1—2 B). Mit Beilagen. gr. 4. Berlin, Mittler & Sohn.   n. 16. —

—— dasselbe. Beiheft. 1879. 4. Hft. gr. 8. Ebd.   n. — 80
Inhalt: Die Kämpfe der französischen Armee gegen die pariser Kommune im J. 1871. Von v. der Boeck. Hierzu e. (lith.) Karte: Paris u. Umgebg. (in Fol.) (42 S.)

Militär-Zeitung. Hrsg. u. Red.: Friedr. Geitler v. Armingen. 28. Jahrg. 1875. 104 Nrn. (B.) gr. 4. Wien, (Gerold's Sohn.)   n. 22. —

—— allgemeine. Red.: Zernin. 54. Jahrg. 1879. 52 Nrn. (B.) gr. 4. Darmstadt, Zernin.   n. 24. —

—— allgemeine schweizerische. Organ der schweizer. Armee. Red.: v. Elgger. 25. Jahrg. 1879. 52 Nrn. (B.) hoch 4. Basel, Schwabe.   n. 6. 40.

—— für die Reserve- u. Landwehr-Offiziere d. deutschen Heeres. Red.: v. Marées. 2. Jahrg. 1879. 52 Nrn. (à 1¼—1½ B.) gr. 4. Berlin, Feicht.   n. 16. —

Mittheilungen üb. Gegenstände d. Artillerie- u. Genie-Wesens. Hrsg. vom k. k. techn. u. administrativen Militär-Comité. Jahrg. 1879. 12 Hfte. gr. 8. (1. Hft. 94 S. m. 1 eingedr. Holzschn. u. 3 Steintaf.) Wien, (v. Waldheim).   n. 20. —

—— hydrographische. Hrsg. von dem hydrographischen Bureau der kaiserl. Admiralität. 3. Jahrg. 1875. 26 Nrn. (à 1½—2 B.) hoch 4. Berlin, Mittler & Sohn. n. 3. —

—— aus dem Gebiete d. Seewesens. Hrsg. vom k. k. hydrograph. Amte, Marine-

Bibliothek. 7. Bd. Jahrg. 1879. 12 Hfte. gr. 8. (1. Hft. 64 S. m. 1 Steintaf., nebst Kundmachung f. Seefahrer 1878. Nr. 48—51 und hydrographische Nachricht 1879, Nr. 31—35 m. 8 Tab.) Pola. Wien, (Gerold's Sohn). n. 12. —
Monatsschrift, österreichische, f. Hippologie u. Pferdezucht. Offizielles Organ der VI. Section [f. Pferdezucht] der k. k. Landwirthschafts-Gesellschaft in Wien. Red.: Ludw. Ramschak. 2. Jahrg. 1879. 12 Nrn. (B.) gr. 4. Wien, (F. Beck). n. 6. —
Nachrichten f. Seefahrer. Hrsg. v. dem hydrograph. Bureau der kaiserl. Admiralität. 10. Jahrg. 1879. 52 Nrn. (à ½—2 B.) hoch 4. Berlin, (Mittler & Sohn). n. 2. —
Niemann, Aug., Militär-Handlexikon, unter Mitwirkg. v. Offizieren der kais. deutschen u. der k. k. österr.-ungar. Armee, insbesondere d. kgl. preuss. Generalstabes u. d. k. k. Geniestabes, sowie auch der kais. deutschen Marine hrsg. Mit Holzschn. u. e. Taf. der Flaggen u. Standarten in Chromolith. 3 Abthlgn. 8. (V, 1036 S.) Stuttgart 1878, Bonz & Co. n. 15. —; geb. n. 16. —
Organ der militär-wissenschaftlichen Vereine. Hrsg. vom Ausschusse d. militärwissenschaftl. Vereines in Wien. 18. u. 19. Bd. Jahrg. 1879. 8—12 Hfte. gr. 8. (18. Bd. 1. Hft. 152 u. XVI S. m. 7 Steintaf.) Wien, (v. Waldheim). n. 16. —
Repertorium, VI., der Militär-Journalistik. [1. April 1878 bis Ende Decbr. 1878.] gr. 8. (56 S.) Wien 1879, (Seidel & Sohn). n. 1. —
Schmidt, Herm., die Literatur d. Feuerwehr- u. Turnwesens, der Heilgymnastik, Fahr-, Fecht-, Reit-, Ring-, Schwimm- u. Tanzkunst, sowie d. Boxens, Ruderns, Schlittschuhlaufens u. der Fingergymnastik von 1860—1877 1. Sem. Systematisch geordnet u. hrsg. gr. 8. (51 S.) Prag 1877, Bellmann. n. — 40.
Schützen- u. Wehr-Zeitung, deutsche. Zeitschrift zur Besprechg. v. Schützenu. Wehrangelegenheiten. Organ d. deutschen Schützenbundes. Red.: Sterzing. Jahrg. 1879. 52 Nrn. (½ B.) gr. 4. Bremen, (Tannen). n. 4. —
Soldatenbibliothek im Tornister. 2—6. Bdchn. 16. Berlin 1875, J. F. Berger. cart. à n. — 50 (1—6.: n. 2. 90).

Inhalt: 2. Geschichte d. 2. oberschlesischen Infanterie-Regimentes Nr. 23 von seiner Stiftung im J. 1813 bis jetzt in kurzgefasster Darstellg. Nach der Geschichte d. 23. Regimentes von v. Busse u. nach den vorhandenen Acten u. Tagebüchern bearb. v. Knispel. (70 S.) 1874. — 3. Allerhöchste Verordnung üb. die Disziplinar-Strafordnung f. das Heer. Vom 31. Oktbr. 1872. — Verordnung üb. die Ehrengerichte der Offiziere im preussischen Heere. Vom 2. Mai 1874. (87 S.) 1874. — 4. Deutsche Regimentsschule. Leitfaden f. Lehrer u. Schüler deutscher Regiments- u. Unteroffizierschulen, sowie zum Selbstunterricht f. alle Unteroffiziere der deutschen Armee. Von Koeppel. 1. Thl. Deutsche Sprache. Militair-Briefstil. (91 S.) 1874. — 5. Dasselbe. 2. Thl. Vaterländische Geschichte. Geographie. (99 S.) 1874. — 6. Dasselbe. 3. Thl. Rechnen. Feldbefestigung. Mit 9 (eingedr.) Holzschn. (70 S.)

Soldaten-Freund, der. Zeitschrift f. fassl. Belehrg. u. Unterhaltg. d. preuss. Soldaten. Begründet v. L. Schneider. 47. Jahrg. Juli 1879—Juni 1880. 12 Hfte. gr. 8. (1. Hft. 76 S.) Berlin, Mittler & Sohn. n. 9. —
—— der österreich-ungarische. Blätter f. die Mannschaften aller Waffengattgn. der Heere Sr. apostol. Maj. d. Kaisers u. Königs Franz Josef I. Hrsg. v. Ed. Schroeder. Mit Illustr. 1. Jahrg. April 1878—März 1879. 24 Hfte. (2 B.) gr. 8. Teschen, Schroeder. n. 6. —
Sporn, der. Zentral-Blatt f. die Gesammt-Interessen d. deutschen Sport's. Organ der Landes-Vollblut-Zucht. Red.: F. André. 16. Jahrg. 1878. 52 Nrn. (à 1—2 B.) gr. 4. Berlin. Leipzig, (Werner). n.n. 30. —
Sport. Illustrirte Blätter f. Reiter u. Pferdefreunde. Mit Orig.-Zeichngn. v. Emil Adam, O. Fickentscher, H. Lang etc. 2. Bd. 5 Hfte. Imp.-4. (IV, 98 S. m. Holzschn. u. Chromolith.) Stuttgart 1879, Schickhardt & Ebner. n. 20. —
—— Officielles Organ d. Jockey-Club f. Oesterreich, d. Trabrenn-Vereines, d. Reiter-Club in Wien, d. Vollblutzucht-Vereines f. Oesterreich u. der Gesellschaft zur Prämiirg. gut dressirter Campagne-Pferde. Red.: Fr. v. Karst-Karstenwerth, gen. Flemming. 10. Jahrg. 1879. 52 Nrn. (à 1—2 B.) Fol. Wien, (F. Beck). n.n. 36. —
Sport-Blatt, österr.-ungarisches. Central-Organ f. die Interessen d. Sport. Hrsg. von C. v. Szent-Iványi. 2. Jahrg. 1877. 52 Nrn. (B.) Fol. Wien, (Facsy & Frick). n. 32. —
Sport-Zeitung, illustrirte. Red.: M. v. Laaba. 2. Jahrg. 1879. 52 Nrn. (à 2—2½ B. m. eingedr. Chemityp.) Fol. Berlin, (Wiegandt, Hempel & Parey). n. 24. —
Streffleur's österreichische militärische Zeitschrift. Red.: Mor. Ritter v. Brunner. 20. Jahrg. 1879. 12 Hfte. Lex.-8. (1. u. 2. Hft. 112 S. m. eingedr. Holzschn. n. 3 Steintaf.) Wien, (v. Waldheim). n. 24. —

Stunden der Rast. Miscellen der Unterhaltg. u. d. Wissens f. junge u. alte Soldaten. Hrsg. v. Eug. Klutschak. 1. Bd. 8 Hfte. (5 B.) gr. 8. Aussig a/E. Wien 1879, (Seidel & Sohn).   n. 2. —

Unteroffizier-Zeitung. Zeitschrift f. den Unteroffizier, Einjährig-Freiwilligen u. Unteroffizier-Aspiranten aller Waffen. Hrsg. u. red. von G. v. Glasenapp. 6 Jahrg. 1879. 52 Nrn. (B.) Fol. Berlin, Militaria.   n. 10. 80.

Vacanzenliste f. Militair-Anwärter. Ausg. im Auftrage d. königl. preuss. Kriegs-Ministeriums.' 5. Jahrg. 1879. 52 Nrn. (½ B.) gr. 4. Berlin, (C. Heymann's Verl.).
                                                                                        n.n. 2. —

Verordnungsblatt f. die k. k. Landwehr. 10. Jahrg. 1879. gr. 4. (Nr. 1. ½ B.) Wien, k. k. Hof- u. Staatsdr.   n. 6. —

Von den Küsten u. aus See. Organ der deutschen Gesellschaft zur Rettg. Schiffbrüchiger. Hrsg. u. red. vom Bureau der Gesellschaft. 7. Jahrg. 1878. 4 Hfte. gr. 8. (1. Hft. 18 S.) Bremen, Heinsius.   n. 1. 50.

Wörterbuch, technologisches. 1. Bd. Deutsch-englisch-französisch. Gewerbe, Civil-u. Militär-Baukunst, Artillerie etc. umfassend, bearb. v. E. Althans, L. Bach, F. C. Glaser etc. u. hrsg. von Carl v. Albert. Mit e. Vorw. v. Karl Karmarsch. 3. verm. Aufl. Lex.-8. (XII, 743 S.) Wiesbaden 1877, Bergmann.   n. 10. —
—— dasselbe. 2. Bd. Englisch-deutsch-französisch. Hrsg. v. E. Schiller. 3. verm. Aufl. Lex.-S. (VIII, 761 S.) Ebd. 1878.   n. 10. —

Zeitschrift f. die schweizerische Artillerie, hrsg. v. Carl Bluntschli. Jahrg. 1879. 12 Nrn. (à 1—2 B. m. Karten u. Steintaf.) gr. 8. Frauenfeld, Huber.   4. S0.
—— deutsche militairärztliche. Red.: R. Leuthold u. M. Bruberger. 8. Jahrg. 1879. 12 Hefte. (à 3—4 B.) gr. 8. Berlin, Mittler & Sohn.   n. 12. —

II. Kriegskunst. — Kriegswesen. — Kritik. — Generalstab-wissenschaft.

Antheil, der, der unter dem Commando Sr. königl. Hoheit d. Grossherzogs v. Mecklenburg-Schwerin vereinigt gewesenen Truppen am Kriege 1870—71. Mit 2 Uebersichtskarten, 3 Situationspläneu u. 5 lith. Skizzen. gr. 8. (VI, 189 S.) Berlin 1875, Mittler & Sohn.   n. 5. 50.

Aster, Ernst Ludw. v., nachgelassene Schriften. 2. Aufl., sorgfältig durchgesehen u. vervollständigt. 1., 2. u. 5. Bd. gr. 8. Berlin 1878, Voss.   u. S. —
   Inhalt: 1. 2. Zur Kriegstheorie. 1. u. 2. Thl. (XVI, 231 u. XVI, 165 S.) n. 5. —. — 5. Der Ingenieur-Unterricht u. seine heutigen Erfordernisse od.: Gedanken über die wissenschaftl. Bildg. d. Ingenieur-Offiziers. Mit e. drei kleinere Aufsätze enth. Anh. (XIX, 219 S.) n. 3. —

d'Aurelle de Paladines, Feldzug von 1870/71. Die erste Loire-Armee. Autoris. deutsche Uebersetzg. v. La Pierre. 2. Abth. Mit 4 Orientirungs-Karten in Fol. u. gr. Fol. gr. S. (S. 95—244.) Wolfenbüttel 1875, Zwissler. 6. — (cplt.: n. 7. S0.)

Berneck. Karl Gust. v., u. Jos. Schott, Atlas d. Kriegswesens. 28 Taf. in Stahlst., Holzschn. u. Lithogr., nebst erläut. Text v. Jos. Schott. qu. Fol. (32 S.) Leipzig 1875, Brockhaus.   n. 6. — ; geb. n. 8. 40.

Bernoulli, Aug., die Schlacht bei St. Jakob an der Birs. Eine krit. Untersuchg. gr. S. (48 S. m. 1 autogr. Plan.) Basel 1877, Bahnmaier.   n. 1. —

Bibesco, Fürst Georges, Feldzug v. 1870. Belfort, Reims, Sedan. Das VII. Corps der Rheinarmee. 2. Aufl. Uebers. v. G. S. gr. S. (VIII, 206 S. m. 2 Tab. u. 3 lith. Karten.) Leipzig 1877, Barth.   n. 8. —

Bilimek Edler v. Maissolm, Hugo, Beiträge zur Geschichte d. Generalstabes. gr. 8. (171 S.) Wien 1876, (Seidel & Sohn).   n. 3. —

Bluntschli, J. C., das Beuterecht im Krieg u. das Seebeuterecht insbesondere. Eine völkerrechtl. Untersuchg. gr. 8. (V, 168 S.) Nördlingen 1878, Beck.   n. 3. —

Bochn, Hub. v., Generalstabsgeschäfte. Ein Handbuch f. Offiziere aller Waffen. 2. durchgearb. Aufl. Mit vielen Fig. gr. 8. (VIII, 466 S.) Potsdam 1876, Döring.
                                                                                        n. 10. —

Bronsart v. Schellendorff, der Dienst d. Generalstabes. 2 Thle. gr. 8. (VI, 257 u. VIII, 237 S.) Berlin 1875, 76, Mittler & Sohn.   n. 9. 20.

Bussche, v. dem, Gefechts-Kalender der hannoverschen Armee vom 30jährigen Kriege bis zur Schlacht bei Langensalza. 8. (59 S.) Hannover 1877, Brandes. n. — 80.
Cardinal v. **Widdern,** Carl, Befehlsorganisation. Befehlsführung. Armee-Aufklärungsdienst. Beiträge zum Studium üb. höhere Truppenführg. Mit 3 Karten und mehreren Skizzen. gr. 8. (XVI, 219 S.) Gera 1876, Reisewitz. n. 4. 50.
—— die russischen Kavallerie-Divisionen u. die Armee-Operationen im Balkan-Feldzug 1877—78. Nach den Veröffentlichgn. aus den russ. Operations-Akten bearb. I. u. II. gr. 8. Berlin 1878, Mittler & Sohn. n. 3. —
 Inhalt: 1. Bis zum Fall v. Plewna. Mit 3 Karten. (VIII, 248 S.) n. 5. —. — II. Vom Fall v. Plewna bis zum Schluss. Mit 2 Karten. (VI. u. S. 249—445.) n. 4. —
Delourny, die Schlacht bei Beaumont u. die Armee Mac Mahon's, übers. v. Reuter. gr. 8. (118 S. m. 1 lith. Karte in Imp.-Fol.) Kiel 1875, Universitäts-Buch.h. n. 2. 80.
Dunst v. **Adelshelm,** Gust., die Truppen-Division in der Bewegung, im Stande der Ruhe u. im Kampfe. Mit 2 lith. Beilagen. gr. 8. (128 S.) Teschen 1876, Prochaska. n. 4. 40.
Friedrich's d. **Grossen** ausgewählte kriegswissenschaftliche Schritten. Deutsch m. Einleitg., Anmerkgn. u. e. Anh. v. Heinr. Merkens. gr. 8. (XXV, 352 S.) Jena 1876, Costenoble. n. 4. 50.
Giese, Otto v., zwei militairische Aufsätze üb. Tages-Fragen. [I. Die Unterrichts-Frage, vom militair. Standpunkt aus beleuchtet. — II. Einrichtung der grossen Exercir-Plätze f. die Detail-Ausbildg. der Truppen im Felddienst.] gr. 8. (19 S.) Leipzig 1877, Felix. — 60.
Goltz, Frhr. v. d., die Operationen der II. Armee an der Loire. Dargestellt nach den Operationsakten d. Ober-Kommandos der II. Armee. Mit 3 lith. Karten. gr. 8. (V, 579 S.) Berlin 1875, Mittler & Sohn. n. 9. —
Gopčević, Spiridion, der turco-montenegrinische Krieg. 1. Tbl. Der Krieg Montenegro's gegen die Pforte im J. 1876. Mit e. Kartenbeilage, Schlachtpläne enth. gr. 8. (VI, 146 S.) Wien 1877, (Seidel & Sohn). n. 2. 40.
—— dasselbe. 2. Tbl. Der Krieg Montenegro's gegen die Pforte im J. 1877. Mit Specialkarten vom Kriegsschauplatze [Dugapass, Bjelopavliće, Morača, Nikšić, Ljesanka]. gr. 8. (V, 130 S.) Ebd. 1878. n. 2. 70.
—— dasselbe. 3. (Schluss-)Thl.: Der Winterfeldzug 1877—78. Mit 6 lith. Schlachtplänen u. e. Holzschn. [Vućidol, Medun, Danilovgrad, Krstac, Morača, Bjelopavliće, Antivari]. gr. 8. (VIII, 155 S.) Ebd. 1879. n. 2. 90.
Guerre, la, franco-allemande de 1870—71. Rédigée par la section historique du grand Etat-Major prussien. Traduction par E. Costa de Serda. 7—14. livr. gr. 8. Berlin, Mittler & Sohn. n. 53. 70. (1—14.: n. 85. 30.)
 Inhalt: 7. Marche de la III. armée et de l'armée de la Meuse contre l'armée de Châlons. — Bataille de Beaumont. Avec les plans 7 et 8, une carte d'ensemble, 10 croquis de position et plusieurs croquis dans le texte. (S. 885—1080 u. Suppl. S. 213—274.) 1875. n. 7. — S. Bataille de Sédan. Avec les (chromolith.) plans 9a. et 9b. et 2 (lith.) croquis. (S. 1081—1238 u. Suppl. S. 275—318.) 1875. n. 5. 40. — 9. Evénemonts militaires sur le littoral allemand et devant les places d'Alsace et de Lorraine. — Bataille de Noisseville. — Coup d'oeil général sur la campagne, jusqu' au commencement de septembre. Avec les (chromolith.) plans 10, 11, 12 et 1 (lith.) croquis. (S. 1239—1421 u. Suppl. S. 319—357.) 1875. n. 6. 40. — 11. partie. Histoire de la guerre contre la république. — 10. Investissement de Paris. Prise de Toul et de Strasbourg. Avec les (chromolith.) plans 13 et 14 et 1 (lith.) carte d'ensemble. (S. 1—142 u. Suppl. S. 1—24.) 1876. n. 6. — 11. Opérations devaut Paris et sur la partie occidentale du théatre de la guerre, jusqu'à la fin d'octobre. Avec les (chromolith.) plans 15a., b., 16, 17, 2 (lith.) cartes d'ensemble et des (lith.) croquis. (S. 143—255 u. Suppl. S. 25—65.) 1876. n. 7. 50. — 12. Derniers engagements avec l'armée du Rhin. — Suite des événements, depuis la chute de Strasbourg et de Metz jusqu'au milieu de novembre. Avec les plans 18—21, 1 carte d'ensemble et plusieurs croquis (S. 257—420 u. Suppl. S. 67—134.) 1877. n. 7. — 13. Opérations sur le théatre de la guerre dans la France centrale, jusqu'à la reprise d'Orléans par les Allemands. Avec les plans 22—25 et une carte d'ensemble. (S. 421—556 u. Suppl. S. 135—228.) 1878. n. 8. — 14. Opérations destinées à couvrir le blocus de Paris [jusqu'au milieu de décembre]. Avec les plans 26, 27, la carte Nr. 28 A, une carte d'ensemble et plusieurs croquis (1. Bd. VI u. S. 557—661 u. Suppl. S. 229—270.) 1879. n. 6. 40.
Hanneken, v., Vorstudien f. e. englisch-russischen Krieg. Im April 1878 geschrieben. gr. 8. (27 S.) Berlin 1878, Mittler & Sohn. n. — 80.
Hartmann, J. v., kritische Versuche. 1. Der deutsch-französische Krieg 1870—71, red. v. der kriegsgeschichtl. Abtheilg. d. grossen Generalstabes. 1. Thl. Geschichte d. Krieges bis zum Sturz d. Kaiserreichs. gr. 8. (IV, 119 S.) Berlin 1876, Paetel. n. 3. —

Hartmann, J. v., kritische Versuche. 2. Militärische Nothwendigkeit u. Humanität. Lex.-8. (IV, 140 S.) Berlin 1878, Paetel.   n. 3. —
—— dasselbe. 3. Der russisch-türk. Krieg. Von seinem Beginn bis zur Einnahme v. Kars. Lex.-S. (IV, 72 S.) Ebd. 1878.   n. 3. —
Hölzermann, L., Lokaluntersuchungen, die Kriege der Römer u. Franken, sowie die Befestigungsmanieren der Germanen, Sachsen u. d. spaeteren Mittelalters betr. Mit 2 Karten u. 51 lith. Zeichngn. hoch 4. (VIII, 123 S.) Münster 1878, Regensberg.   n. 6. —
Horsetzky v. **Hornthal,** Adf., der russische Feldzug in Bulgarien u. Rumelien 1877 —78. Eine militär. Studie. Mit 12 in den Text gedr. Uebersichts- u. Gefechts-Skizzen u. 3 (lith. Karten-)Beilagen. gr. 8. (IV, 576 S.) Wien 1878, Seidel & Sohn.
                            n. 5. —
Jähns, Max, Handbuch e. Geschichte d. Kriegswesens von der Urzeit bis zur Renaissance. Nebst e. Atlas v. 100 (lith.) Taf. (in qu. Fol. u. Carton.) 4. (Technischer Thl.) (640 S.) Leipzig 1880, Grunow.   n. 48. —; Leinw.-Mappe zum Atlas
                            n. n. 3. —
—— die Schlacht v. Königgrätz zum 10jähr. Gedenktag d. Sieges auf Grund der gesammten einschlägl. Literatur dargestellt. Mit e. Plan. gr. 8. (XXIV, 500 S.) Ebd. 1876.   n. 11. —
Junck, Karl, der deutsch-französische Krieg 1870 u. 1871. Historisch-politisch u. kriegswissenschaftlich dargestellt. Mit Karten u. Plänen. 2 Thle. gr. 8. (XXVIII, 652 u. XXIV, 572 S.) Leipzig 1876, Brockhaus.   n. 16. —; geb. n. 19. —
Krieg, der, 1870—1871. 5. Abth. Die Cernirungs-Operationen bei Metz. Kritische Beleuchtg. der militär. u. polit. Ereignisse bis zur Schlacht bei Noisseville [Ste. Barbe] im Allgemeinen u. bis zur Waffenstreckg. der französ. Armee im Besonderen. Nach den Prozessakten Bazaine's u. anderen officiellen Schriften v. J. N(osinich). gr. 8. (1. Hälfte VI, 224 S.) Teschen 1875, Prochaska.   n. 8. —
    Die 4. Abth. ist in „Streffleur's oesterreich.militär. Zeitschrift" erschienen.
—— der deutsch-französische, 1870—71. Red. v. der kriegsgeschichtl. Abtheilg. d. grossen Generalstabes. 7—15. Hft. gr. 8. Berlin, Mittler & Sohn.   n. 49. 60. —
    Inhalt: 7. Vormarsch der III. u. Maas-Armee gegen die Armee v. Châlon. — Schlacht bei Beaumont. Mit Plan 7 u. 8, e. Uebersichtsplan, 10 Stellungs-Skizzen, sowie Skizzen im Text. (S. 928—1138 u. Ordre de Bataille S. 235—291.) 1875. n. 6. —. — 8. Die Schlacht bei Sedan. Mit (chromolith.) Plan 9 A. u. B. (in Imp.-Fol.) u. 2 (lith.) Skizzen (in gr. 4. u. qu. gr. 4.) (S. 1139—1306 u. Ordre de Bataille S. 295—312.) 1875. n. 5. —. — 9. Die Ereignisse an der deutschen Küste u. vor den Festungen in Elsass u. Lothringen. — Schlacht bei Noisseville. — Allgemeiner Ueberblick d. deutsch-französ. Krieges bis Anfangs Septhr. Mit Plan 10—12 (in Imp.-Fol.) u. e. Skizze. (XV u. S. 1307—1500 u. Ordre de Bataille S. 313—374.) 1875. n. 6. —. — 10. Einnahme v. Toul u. Strassburg. (2. Thl. 1. Bd. S. 1—146 u. Anlagen S. 1—30 m. 9 lith. u. chromolith. Karten in qu. 4. u. qu. gr. Fol.) 1876. n. 5. —. — 11. Ereignisse vor Paris u. auf den übrigen Theilen d. westfranzös. Kriegschauplatzes bis Ende October. (S. 147—262 u. Anlagen S. 31—84 m. 5 lith. Karten in qu. gr. Fol.) 1876. n. 5. —. — 12. Letzte Kämpfe m. der französ. Rhein-Armee u. Ereignisse nach dem Falle v. Strassburg u. Metz bis Mitte November. (S. 263—434 u. Anlagen S. 85—155 m. lith. Plänen, Uebersichtskarten u. Skizzen.) 1877. n. 6. —. — 13. Ereignisse im mittleren Frankreich bis zur Wiederbesetzg. v. Orléans durch die Deutschen. Mit Plänen u. Uebersichtskarte. (S. 435—577 u. Anlagen S. 157—282.) 1877. n. 7. 60. — 14. Die Sicherg. der Einschliessg. v. Paris bis Mitte Dezbr. Mit (4 lith.) Plänen, Skizzen u. Karten. (VI u. S. 579—690 u. Anlagen S. 283—312.) 1878. n. 5. —. — 15. Die Sicherg. der Einschliessg. v. Paris u. die Ereignisse vor der französ. Hauptstadt bis zum Beginn d. J. 1871. Mit Karten u. Skizzen im Text. (S. 691—782 u. Anlagen S. 313—401.) 1879. n. 4. —
—— der deutsch-französische, 1870—1871, u. das Generalstabswerk von C. v. B. 2—6. Hft. Lex.-8. Berlin, Jahncke.   n. 18. —
    Inhalt: 2. Von der Saar bis zur Mosel. Colombey. — Nouilly u. Mars la Tour. Mit 1 Uebersichtskarte. (IV u. S. 111—208.) 1876. n. 3. —. — 3. Die Entscheidung an der Mosel. Gravelotte — St. Privat. Mit e. Uebersichtskarte. (IV u. S. 209—308.) 1876. n. 3. —. — 4. Von der Mosel bis üb. die Maas. Beaumont — Sedan. Mit 1 Uebersichtskarte. (IV u. S. 309—438.) 1876. n. 5. —. — 5. Die Ereignisse bei Metz, Strassburg u. an den deutschen Küsten. Mit einer Uebersichtskarte. (1. Bd. III u. S. 439—522.) 1876. n. 3. —. — 6. (2. Bd. S. 1—122.) 1879. n. 4. —
—— der, in Italien 1859. Nach den Feld-Acten u. anderen authent. Quellen bearb. durch das k. k. Generalstabs-Bureau f. Kriegsgeschichte. 2. Bd. 2. Hft. Die Ereignisse von den Vorbereitgn. zur Ergreifg. der Offensive üb. den Mincio bis zum Waffenstillstande v. Villafranca, 22. Juni bis 7. Juli. Mit 12 Kartenbeilagen. Lex.-8. (S. 205—488 u. Beilagen S. 21—69.) Wien 1876, (Gerold's Sohn).
                            n. 14. —

Krieg, der, in Italien 1859. 3. Bd. Mit 1 Uebersichtskarte u. 2 Gefechtsplänen. Lex.-8. (VIII, 345 u. Beilagen 111 S.) Wien 1876, (Gerold's Sohn). n. 12. — (I—III.: n. 52. —)

Kuhn, Frz. Frhr. v., der Gebirgskrieg. Mit 3 Karten. 2. Aufl. gr. 8. (IX, 237 S.) Wien 1878, Seidel & Sohn. n. 6. —

Kühne, der Krieg im Hochgebirge, die Organisation der österreichischen Wehrkräfte in Tirol u. Vorarlberg u. die Divisions-Uebungen in Tirol im Septbr. 1875. Mit 1 Karte gr. S. (106 S.) Berlin 1876, Mittler & Sohn. n. 2. —

—— kritische u. unkritische Wanderungen üb. die Gefechtsfelder der preussischen Armeen in Böhmen 1866. 5 Hfte. gr. 8. Berlin, Mittler & Sohn. n. 16. 30. Inhalt: 1. Das Gefecht bei Nachod. 2. Aufl. Mit 5 Plänen u. Darstellgn. der einzelnen Gefecht-momente. (XIII, 152 S.) 1875. n. 3. 60. — 2. Die Gefechte bei Skalitz u. Schweinschädel. 3. Aufl. Mit 5 Plänen u. Darstellgn. der einzelnen Gefecht-momente. (XVI, 115 S. m. 1 Tab.) 1877. n. 3. 60. — 3. Das Gefecht bei Trautenau. 3., durchgeseh. Aufl. Mit 4 Plänen u. Darstellgn. (VI, 138 S.) 1879. n. 3. 60. — 4. u. 5. Das Gefecht v. Soor [bei Neu-Rognitz, Burkersdorf u. Rudersdorf]. Allgemeine Rückschau. Mit 3 Plänen. (V, 255 S.) 1875. n. 5. 50.

Leopold, Ernst, (Wedel), Spaniens Bürgerkrieg. Militärisch-politische Briefe üb. die carlist. Partei, Armee u. Kriegführg. Mit 1 Karte u. dem Stammbaum der span. Könige u. d. Hauses Bourbon als Beilage. gr. 8. (206 S.) Hannover 1875, Helwing's Verl. n. 4. —

Marsch-Manöver zwischen der Donau u. der Thaya vom 28. Aug. bis 7. Septbr. 1876. Nach den amtl. Relationen bearb. [Hiezu 1 Taf.] gr. 8. (124 S.) Wien 1877, (Seidel & Sohn). n. 3. —

Meckel, Anleitung zum Kriegsspiele. 1. Thl.: Direktiven f. das Kriegsspiel. Mit 5 Kpfrtaf. u. 2 Anlagen. gr. 8. (V, 60 S.) Berlin 1875, Voss. n. 2. 25.

Meister, J., Betrachtungen üb. das Entstehen der Burgunder-Kriege u. den Verlauf d. Tages v. Murten, den 22. Juni 1476. Mit 1 Karte u. Detailplan in Farbendr. hoch 4. (42 S.) Zürich 1877, Orell, Füssli & Co. Verl. n. 4. —

Moynert, Herm., das Kriegswesen der Ungarn in seiner geschichtlichen Entwickelung bis zur Errichtung des stehenden Heeres. gr. 8. (VIII, 235 S.) Wien 1876, Hölder. n. 7. 20.

Moltke, Frhr. v., der russisch-türkische Feldzug in der europäischen Türkei 1828 u. 1829, dargestellt im J. 1845. 2. Aufl. Mit Karten u. Plänen. gr. 8. (IV, 422 S. m. 1 Tab. in Fol.) Berlin 1877, G. Reimer. 10. 50.

Naumann, das Regiments-Kriegsspiel. Versuch e. neuen Methode d. Detachements-Kriegsspiels. Mit 4 Taf. in Steindr. u. 4 Anlagen in Buchdr. gr. 8. (XI, 113 S.) Berlin 1877, Mittler & Sohn. n. 3. 40.

Niepold, die Kämpfe zwischen der Seine u. Marne vom 30. Novbr. bis zum 4. Decbr. 1870. 1. u. 2. Schlacht bei Champigny-Villiers. — Gefecht bei Mesly. [Erweiterter Abdr. aus der Allg. Militär-Zeitg.] Mit e. (lith.) Uebersichtskarte (in gr. 4.). gr. 8. (93 S.) Darmstadt 1875, Zernin. n. 2. —

Nordarmee, die österreichische, im Feldzuge d. J. 1866 vom Beginne der Feindseligkeiten bis zum Vorabend der Schlacht v. Königgrätz. 1. Studie. Das Armee-Kommando. gr. 8. (VIII, 101 S.) Potsdam 1876, Stein. n. 1. 60.

Occupation, die, Bosniens u. der Hercegovina durch k. k. Truppen im J. 1878. Mit Karten u. Plänen. 1—4. Hft. gr. 8. (XVI, 470 S. m. Tab., chromolith. Karten u. Plänen in Imp.-Fol.) Wien 1879, (Seidel & Sohn). n. 13. 40.

Ott, G., Studien auf dem Kriegsschauplatze d. russisch-türkischen Krieges 1877/78. Bericht schweizer. Genieoffiziere, erstattet an das schweizer. Militärdepartement. Mit 1 Situationsplan u. 7 Taf. gr. 8. (VI, 139 S.) Zürich 1879, Orell, Füssli & Co. Verl. n. 6. —

Prinzipien der Kriegskunst. Vollständiges Handbuch der Kriegführg. der Gegenwart in ihrem ganzen Umfange in den Lehren der grössten Meister wie v. Clausewitz, Friedrich II., v. Jomini etc. dargestellt u. parallelisirt von v. S. Mit erläut. Abbildgn. 32—35. (Schluss-)Lfg. hoch 4. (3. Bd. VII u. S. 225—416.) Leipzig 1875, M. Schäfer. à n. 1. —

Quistorp, B. v., der Ausfall aus Paris am 30. Septbr. 1870. Mit 1 (lith.) Karte (in gr. Fol.). gr. 8. (32 S.) Berlin 1875, Schneider & Co. n. 1. 20.

Ratzenhofer, G., zur Beleuchtung der Occupation Bosniens u. der Hercegovina. gr. S. (43 S.) Wien 1879, (Seidel & Sohn). n. — 80.

Regenspursky, Carl, Vorträge üb. den russisch-türkischen Krieg im J. 1877. Geh. im militär-wissenschaftl. Vereine zu Wien. Mit 3 Taf. gr. 8. (84 S.) Wien 1878, (Seidel & Sohn). n. 2. 80.

Reichenau, v., üb. Handhabung u. Erweiterung d. Kriegsspiels. 2. Aufl. gr. 8. (48 S.) Berlin 1879, Luckhardt'sche Verlagsh. n. 1. 60.

Rothpletz, E., Eröffnungsrede zu den Vorlesungen über Kriegswissenschaft am schweizerischen Polytechnikum. gr. 8. (21 S.) Zürich 1879, (Orell, Füssli & Co. Verl.). n. — 60.

—— die Führung der Armee-Division. Praktische Studie f. Offiziere aller Waffen u. Grade. 1. Thl. Bis zum Gefecht. 8. (VIII, 272 S. m. 3 Tab.) Ebd. 1876. n. 5. —

Rüstow, W., die Feldherrnkunst d. 19. Jahrh. Ein Handbuch zum Nachschlagen, zum Selbststudium u.-f. den Unterricht an höheren Militärschulen. 3. bis 1877 fortgeführte Aufl. 2 Bde. gr. 8. (518 u. 623 S. m. Steintaf.) Zürich 1878, Schulthess. 18. —

—— der Krieg in der Türkei. Zustände u. Ereignisse auf der Balkanhalbinsel in den J. 1875 u. 1876. Mit Karten u. Plänen. gr. 8. (416 S.) . Ebd. 1877. 7. 50.

—— der orientalische Krieg in seiner neuesten Phase 1877. gr 8. (708 S. m. eingedr. Karten.) Zürich 1877, 78, Orell, Füssli & Co. Verl. n. 14. —

—— Kriegspolitik u. Kriegsgebrauch. Studien u. Betrachtgn. gr. 8. (328 S.) Zürich 1876, Schulthess. n. 6. —

Sarauw, Christian v., der russisch-türkische Krieg 1877 bis 1878. Auf Grundlage der veröffentlichten russ. Rapporte dargestellt. Mit 2 Uebersichtskarten u 8 takt. Plänen. 2. Ausg. gr. 8. (VIII, 345 S.) Leipzig 1879, Schlicke. n. 8. —

Scherf, H., die Theilnahme der grossherz. hessischen [25.] Division an dem Feldzug 1870/71 gegen Frankreich. 1. Lfg. Von der Mobilmachg. [16. Juli] bis 17. Aug. 1870. Mit 1 Skizze u. 3 Karten. gr. 8. (144 S. u. Beilagen 54 S.) Darmstadt 1875, Jonghaus. n.n. 1. 70.

—— dasselbe. 2. Lfg. Vom 17. Aug. bis 2. Septbr. 1870. Mit 1 Skizze u. 4 Karten. gr. 8. (S. 145—400 u. Beilagen S. 55—174.) Ebd. 1876. n.n. 1. 70.

—— dasselbe. 3. u. 4. Lfg. Vom 2. Septbr. bis 29. Octbr. 1870. Mit 3 Skizzen u. 1 Karte. gr. 8. (S. 401—682 u. Beilagen S. 175—197.) Ebd. 1877. à n.n. 1. 70.

—— dasselbe. 5. u. 6. Lfg. Vom 30. Octbr. bis incl. 2. Decbr. 1870. Mit 1 Skizze u. 1 Karte. gr. 8. (2. Bd. S. 1—290 und Beilagen S. 1—72.) Ebd. 1878. à n.n. 1. 70.

Schröder, das verschanzte Lager v. Plewna u. der russisch-rumänische Angriff desselben vom 19. Juni bis 10. Dezbr. 1877. Allgemein militärisch u. eingehend fortifikatorisch betrachtet [nach den besten zur Zeit bekannten russ. u. a. Quellen]. Mit 2 (lith.) Blatt Zeichngu.: Situations-Skizze u. fortifikator. Detail. gr. 8. (IV, 88 S.) Berlin 1878, Mittler & Sohn. n. 1. 60.

Schubert, Gust., das 12. [königl. sächsische] Armee-Corps während der Einschliessung von Paris im Kriege 1870—71, mit besond. Berücksicht. der beiden Schlachten bei Villiers. Mit 2 Plänen. gr. 8. (VII, 220 S.) Dresden 1875, Höckner. n. 5. —

Sievert, T., einige Hilfsmittel zum Planlesen beim Kriegsspiel. Mit 6 Taf. gr. 8. (16 S.) Metz 1875, deutsche Buchh. 1. 50.

Springer, Ant., Handbuch f. Offiziere d. Generalstabes [m. besond. Rücksicht auf deren Dienst im Felde]. Bearb. nach Dienstvorschriften, Reglements etc. 2. Aufl. 8. (400 S.) Brünn 1879. (Wien, Seidel & Sohn.) geb. n. 6. —

Tauern, C., die I. französische Loire-Armee. Mit 4 Croquis. gr. 8. (VII, 134 S.) Berlin 1878, Luckhardt's Verlag. n. 4. —

Taysen, A. v., Friedrichs d. Grossen Lehren vom Kriege u. deren Bedeutg. f. den heut. Truppenführer. Aus den militair. Schriften d. Königs dargelegt. gr. 8. (V, 99 S.) Berlin 1877, Mittler & Sohn. n. 2. —

Treuenfeld, v., die Tage v. Ligny u. Belle-Alliance. Mit 11 (lith.) Karten, e. Schlachtordng. u. Stärkeberechng. d. preuss., engl. u. franz. Armee. Lex.-8. (XI, 595 u. XLVIII S.) Hannover 1880, Helwing's Verl. n. 21. —

Verdy du Vernois, J. v., Beitrag zum Kriegsspiel. Mit e. Plane. gr. 8. (IX, 79 S.) Berlin 1876, Mittler & Sohn. n. 1. 50.

—— Studien üb. Truppen-Führung. 2. Thl. Die Kavallerie-Division im Armee-Verbande. 3. [Schluss-]Hft. Mit e. Skizze. gr. 8. (130 S.) Ebd. 1875. 2. 40.

(cplt.: n. 17. 80.)

Vor Plewna. [Praxis d. Tranchée-Krieges.] Aus dem Russ. [Vojennyi Sbornik]. Mit 2 Taf. [Umgebungsplan v. Plevna u. Skizze d. Angriffs auf die grünen Berge]. gr. 8. (24 S.) Wien 1879, (Seidel & Sohn). n. 1. —

Wallenstein's Heere u. Kriegführung im Lichte seiner Zeit. Bearb. v. H. B. gr. 8. (30 S.) Dessau 1879, Barth. n. — 60.

Wengen, Friedr. v. der, die Kämpfe vor Belfort im Jan. 1871. Mit 3 Karten. gr. 8. (XXIV, 632 S.) Leipzig 1875, Brockhaus. n. 12. —

—— Villersexel u. Belfort. Streiflichter aus dem deutsch-französ. Kriege 1871. Offenes

Sendschreiben an den königl. preuss. Generalmajor u. Commandeur der 28. Infanteriebrigade etc. etc. Herrn v. Loos. gr. 8. (III, 60 S.) Leipzig 1876, Brockhaus. n. 1. 20.
Werder, v., die Unternehmungen der deutschen Armeen gegen Toul im J. 1870. Mit 2 Beilagen u. 1 Plane. gr. S. (53 S.) Berlin 1875, Voss. n. 2. —
Zerbs, Ant., die russ. Expedition gegen Chiwa im J. 1873. Mit e. Skizze, welche nach der neuesten, vom kaiserl. russ. Topographen-Corps hrsg. Karte Central-Asiens entworfen u. nach den officiellen Feldzugs-Daten thunlichst berichtigt wurde; ferner m. der Ordre de bataille der russ. Streitkräfte u. e. Marsch-Tableau. gr. S. (112 S.) Wien 1875, (Seidel & Sohn). n. 3. —

III. Heerwesen im Allgemeinen.

Adressbuch d. deutschen Reichs-Heeres f. d. J. 1878. 19. Jahrg. Mit Abbildg. u. Beschreibg. v. Orden u. Ehrenzeichen. gr. S. (36 S.) Potsdam, Stechert. n. — 60.
Anciennetäts-Liste, vollständige, der Offiziere der königl. preussischen Artillerie. sowie der Zeug- u. Feuerwerks-Offiziere, m. Angabe d. Datums der Ernenng. zu den früheren Chargen, u. der Formation u. Dislocation der Artillerie. Hrsg. v. G. W. 4. (31 S.) Burg 1878, Hopfer. n. 1. 50.
—— —— der Offiziere der Cavallerie d. deutschen Reichs-Heeres, m. Angabe d. Datums der Ernenng. zu den früheren Chargen, sowie Formatiou u. Dislocation der Cavallerie-Truppentheile. Hrsg. v. G. W. 4. (42 S.) Ebd. 1879. n. 2. —
—— —— der Offiziere d. deutschen Reichs-Heeres u. der kaiserl. Marine vom General-Feldmarschall bis zum Seconde-Lieutenant etc., m. Angabe d. Datums der Ernenng. zu den früheren Chargen, sowie Formation u. Dislocation der Armee etc., nach den verschiedenen Waffengattgn. zusammengestellt u. hrsg. v. G. W. In 3 Abthlgn. I. Die königl. preuss. Offiziere u. die kaiserl. Offiziere der Marine. 22. Jahrg. II. Die königl. sächs., königl. württemberg. u. herzogl. braunschweig. Offiziere. 11. Jahrg. III. Die königl. bayer. Offiziere. 10. Jahrg. 4. (270 S.) Ebd. 1879. n. 5. 50
Hieraus einzeln: I. Abth. (200 S.) u. 4. —. — 2. Abth. (31 S.) n. 1. 25. — 3. Abth. (36 S.) n. 1. 25.
Annuaire militaire suisse 1878, cont. des extraits de la constitution fédérale, la répartition de l'armée suisse et une foule de notes militaires, historiques et statistiques. 2. année. Traduction de Salquin. Avec une carte des arrondissements de division. 16. (168 S. m. e. lith. Taf.) Bern 1878, Wyss. geb. n. 1. 50
Armee-Eintheilung, neueste. Vollständige Uebersicht der gesammten deutschen Reichs-Armee m. Angabe ihrer Standquartiere u. der Corps-, Divisions-, Brigade- u. Regiments-Commandeure. Nach amtl. Quellen. Für die Mannschaften. 39. Ausg. 8. (48 S.) Potsdam 1879, Döring. — 25
—— u. **Quartierliste**, die, d. deutschen Reichs-Heeres f. d. J. 1878. Nach amtl. Mittheilgn. bearb. 19. Jahrg. Mit Abbildgn. u. Beschreibg. v. Orden n. Ehrenzeichen. gr. S. (36 S.) Potsdam 1877, Stechert. n. — 50.
Ausstellungs-Bericht. officieller. Hrsg. durch die General-Direction der Weltausstellg. unter General-Red. v. Karl Th. Richter. 84. Hft. Lex.-S. Wien 1875, k. k. Hof- u. Staatsdruckerei. n. — 60.
Inhalt: Das Heerwesen auf der Weltausstellung 1873 in seinen Beziehungen zu Gewerbe u. Industrie. Bericht v. Rud. Potier des Echelles. (30 S.)
Becker, Heerwesen u. Soldatenleben der Deutschen zur Zeit d. 30jähr. Krieges. Vortrag. gr. 8. (37 S.) Karlsruhe 1875, Müller. — 60.
—— aus der Jugendzeit der stehenden Heere Deutschlands u. Oesterreichs. Kurze Darstellg. d. Heerwesens u. der Fechtweise der Deutschen gegen Ende d. 17. u. zu Anfang d. 18. Jahrh. gr. 8. (79 S.) Karlsruhe 1877, Bielefeld. n. 1. 60.
Buschbeck-Helldorff's Feld-Taschenbuch f. Officiere aller Waffen der deutschen Armee zum Kriegs- u. Friedens-Gebrauch. 4. Aufl. Bearb. v. mehreren preuss. Officieren. Mit mehreren Hundert Abbildgn. 1—9. Lfg. 16. (I S. 1—320; II. S. 1—432.) Berlin 1878, 79, Hempel. à n. 1. —
Crousaz, A. v., Stärke u. Formation d. preussischen Heeres u. der preussischen Kriegsmarine, neuzeitig d. deutschen Reichsheeres u. der Kriegsmarine d. deutschen Reiches in den hervorragendsten Zeitpunkten ihrer Geschichte. gr. S. (165 S.) Berlin 1875, Luckhardt's Verl. n. 3. —

Czerlien, M. v., die Wehrverhältnisse d. Ottomanischen Reiches. gr. 8. (47 S.) Wien 1876, Seidel & Sohn. n. 1. 20.

Czuba, Frz., die Organisation d. k. k. Heeres. In ihrem gegenwärt. Zustand systematisch dargestellt. 2. Ausg. gr. 8. (VI, 337 S.) Wien 1877, Dirnböck. n. 4. —

Dislocation u. Eintheilung d. k. k. Heeres, S. M. Kriegsmarine, der k. k. Landwehr u. der k. ung. Landwehr. 21. Aufl. 16. (107 S.) Wien 1876, (Seidel & Sohn). n.n. 1. —

Eintheilung der schweizerischen Armee. Beschluss d. Bundesrathes vom 18. Juni 1878. 4. (41 S.) Bern 1878, Wyss. n. 1. —
—— dasselbe, nebst (chromolith.) Karte der Militärkreise (in Imp.-Fol.), Abbildg. der kantonalen Kokarden u. der Corpsabzeichen [Achselklappen] u. Zusammenstellg. der Contigente der Kantone. gr. 8. (47 S.) Bern 1877, Huber & Co. n. 3. —
—— u. **Standquartiere** d. deutschen Reichs-Heeres, m. namentl. Angabe der Corps-, Divisions-, Brigade-, Regiments-, Bataillons- u. Abtheilungs-Commandeure, Stabs-Offiziere, Stadt- u. Festungs-Commandanten, Platzmajore, Artillerie- u. Ingenieur-Offiziere der Plätze u. Landwehr-Bezirks-Commandeure etc., nebst e. Anh., enth. e. Uebersicht der kaiserl. Marine m. Angabe der Namen, sowie der Stärke u. Verwendg. der einzelnen Fahrzeuge. Mit Berücksicht. der Allerhöchst genehmigten Dislocationsveränderngn., rev. bis zum 15. Juni 1879 v. C. A. 13. Jahrg. [2. Ausg.] gr. 8. (74 S.) Berlin 1879, Bath. n. — 80.

Eminger, J. C., Oesterreich-Ungarns bewaffnete Macht einschliesslich der Garden, Militär-Behörden u. Commanden, Milit.-Beamten, Milit.-Anstalten etc., deren Adjustirung, Bewaffnung, Dislocation etc. in chromotypisch-tabellarischer Darstellung. 16. (75 S.) Böhm. Brod 1878. (Prag, Kytka.) n. — 60.

Erdient u. Verdient! Die Orden, militär. Ehrenzeichen u. Kriegs-Denkmünzen Seiner Majestät d. deutschen Kaisers u. Königs v. Preussen Wilhelm. (Von L. Schneider.) gr. 8. (107 S. m. eingedr. Holzschn.) Berlin 1875, Mittler & Sohn. n. 1. —

Fischhof, Adph., zur Reduction der continentalen Heere. Ein Vorschlag. 2 Hfte. gr. 8. (VIII, 60 S.) Wien 1875, Wallishausser'sche Buchh. n. 1. 80.

Geschichte der Bekleidung u. Ausrüstung der königl. preuss. Armee in den J. 1808 bis 1878. Zugleich e. Ergänzungsschrift der Uniformirungs-Liste d. deutschen Reichs-Heeres. gr. 8. (X, 334 S.) Berlin 1878, Mittler & Sohn. n. 4. 60.

Grundsätze f. die allgemeinen Dienstverhältnisse in der Armee. Neue Aufl. gr. 16. (VI, 122 S.) Würzburg 1877, Stabel. n. 1. —

Haber, R. v., Rang-, Quartier-, Anciennetäts-Liste der Cavallerie d. deutschen Reiches nebst Angabe der Formation u. Geschichte der letzten 30 Jahre. gr. 8. (VIII, 303 S.) Hannover 1878, Helwing's Verl. n. 5. 60.
Hieraus einzeln: **Königreich Preussen.** (VII, 210 S.) n. 4. —. — **Königreich Bayern.**, (III 45 S.) n. 1. —. — **Königreich Sachsen.** (III, 36 S.) n. 1. —. — **Königreich Württemberg.** (III, 31 S.) n. 1. —

Hausner, Lz., Handbuch f. Offiziere aller Waffen. Nach den organ. Bestimmgn. f. das k. k. Heerwesen, den bestehenden Reglements u. Vorschriften, sowie m. Benützg. der besten militär. Werke zusammengestellt. 8. (III, 234 S. m. Tab.) Olmütz 1877. (Wien, Hölzel.) cart. n. 3. 40.

Hoenig, Fritz, die Wehrkräfte Frankreichs im J. 1885. gr. 8. (III, 125 S.) Berlin 1879, F. Luckhardt. u. 3. —

Hozier, H. M., Europa's Kampffähigkeit. Befugte deutsche Ausg. v. Mart. Waldeck. gr. 8. (28 S.) Berlin 1876, Liepmannssohn. n. 1. —

Knussert, Gust., Orden, Ehren- u. Verdienst-Zeichen, Denk- u. Dienstalters-Zeichen in Bayern. Nach urkundl. Quellen bearb. [Mit 16 (chromolith.) Taf. Abbildgn.] gr. 4. (VIII, 348 S.) München 1877, (Franz). n.n. 20. —

Kriegsmacht, die, Oesterreichs. 3 Thle u. Ergänzungsh. 2. Aufl. gr. 8. (XXVI, 827 S.) Wien 1875, 76, Seidel & Sohn. n. 15. —

Leutgeb, Rud., Dislocation u. Eintheilung d. k. k. Heeres, S. M. Kriegsmarine, der k. k. Landwehr u. der k. ung. Landwehr. 20. Aufl. 16. (115 S.) Wien 1876, (Seidel & Sohn.) n.n. 1. —
—— Schematismus d. k. k. Heeres, S. M. Kriegsmarine, der k. k. Landwehr u. der k. ungar. Landwehr, nebst Anh.: Militär-Veteranen-Vereine, etc. 22. Aufl. Mai 1877. 16. (149 S.) Ebd. 1877. n.n. 1. —

Löw, Gust. Edler v., vergleichende Darstellung der Wehrverhältnisse Oesterreichs, Frankreichs u. Italiens zu Land. gr. 8. (24 S. m. 1. Tab. in qu. gr. 4.) Wien 1876, (Seidel & Sohn). n. 2. —

Löw, Gust. Edler v., die Organisation der Wehrkräfte Oesterreich-Ungarns, m. Skizzen üb. die Heeres-Organisationen Deutschlands, Russlands, Frankreichs u. Italiens. Neue ergänzte Ausg. gr. 8. (IX, 348 S.) Teschen 1876, Prochaska. n. 4. 80.

Lüdinghausen gen. **Wolff**, Bar. v., Organisation u. Dienst der Kriegsmacht d. deutschen Reichs. Fortgesetzt u. neu bearb. nach dem Tode d. Verf. durch Alfr. Bar. v. Eberstein. 8. Aufl. gr. 8. (XVIII, 500 S. m. 1 Tab. in qu. Fol.) Berlin 1876, Mittler & Sohn. n. 6. —

Mayer, Arth. v., Ziele u. Grenzen der Bestrebungen zur Herabminderung des Heeresaufwandes. Vertrag. gr. 8. (23 S.) Wien 1879, Lechner's Verl. n. — 60.

Meichsner v. **Meichsenau**, Jul., Organisation der Wehrkräfte Oesterreich-Ungarns f. Cadetten- u. Truppenschulen u. Wehrpflichtige aller Kategorien. gr. 8. (105 S.) Budapest 1878, Grill. n. 2. —

Meineke, C., e. Beitrag zur Lösung der Unteroffizier-Frage. gr. 8. (28 S.) Berlin 1877, Mittler & Sohn. n. — 40.

Mikessié, Adf. v., gedrängte Darstellung der gegenwärtigen Organisation d. k. k. Heeres. Leitfaden, vorzugsweise zum Gebrauche f. einjähr. Freiwillige. 2. Aufl. 8. (IV, 135 S.) Prag 1875, Kosmack & Neugebauer. n. 1. 50.

Militärbehörden u. **Garnisonen** in Lothringen. Mit Angabe der Wohng. sämmtl. in Metz garnisonir. Offiziere u. Militärbeamten. gr. 8. (15 S.) Metz 1878, Deutsche Buchh. n. — 50.

Militär-Etat der III. Armee-Division pro 1878. 8. (24 S. m. 1 Tab.) Brugg 1878, Fisch, Wild & Co. n. — 50.

—— der VII. Armee-Division pro 1878. 8. (23 S. m. 1 Tab. in 4.) Ebd. 1878. n. — 80.

Militär-Handbuch d. Königr. Bayern. Verfasst nach dem Stande vom 16. Febr. 1879. gr. 8. (XXIV, 472 S.) München, (Kaiser). cart. n.n. 4. —

Militair-Laufbahn, die. Im Wortlaut nach amtl. Quellen. 1. u. 2. Thl. 8. (94 u. 72 S.) Berlin 1876, Wallroth. à n. 1. —

Militärorganisation der schweizerischen Eidgenossenschaft, Bundesbeschluss vom 13. Wintermonat 1874, in Kraft getreten am 19. Hornung 1875. gr. 8. (79 S.) Bern 1875, Huber & Co. — 60.

—— die neue, u. das Budget d. schweizerischen Militärdepartements f. 1877. gr. 8. (24 S.) Zürich 1877, Verlags-Magazin. — 60.

Militair-Rang- u. **Quartier-Liste**, königl. württembergische. Hrsg. v. Paul Lemcke, 1876. [Abgeschlossen am 1. Aug.] Lex.-8. (XII, 351 S.) Stuttgart 1876, (Aue). n. 6. —

Militär-Schematismus, kais. königl., f. 1878. gr. 8. (921 S.) Wien 1877, k. k. Hof- u. Staatsdruckerei. geb. n.n. 5. 60.

—— kleiner. Dislocation u. Eintheilg. d. k. k. Heeres, S. M. Kriegsmarine, der k. k. Landwehr u. der k. ung. Landwehr. Berichtigt bis 25. Jänner 1879. 16. (VII, 118 S.) Wien, Seidel & Sohn. n. 1. —

Nachrichten, einige, üb. alt- u. neu-hannoversche Truppen, enth. die Stammtaf. aller hannoverschen Truppen-Corps seit Errichtg. der stch. Heere, nebst 16 color. Abbildgn. v. e. hannoverschen Jäger. 8. (11 S.) Hannover 1878, (Brandes). n. 2. —

Naumann, L., der eiserne Bestand d. Soldaten im Felde. Vortrag. 2. Aufl. gr. 8. (29 S.) Dresden 1877, (Meinhold & Söhne). n. — 50.

Organisation, die, der Heeresmacht Oesterreich-Ungarns m. Bezugnahme auf die Revisionsfrage. Vom Verf. der „Briefe e. alten Soldaten". gr. 8. (VII, 96 S.) Wien 1877, Hartleben. 1. 80.

Osseg, Annuarius, der europäische Militarismus. gr. 8. (336 S.) Amberg 1875, Habbel. n. 3. —

Paris, F. A., Eintheilung d. deutschen Reichs-Heeres, m. Bezeichng. der Standquartiere u. namentl. Angabe der Commandeure, Stabsoffiziere, Generalstabs-Offiziere u. Adjutanten bis einschliesslich der Brigade-Adjutanten, nebst den Anciennetäts-Listen der Generalität u. der Stabsoffiziere, u. e. Verzeichniss der Regimenter u. selbstständ. Bataillone nach der Nummer. 3. Jahrg. 1879. 2. Heft. Nach dem Stande v. 1. Septbr. 1879. gr. 8. (101 S.) Berlin, Bichteler & Co. n. 1. —

—— Heerwesen u. Dienst d. deutschen Reichs-Heeres. Handbuch f. die Vorbereitg. zum Offizier-Examen, unter Zugrundelegg. der genet. Skizze d. Lehrstoffs f. den Unterricht in der Dienstkenntniss auf den königl. Kriegschulen bearb. gr. 8. (XVI, 368 S.) Gera 1876, Reisewitz. n. 4. 40.

Personal-Chronik der oldenburgischen Officiere u. Militair-Beamten von 1775 bis 1867. 8. (VI, 88 S.) Oldenburg 1876, Schulze. n. 1. 60.
Personal-Vorschriften f. das k. k. Heer. Ergänzte u. bericht. Ausg. Nr. 1. Gesetze, betr. die Anstellg. ausgedienter Unteroffiziere sammt Ausführungs-Verordngn. 8. (68 S.) Teschen 1876, Prochaska. n. — 40.
Plister, Herm. v., das französische Heerwesen. Eine ausführl. Schilderg. nach amtl. französ. Quellen. 2. Ausg. gr. 8. (14, X, 412 S.) Berlin 1877, Donny & Sohn. n. 8. —
Prévôt, Carl, u. Carl v. **Stransky,** Feld-Taschenbuch f. Truppen-Offiziere. 3. Aufl. gr. 16. (VI, 182 S.) Teschen 1878, Prochaska. n. 3. 20; geb. n. 3. 60.
Quartierliste d. deutschen Heeres, nebst den Militär-Behörden u. Bildungs-Anstalten u. e. Gesammt-Uebersicht d. deutschen Heeres u. dessen Kriegsstärke. Mit Hinzufügg. der kaiserl. Marine. Unter Berücksicht. der Allerhöchst genehmigten Dislokationsveränderrn. rev. bis Mitte Oktbr. 1879 von v. K. Ausg. f. 1880. 21. Aufl. gr. 8. (24 S.) Berlin, Liebel. n. — 30.
Raizner, H. v., die bewaffnete Macht der österreichisch-ungarischen Monarchie. In tabellar. Form zusammengestellt. 2. Aufl. Imp.-Fol. (2 Tab.) Wien 1878, (Seidel & Sohn). n. 1. 20.
Rangliste der königl. sächsischen Armee (XII. Armee-Corps d. Deutschen Heeres) vom J. 1879. 8. (XII, 371 S.) Dresden, (Burdach. — Höckner. — Leipzig, F. Fleischer). cart. n.n. 2. 75.
—— der Intendantur-Beamten in der königl. preussischen Armee pro 1876. Jan. 4. (14 S.) Berlin, (Mittler & Sohn). n. 1. —
Rang- u. Quartier-Liste der königl. preussischen Armee f. 1879. Nebst den Anciennetäts-Listen der Generalität u. der Stabs-Offiziere der Armee. Red.: Die königl. Geheime Kriegs-Kanzlei. gr. 8. (XII, 955 S. m. 1 Tab.) Berlin, Mittler & Sohn. n.n. 6. —; geb. n.n. 7. 50; geb. u. durchschossen n.n. 9. 50; in rothe Leinw. geb. n.n. 7. 75.
—— —— d. 13. [königl. württembergischen] Armeekorps, m. Angabe der nicht im Armeekorps-Verband befindl. königl. württemberg. Offiziere, Militair-Behörden. [Aufgestellt am 17. März 1879.] 8. (V, 103 S.) Stuttgart, (Metzler's Verl.). n.n. 2. —
Ratzenhofer, G., zur Frage der Reduction der continentalen Heere. gr. 8. (23 S.) Wien 1875, Seidel & Sohn. n. — 80.
Reinhard, A., Heerwesen u. Dienst der königl. bayerischen Armee. gr. 8. (XVI, 636 S.) München 1877, Oldenbourg. n.n. 7. 50; geb. n.n. 8. 50.
Rosenthal, Herm., Zweijährig-Freiwillige! Ein Vorschlag zur Erleichterg. der Wehr- u. Steuerpflicht d. Volkes. gr. 8. (13 S.) Berlin 1879, Dörner. n. — 50.
Rüstow, W., Untersuchungen üb. die Organisation der Heere. Wohlfeile Ausg. gr. 8. (XXIII, 587 S.) Basel 1875, Schweighauser. n. 4. —
Schuchen, v., die Land- u. Seemacht Russlands. Erweit. u. vervollständ. Bearbeitg. d. in der Bibliographie der Kriegswissenschaften erschienenen Aufsatzes „Die Landmacht Russlands". gr. 8. (63 S.) Berlin 1877, Luckhardt's V. n. 1. 50.
Seidel's kleines Armee-Schema. Nr. 3. Mai 1879. Dislocation u. Eintheilg. d. k. k. Heeres, der k. k. Kriegsmarine, der k. k. Landwehr u. der königl. ungar. Landwehr. 16. (IV, 113 S.) Wien 1879, Seidel & Sohn. n. 1. —
Seling, Ed., Leitfaden zum Unterrichte in der Heeres-Organisation. Nach den neuesten organ. Bestimmgn. berichtigt v. Rud. Rieth. 4. Aufl. Mit 3 Taf. gr. 8. (VIII, 351 S.) Wien 1879, Seidel & Sohn. n. 4. —
Stand- u. Quartierliste der deutschen Reichs-Armee in tabellarischer Uebersicht. 2. Aufl. März 1878. Tabelle in Imp.-Fol. Bielefeld, Gülker & Co. — 50.
Standquartiere u. Uniformirung der Armee d. deutschen Kaiser-Reiches. 2. Aufl. 2 Blatt. Lith. u. color. Imp.-Fol. Berlin 1876, Behr's Buchh. n. 2. —
Stärke, die, u. der Zustand der russischen Armee im Falle e. Mobilisirung. Vom Petersburger Correspondenten der „Oesterreichisch-ungar. militär. Blätter". gr. 8. (26 S.) Teschen 1876, Prochaska. n. — 80.
Trochu, die französische Armee im J. 1879. Von e. Offizier d. Ruhestandes. Uebers. aus dem Franz. von A. v. Schluga-Rastenfeld. gr. 8. (VI, 359 S.) Wien 1879, Seidel & Sohn. n. 4. —
Trotha, Thilo v., die Mobilmachung der russischen Armee vor u. während d. Kriegs 1877—78. Eine organisatorisch-statist. Studie. gr. 8. (VI, 53 S.) Berlin 1878, Mittler & Sohn. n. 1. 20.
Ueber die Militärorganisation u. die Cavallerie. Replik in Sachen der Brochüre:

„Die neue Militärorganisation u. das Budget d. schweizer. Militärdepartements".
gr. 8. (22 S.) Zürich 1877, Verlags-Magazin.					n. — 60.
Uniformen, die, der deutschen Armee in übersichtlichen Farbendarstellungen.
5. Aufl., verm. durch die genauen Abbildgn. v. sämmtl. Namenzügen der deutschen Regimenter, sowie m. ausführl. Liste der Truppentheile u. Landwehr-Bataillone, nebst Angabe der Standquartiere u. vollständ. Erläutergn. der Farbendarstellgn. S. (22 Chromolith. m. 23 S. Text.) Leipzig 1879, Ruhl.	n. 1. 5'J.
Uniformirung, die, der deutschen Reichs-Armee. Mit Hinzufügg. der Friedensstärke, sowie der Eintheilg. der einzelnen Waffengattgn. 2. Aufl. 8. (24 S.)
Berlin 1876, Liebel.						— 30.
Uniformirungs-Liste d. deutschen Reichs-Heeres u. der kaiserl. deutschen Marine.
3. Aufl. gr. 8. (XI, 230 S.) Berlin 1876. Mittler & Sohn.			n. 3. —
Vademecum, militärisches, f. Offiziere u. Unteroffiziere der schweizerischen Armee.
Zusammengestellt nach officiellen u. sonstigen besten Quellen von J. v. S. Mit 2 Anlagen. 2. Aufl. 16. (73 S.) Basel 1876, Schwabe. geb.			n. 1. 60.
Verluste, die, der im J. 1878 mobilisirten k. k. Truppen vom Beginn der Mobilisirung bis zum Jahresschlusse vor dem Feinde u. in Folge v. Krankheiten. Bearb.
u. üb. Anordng. d. k. k. Reichs-Kriegs-Ministeriums hrsg. v. der III. Section d.
techn. u. administrativen Militär-Comité. Imp.-4. (II, 67 S.) Wien 1879, k. k.
Hof- u. Staatsdruckerei.						n. 1. —
Voit, Carl, Anhaltspunkte zur Beurtheilung d. sogenannten eisernen Bestandes f.
den Soldaten. gr. 8. (32 S.) München 1876, Oldenbourg.			n. — 70.
Vollrath, Ph., alphabetische Zusammenstellung der Landwehr-Bezirks-Commandos
u. der Landwehr-Bezirks-Compagnien auf Grund der Landwehr-Bezirks-Eintheilung f. das deutsche Reich. 8. (43 S.) Berlin 1876, Militaria.			n. — 60.
Volmar, E., Eintheilung der schweizerischen Armee. Achselklappen als Unterscheidungszeichen der einzelnen Corps. 8. (8 Chromolith.) Aarau 1879, Sauerländer Verl.								n. 1. —
Wehrkraft, die, Italiens im J. 1874. 2. Aufl. gr. 8. (XI, 320 S.) Wien 1875, k.
k. Hof- u. Staatsdruckerei.						n. 4. —
Witzleben, A. v., Heerwesen u. Infanteriedienst d. deutschen Reichsheeres. 15. Aufl.
2 Thle. gr. 8. (XII, 427 u. VI, 368 S. m. Holzschn. u. 4 Steintaf.) Berlin 1879.
Bath.									n. 10. —
Zur Unterofficiersfrage. Ein Mahnruf an das deutsche Volk u. seine Regenten.
Von e. Nichtmilitär. S. (68 S.) Zürich 1877, Verlags-Magazin.			n. 1. —

IV. Bestimmungen, Gesetze, Reglements, Vorschriften etc. überhaupt. Ausrüstung, Verwaltung, Verpflegung etc.

Adjustirungs- u. Ausrüstungs-Vorschrift f. das k. k. Heer. gr. 4. (534 S. m.
eingedr. Holzschn. u. 11 Steintaf.) Wien 1876, k. k. Hof- u. Staatsdr. n. 5. 60.
Anweisung zur Bereitung der in der provisorischen Vorschrift f. die Ausspeisung
in den k. k. Militär-Spitälern vom J. 1875 enth. Speisen. 8. (27 S.) Wien 1875,
k. k. Hof- u. Staatsdr.						n. — 40.
Aufnahms-Bedingungen, provisorische, f. die k. k. Kadetenschulen aller Waffengattungen. 8. (39 S.) Wien 1877, Seidel & Sohn.			n. — 40.
Auszug aus dem Regulativ f. das königl. sächs. Cadettencorps vom J. 1877. gr. 8.
(20 S.) Dresden 1878, Höckner.						n.n. — 50.
Bährendt, Frz., Handbuch zur Belehrung u. zum Gebrauch f. die bei e. Mobilmachung als Feld- od. Etappen-Magazin-Beamte aus dem Civil Verhältniss heranzuziehenden Personen. Zusammengestellt unter Berücksicht. der während der
letzten Feldzüge gemachten Erfahrgn. 3. Aufl. gr. 16. (VIII, 114 S.) Münster
1877, Coppenrath.							n. 2. —
—— Tabelle zur Berechnung, Erhebung u. Vertheilung a. der Friedens- u. Kriegs-Rationen, b. der Friedens- u. Kriegsverpflegungs-Portionen der deutschen Armee.
nebst Uebersicht der den einzelnen Truppentheilen in der Garnison, auf Märschen,
während d. Manövers u. Krieges zusteh. Gebührnisse. 2. Aufl. Fol. (16 autogr.
S.) Ebd. 1876.								n. — 75.
Bauer u. **Görgey**, Militär-Administration. Oekonomisch-administrativer Dienstbetrieb bei e. Unterabtheilg. d. k. k. Heeres. 2. Aufl. gr. 8. (211 S.) Wien 1878,
Seidel & Sohn.								n. 2. 40.

Beförderungs-Vorschrift f. die Personen d. Soldatenstandes im k. k. Heere, vom J. 1875. [Berichtigt bis Ende April 1879.] 8. (VI, 34 S.) Wien 1879, k. k. Hof- u. Staatsdruckerei. n. — 40.

Beilagen, abgeänderte, zur Instruktion, betr. das Etappen- u. Eisenbahn-Wesen etc., vom 20. Juli 1872. gr. 8. (VII, 119 S.) Berlin 1876, v. Decker. n. 2. —

Beńdziulli, G., Bestimmungen üb. Servis, Dienstwohnungen, Einquartierungswesen u. Wohnungsgeldzuschuss. Als Handbuch f. die Zahlmeister der deutschen Armee bearb. gr. 8. (XII, 146 S.) Berlin 1877, Mittler & Sohn. n. 3. —

—— die Natural-Leistungen der Gemeinden f. die bewaffnete Macht im Frieden. Zum Gebrauch f. die Truppen u. Ortsbehörden [sowie als Suppl. zur „Feldwebel-Schule"]. 1. u. 2. Abth. gr. 8. Saarlouis 1879, Stein. n. 2. 70.

Inhalt: 1. Das Natural-Leistungs-Gesetz vom 13. Febr. 1875, nebst Ausführungs Instruktion u. erläut. Vorschriften. Nebst 1. Nachtrag (abgeschlossen am 1. Juli 1879.) (50 u. Nachtrag 10 S.) 1878. n. 1. 20. — 2. Gesetz, betr. die Quartierleistung f. die bewaffnete Macht während d. Friedens-Zustandes. Vom 25. Juni 1868, nebst Ausführungs-Instruktion u. erläut. Vorschriften. (112 S.) n. 1. 50.

—— Stempel-Ordnung f. Bekleidungs- u. Ausrüstungsstücke. Als Anhalt f. die Truppentheile der Infanterie. gr. 8. (16 S.) Ebd. 1878. — 75

Berechnungs-Tabellen f. die Löhnung u. Verpflegung der Unteroffiziere u. Mannschaften vom Feldwebel abwärts. Nach der deutschen Reichswährg. 8. (42 S.) Eichstätt 1876, Krüll. n. — 50.

Berlepsch, Adph. v., Erklärung der früheren Kriegsartikel f. Unteroffiziere u. Soldaten der königl. sächsischen Armee. In neuer Bearbeitg. zum Besten vaterländ. Invaliden hrsg. von Rich. v. Meerheimb. gr. 8. (VI, 43 S.) Pirna 1876, Eberlein. n. — 50.

Beschreibung der Bekleidungs- u. Ausrüstungs-Stücke der grossherzogl. mecklenburgischen, grossherzogl. hessischen u. herzogl. braunschweigischen Truppentheile. gr. 8. (73 S.) Berlin 1877, (v. Decker). — 75.

Bestimmungen üb. die Aufnahme v. Zöglingen in das königl. bayr. Cadeten-Corps. gr. 8. (16 S.) München 1875, (Lindauer). n. — 40.

—— über den einjährig-freiwilligen Dienst im stehenden Heere u. in der Marine, sowie üb. die Dienst-Verhältnisse im Beurlaubtenstande. Anh.: 1. Verordnung üb. die Organisation d. Sanitätskorps vom 6. Febr. 1873. [Sanitäts-Ordng.] nebst Auszug aus den Ausführungs-Bestimmgn. 2. Bestimmungen üb. das Militär-Veterinär-Wesen vom 15. Jan. 1874. [Veterinär-Ordng.] gr. 8. (IX, 153 S.) Berlin 1876, Mittler & Sohn. n. 1. 20.

—— über die Dienstverhältnisse der Zahlmeister u. Zahlmeister-Aspiranten. Im Wortlaut nach amtl. Quellen. gr. 8. (V, 102 S.) Ebd. 1875. n. 1. 60.

—— über das Heirathen der aktiven Offiziere in Berücksicht. aller Formalitäten u. unter Beifügg. der erforderl. [Probe-]Schriftstücke zum prakt. Gebrauch. 24. (20 S.) Glogau 1877, (Flemming). n. — 25.

Boos, H., die Wehrpflicht im Fränkischen Reiche. Ein Vortrag. gr. 8. (23 S.) Basel 1875, Bahnmaier. n. — 80.

Burian, Jos. Joh., das Heeres-Verpflegswesen in technischer u. technologischer Beziehung, m. einschläg. Statistik u. Handels-Geographie. Mit Abbildgn. gr. 8. (XII, 487 S.) Wien 1876, F. Beck. n. 6. —

Carnap, Wilh. v., Erläuterungen zur Instruction d. Soldaten üb. die Kriegs-Artikel. Nebst e. Anh.: Die wichtigsten u. am meisten zur Anwendg. zu bring. Verordngn. d. Militair-Strafgesetzbuches. gr. 16. (IV, 32 S.) Leipzig 1877, Ruhl. n. — 60.

Dienst-Ordnung f. die Militär-Magazin-Verwaltungen. gr. 8. (XII, 400 S.) Berlin 1879, Bath. n. 1. 70.

Dienstverhältnisse, die, der Officiere d. Beurlaubtenstandes u. der dienstliche Verkehr derselben m. dem vorgesetzten Bezirks-Commando. Zusammengestellt von G. W. v. E. gr. 8. (24 S.) Breslau 1876, Schletter's Sort. n. — 60.

—— die allgemeinen, der Offiziere d. Beurlaubtenstandes. Eine Zusammenstellg. der officiellen Bestimmgn., begleitet u. erläut. Bemerkgn. gr. 8. (92 S.) Berlin 1878, C. Feicht. n. 1. 50.

Egidy, v., die Dienstverhältnisse der Mannschaften d. Beurlaubtenstandes einschliesslich der Rekruten u. Ersatz-Reservisten auf Grund gesetzl. Vorschriften. Zur Erläuterg. der dem Militärpass vorgedruckten Bestimmgn. Nebst Auszug aus der Invaliden-Instruktion, dem Militär-Straf-Gesetzbuche etc. u. Beispielen zu schriftl. Meldgn. 7. Aufl. 16. (32 S.) Bautzen 1879, Rühl. n. — 20.

Einquartierungs-Gesetz, das, vom 11. Juni 1879, womit die Beistellung der v.

dem stehenden Heere, der Kriegsmarine u. der Landwehr benöthigten Unterkünfte u. Nebenerfordernisse geregelt wird. Sammt ministeriellen Durchführungs-Vorschriften, betr. die Leitg. u. Besorgg. der Einquartierungsgeschäfte. Ausweise der Erfordernisse, die Vergütg., den Zinstarif u. die Gemeinde-Zinsclassen f. die gesammte österreichisch-ungar. Monarchie. Mit ausführl. Inhalts-Uebersicht u. e. alphabet. Sachregister. S. (126 S.) Prag 1879, Mercy. n. 1. 60.

Einquartierungs-Gesetz, das, vom 11. Juni 1879, sammt der Durchführungsvorschrift u. dem Zinsclassentarife. S. (IV, 102 S.) Wien 1879, Manz. n. 1. 20.

Entwurf e. Gesetzes betr. e. Anleihe zur Durchführung der allgemeinen Kasernirung d. Reichsheeres. Fol. (134 S.) Berlin 1877, C. Heymann's Verl. 6. —

Ergänzungen d. Dienst-Reglements f. das k. k. Heer, in seiner Anwendg. auf die k. k. Landwehr. S. (26 S.) Wien 1875, k. k. Hof- u. Staatsdr. n. — 20.

Erlass betr. Abänderungen u. Ergänzungen der Instruktion vom 2. Septbr. 1875 zur Ausführg. d. Gesetzes vom 13. Febr. 1875 üb. die Naturalleistgn. f. die bewaffnete Macht im Frieden. Vom 11. Juli 1878. S. (18 S.) Berlin 1878, v. Decker. n. — 15.

—— betr. die Instruktion zur Ausführung d. Gesetzes vom 13. Febr. 1875 üb. die Naturalleistungen f. die bewaffnete Macht im Frieden. Vom 2. Septbr. 1875. gr. 8. (31 S.) Berlin 1875, (C. Heymann's Verl.). — 30.

Etat f. die jährliche Uebungs- etc. Munition, nebst Anh.: Vorschrift üb. die Verwaltg. der den Truppen im Frieden überwiesenen Munition. 1879. 8. (IV, 82 S. m. 2 color. Steintaf.) Berlin 1879, (Liebel). n. 1. 50.

Fasching, G., Pensions-Scala d. deutschen Reichs-Heeres, auf Grund d. Reichsgesetzes vom 27. Juni 1871 u. 4. April 1874 üb. die Pensionirg. u. Versorgg. der Militärpersonen d. Reichs-Heeres u. der kaiserl. Marine, sowie die Bewilliggn. f. die Hinterbliebenen solcher Personen, nebst e. Auszuge aus den Gesetzen. S. (52 S.) Nördlingen 1875, Beck. u. — 80.

Fourieroffizier, der. Anleitung f. die quartiermach. Offiziere in Bezug auf den Fourierdienst bei Märschen u. Transporten. gr. S. (VII, 79 S.) Berlin 1876, Mittler & Sohn. n. 1. 50.

Friedens-Verpflegungs-Etats der preussischen bezw. in die preussische Verwaltung übernommenen Truppen etc. f. das Etatsjahr 1879—80. 4. (179 S.) Berlin, Mittler & Sohn. n. 4. —

Froelich, A., die Verwaltung d. deutschen Heeres. Heerwesen u. Oekonomie. Nach den bestch. Gesetzen, Reglements u. sonst. amtl. Vorschriften bearb. 5. umgearb. Aufl. 2. Thl. 1. 2. 4. u. 6. Abth. Lex.-8. Berlin, Liebel. n. 10. 50.

Inhalt: 1. Geld- u. Materialenverkehr. Kassen-, Rechnungs-, Truppenwirthschafts- u. Kontrolwesen. (VI, 176 S.) 1880. n. 3. 60. — 2. Landesleistungen f. Friedens- u. Kriegsverhältnisse. (78 S.) 1879. n. 1. 50. — 4. Bekleidung. Ausrüstung, Streitmittel u. Trainwesen. (VI, 112 S.) 1879. n. 2. 40. — 6. Reise-, Transport-, Remontirungs- u. Etappenwesen. (VIII. 152 S.) 1879. n. 3. —

—— dasselbe. 4. Aufl. 1. u. 2. Ergänzungsheft. gr. S. (VIII, 151 u. IV, 152 S.) Ebd. 1876. n. 6. —

Gebühren-Vorschrift d. k. k. Heeres, vom J. 1876. II. Thl. Versorgungs-Gebühren. [Berichtigt bis Ende April 1879.] 8. (IX, 97 S.) Wien 1879, k. k. Hof-u. Staatsdruckerei. n. — 60.

Geldverpflegungs-Reglement f. das preussische Heer im Frieden. gr. S. (VIII, 123 S.) Berlin 1877, Bath. n.n. 1. —

Geschäfts-Ordnung f. das k. k. Heer, vom J. 1877. I. Abschnitt. Allgemeine Bestimmgn. [Berichtigt bis Ende April 1879.] S. (V, 27 S.) Wien 1879, k. k. Hof-u. Staatsdruckerei. n. — 40.

Gesetz üb. die Naturalleistungen f. die bewaffnete Macht im Frieden. Vom 13. Febr. 1875. Nebst Erlass, betr. die Instruktion zur Ausführung dieses Gesetzes. Vom 2. Septbr. 1875. gr. S. (50 S. m. Tab.) Berlin 1875, v. Decker. — 75.

Gesetzartikel, 36, vom J. 1879. Ueber die Einquartierung der gemeinsamen Armee [Kriegsmarine] u. der Honvéd-Truppen. — 37. Gesetzartikel vom J. 1879. Ueber den Steuerzuschlag, welchen die Comitate zum Behufe der gleichmässigen Vertheilung der m. der Einquartierung der gemeinsamen Armee [Kriegsmarine] u. der Honvéd-Truppen verbundenen Lasten einheben können. gr. S. (52 S.) Budapest 1879, Ráth. n. 1. 20.

—— 51., vom J. 1875 üb. die militärische Versorgung der Personen d. gemeinsamen Heeres, der Kriegsmarine u. der kön. ung. Honvéd-Armee. gr. S. (52 S.) Ebd. 1875. n. 1. 20.

Hantelmann, Transport-Kommandos bei Einziehung u. Entlassung v. Heerespflichti-

gen in deutschen Heere. gr. 8. (IV, 91 S.) Berlin 1879, Luckhardt'sche Ver-
lagsh.   n. 1. 50.
Hausner, L., Ehrenbezeigungen. Nach den Bestimmgn. d. Dienst- u. Exerzier-
Reglements f. die k. k. Fusstruppen zusammengestellt. 8. (43 S.) Olmütz 1876.
(Wien, Hölzel.)   n. — 50.
Helldorf, K. v., Dienstvorschriften der königl. preussischen Armee. Fortgesetzt m.
Autorisation d. königl. Kriegs-Ministeriums. 3. Aufl. 1. Thl. 6. Abth.; 2. Thl.
2—5. Abth.; 3. Thl. 1—5. Abth.; 4. Thl. 1—7. Abth. gr. 8. Berlin 1875—78, Bath.
                                                                        n. 55. 60.
I. Ergänzungswesen. 6. Abth. Remontewesen. (V, 48 S.) n. — 80. — II. Innerer Dienst.
Garnisondienst. Bureaudienst. 2. Abth. 1. Anzug. (VIII, 126 S.) n. 2. —.— 2. Orden u.
Ehrenzeichen. (VII, 136 S.) n. 2. —.—3. Abth. Garnisondienst. Militair-Kirchenwesen. (VII,
116 S.) n. 2. —. 4. Abth. Bureau-Dienst. XI, 355 S.) n. 7. 50. — 5. Abth. Waffen u.
Munition. (X, 186 S.) n. 3. —. — III. Militärökonomie. 1. Abth. Kassenwesen. (VII 120
S.) n. 2. —. 2. Abth. Geldverpflegung. 1. Hft. Im Frieden. (VII, 125 S.) n. 1. 60. —
2. Hft. Im Kriege. (VIII, 127 S.) n. 2. —. 3. Abth. Naturalverpflegung. 1. Hft. Im
Frieden. (VIII, 100 S.) n. 1. 60. — 2. Im Kriege. (VI, 52 S.) n. 1. —. — 4. Abth. Bekleidung u. Ausrüstung. 1. Hft. Im Frieden. Anh.: Feld-Geräth. (XV, 288 S.) n. 4. 60.
— 2. Hft. Im Kriege. Anh.: Feld-Geräth. (V, 164 S.) n. 2. —. — 5. Abth. Reisekosten, Tagegelder, Umzugskosten etc. (VIII, 191 S.) n. 3. —. — 6. Abth. Wohnungsgeldzuschuss. (III. 27 S.) n. — 50. — IV. Quartier u. Servis. Garnison-Anstalten. Militär-
Lazarethwesen. Militär Rechtspflege. 1. Abth. Quartier u. Servis. (VII, 176 S.) n. 3. —.
2. Abth. Garnisonanstalten. (XII, 281 S.) n. 4. 60. — 3. Abth. Militär-Lazarethwesen.
(VIII, 117 S.) n. 2. 40. — 4. Abth. Militär-Strafrecht. (XII, 315 S.) n. 7. —. — 5. Abth.
Rechtsverhältnisse der Militärpersonen in bürgerl. Angelegenheiten. (IV, 48 S.) n. — 80. —
6. Abth. Rechtsverhältnisse der Beamten der Militärverwaltung. (IV, 58 S.) n. 1. —. —
7. Abth. Versorgung der Militär-Wittwen u. Waisen. (IV, 79 S.) n. 1. 20.

——— dasselbe. 4. Aufl. 1. Thl. Ergänzungswesen. 1. Abth. Militair-Verfassg.
Wehr- u. Militairpflicht. Ersatz- u. Kontrol-Wesen. gr. 8. (XI, 350 S.) Ebd. 1879. n. 6.—
Helm, Alex., die österreichisch-ungarischen Militär- u. Civil-Pensions-, Provisions-
u. Gnadengehalts-Vorschriften, sammt Schemata u. das Ausmass der Pensionen,
dann Formularien zu Urkunden, Reversen etc. in Versorgungs-Angelegenheiten.
gr. 8. (IV, 352 S.) Wien 1876, Gerold's Sohn.   n. 6. 80.
Heer-Ordnung. [Rekrutirungs-Ordnung. — Landwehr-Ordnung.] Anh.: 1) Verordnung üb. die Organisation d. Sanitätskorps vom 6. Febr. 1873 [Sanitäts-Ordng.]
nebst Auszug aus den Ausführungs-Bestimmgn. 2) Bestimmgn. üb. das Militär-
Veterinär-Wesen vom 15. Jan. 1873 [Veterinär-Ordng.]. 8. (207 S.) Berlin 1875,
v. Decker.   n. 1. —
——— dasselbe. Alphabetisches Sach-Register. 8. (27 S.) Ebd. 1875.   — 30.
——— die, vom 28. Septbr. 1875. Mit den dazu gehör. Anlagen u. Schematas, sowie
m. ausführl. alphabet. Sachregister. 2 Thle. 8. Berlin 1876, Grosser. cart. n. 1.75.
Inhalt: 1. Rekrutirungs-Ordnung. (63 S.) n. — 75. — 2. Landwehr-Ordnung. (91 S.) n. 1.—
Heeres-Verpflegung, die, in Krieg u. Frieden. Von G. W. gr. 8. (21 S.) Darmstadt 1879, Zernin.   n. — 80.
Hiersemenzel, A., das Reichs-Militairgesetz vom 2. Mai 1874 u. die dasselbe ergänz. Gesetze, nämlich: Das Gesetz üb. den Landsturm vom 12. Febr. 1875, u.
das Gesetz, betr. die Ausübg. der militair. Kontrole üb. die Personen d. Beurlaubtenstandes, die Uebgn. derselben. sowie die gegen sie zuläss. Disciplinar-
strafmittel vom 15. Febr. 1875. 8. (130 S.) Berlin 1875, C. Heymann's Verl.
cart.   n. 2. —
Hofmann v. Wellenhof, Paul, die Feld-Verpflegung im deutschen Heere. Dargestellt nach den Erfahrgn. im Feldzuge 1870/71 u. im Vergleiche zu unseren Einrichtgn. gr. 8. (65 S.) Wien 1878, Seidel & Sohn.   n. 1. 20.
Hold, Alex., Requisition u. Magazins-Verpflegung während der Operationen. Ein
Beitrag zur Beleuchtg. d. operativen Elementes in der Feld-Verpflegg. gr. 8. (85
S.) Wien 1878, (Seidel & Sohn).   n. 1. 50.
Jacoby, G. E., die Dienst-Verhältnisse der Offiziere. Offizier-Aspiranten, der
Sanitäts-Offiziere u. Aerzte d. Beurlaubtenstandes, sowie der Offiziere zur Dispo-
sition. Für das königl. sächs. Armeecorps nach den Deutschen Wehr- u. Heer-
Ordng. zusammengestellt u. m. den diesseit. amtl. Verordnugn. ergänzt. gr. 8.
(IV, 55 S.) Dresden 1879, Höckner.   1. 20.
Instruction zur Ausführung der Wehrgesetze. [Gesetz vom 5. Decbr. 1868, womit
f. die im Reichsrathe vertretenen Königreiche u. Länder die Art u. Weise der
Erfüllg. der Wehrpflicht geregelt wird; ungarischer Gesetzartikel XL. vom 5. Dezbr.
1868. üb. die Wehrkraft.] [2. Aufl.] gr. 8. (XVI, 404 S.) Wien 1877, k. k. Hof-
u. Staatsdruckerei.   n. 2. 80.

Instruction, betr. das Verfahren bei Anmeldung u. Prüfung der Versorgungs-Ansprüche invalider Mannschaften vom Feldwebel etc. abwärts. 8. (VI, 34 S.) Berlin 1877, (Liebel). n. — 50.
—— für die Verwaltung d. Menage-Fonds bei den Truppen. gr. 8. (III, 45 S.) Ebd. 1878. n. — 75.
Kloer, Zusammenstellung derjenigen Bestimmungen, welche auf die Offiziere d. Beurlaubtenstandes Bezug haben, nebst e. Anleitg. zur Anfertigg. der gewöhnlichsten schriftl. Arbeiten. 2. Aufl. gr. 8. (IV, 76 S.) Hannover 1878, Helwing's Verl. n. 1. —
Kohlhepp, Emil, der ökonomisch-administrative Dienstbetrieb der Unterabtheilungen d. k. k. Heeres. Kompendium der hierauf bezügl. allgemeinen u. speziellen Vorschriften, Instruktionen etc. Mit Beibehalt d. amtl. Textes u. m. Quellen-Angabe hrsg. 2. Aufl. 8. (560 S.) Teschen 1878, Prochaska. n. 5. —
—— dasselbe. 1—3. Ergänzungs-Hft. gr. 8. (460 S.) Ebd. 1876. n. 4. —
—— Gesetz- u. Normalien-Sammlung f. das k. k. Heer. Vom J. 1818 bis 1877. Mit Sach-Register. 2. Thl. 1850 bis 1868. 1—9. Lfg. Lex.-8. (S. 1—504.) Ebd. 1877, 78. à n. 1. 20.
—— dasselbe. 3. Thl. 1869 bis 1877. 10—37. Lfg. Lex.-8. (S. 505—2066.) Ebd. 1878, 79. à n. 1. 20.
  Der 1. Theil erscheint später.
—— neuer theoretisch-praktischer Leitfaden zur Verfassung der Truppen-Spitals-Rechnungen. gr. 8. (VIII, 151 S.) Ebd. 1875. n. 3. —
—— 2. Nachtrag zum Sach-Register aller im Verordnungsblatte f. das k. k. Heer publicirten Normal-Verordnungen. hoch 4. (III, 29 S.) Ebd. 1875. n.n. 6. 80; cart. n.n. 7. 60. (1. u. 2.: n.n. 10. 80; cart. n.n. 12. 40.)
Kriegs-Artikel f. das deutsche Heer. gr. 16. (16 S.) Stuttgart 1876, Bruchmann. n. — 25.
—— die, f. das Heer m. Erklärungen, als Anleitg. f. den Unterricht der Mannschaften aller Waffen v. e. Frontoffizier. gr. 8. (32 S.) Berlin 1879, Bath. n. — 40.
Kühne, M., die Militair-Küche nach Anleitung e. erfahrenen Fachmannes, der die Freundlichkeit hatte, das Küchenpersonal beim diesseit. Regiment praktisch in der Zurichtg. u. Zubereitg. der Speisen zu unterweisen, bearb. nach eigener prakt. Ueberzeugg. gr. 4. (40 S.) Düsseldorf 1878. (Leipzig, Gracklauer.) n. 2. —
Kux, Auguste, die Feldküche. Gründliche Anleitg. f. Jedermann, die Speisen im Manöver u. Felde m. den gegebenen Mitteln möglichst wohlschmeckend u. nahrhaft zuzubereiten. gr. 8. (VIII, 52 S.) Berlin 1878, Mittler & Sohn. n. 1. —
Landwehr-Bezirks-Commando, das. Ein Hülfsbuch f. das Personal der Landwehr-Bataillone u. sämmtl. Offiziere u. Mannschaften d. Beurlaubtenstandes, nebst Anleitg. zur Anfertigg. sämmtl. schriftl. einschläg. Arbeiten. Zusammengestellt von v. B. gr. 8. (XV, 324 S.) Hannover 1876, Helwing's Verl. n. 6. —
Lesigang, Wilh., das Wehrgeld od. die Ausgleichsbelastung der nichtdienenden Wehrpflichtigen. gr. 8. (99 S.) Jena 1879, Fischer. n. 2. 40.
Mäge, F., Schemata f. das Rechnungswesen der Kompagnien etc. gr. 8. (VI, 70 S.) Leipzig 1878, Bauer. n. 1. 50.
Meineke, C., die Bekleidungs-Wirthschaft bei den Truppentheilen der Armee, besonders der Infanterie. 2. Aufl. gr. 8. (VIII, 202 S.) Rostock 1879, (Werther). geb. n.n. 6. —
Meyer, A., Tabellen zur schnellen u. sicheren Berechng. der Reisekosten f. Staatsbeamte u. Angehörige der Armee nach Kilometer u. Reichswährung a) bei Dienstreisen auf Eisenbahnen od. Dampfschiffen, b) bei Dienstreisen nicht auf Eisenbahnen od. Dampf-Schiffen. Schmal-Fol. (10 S.) Berlin 1875, C. Heymann's Verl. n. — 60.
Militär-Gesetze, die, d. Deutschen Reichs m. Erläuterungen. hrsg. auf Veranlassg. d. königl. preuss. Kriegs-Ministeriums. 8 Lfgn. gr. 8. Berlin 1876—78, Mittler & Sohn. n. 28. 50.
  1. Geschichtlicher Ueberblick. — Reichsverfassung. (54 S.) n. — 80. — 2. Militär-Conventionen. (S. 55—184.) n. 2. 40. — 3. Wehrpflicht u. Organisation d. Reichsheeres. (XI. 317 S.) n. 6. —. — 4. Quartierleistungs-Gesetz. (122 S.) n. 2. 40. — 5. Kriegsleistungs-Gesetz. — Festungs-Rayon-Gesetz. (1. Bd. XIV u. S. 123—222.) n. 1. 80. — 6. Rechtsverhältnisse der Beamten der Militär-Verwaltung. (124 S.) n. 2. 40. — 7. Versorgungswesen. (236 S. m. 1 Tab.) n. 5. —. — 8. Gesetze verschiedenen Inhalts. — 1. Nachtrag. Chronologische Uebersicht u. Sach-Register. (XIX, 372 S.) n. 3. —
Militärpensionsgesetz, das, vom 27. Decbr. 1875, sammt Vollzugsverordng. vom 31.

Decbr. 1875 u. den organ. Bestimmgn. f. den k. k. Generalstab, den Vorschriften
üb. die Verfassg. der Qualificationslisten u. d. Avancements im k. k. Heere. Mit
Motiven u. Erläutergn. 8. (227 S.) Prag 1876, Mercy.   n. 2. —
Militär-Stiftungen, welche in der Verwaltung od. in der Obsorge d. Reichs-Kriegs-
Ministeriums stehen. gr. 4. (286 S,) Wien 1878, k. k. Hof- u. Staatsdruckerei. n. 8. —
Nachträge zu dem Reglement üb. das Kassen-Wesen bei den Truppen vom 28. Jan.
1841, sowie zu den speciellen Bestimmgn. d. Kriegs-Ministeriums zu diesem Regle-
ment. gr. 8. (52 S.) Berlin 1877, v. Decker.   — 60.
Neumann, L., Bestimmungen u. Erläuterungen zum Militär-Pensions-Gesetz vom
27. Juni 1871, betr. die Pensionirg. u. Versorgg. der Militär-Personen d. Reichs-
heeres u. der kaiserl. Marine, sowie die Bewilligen. f. die Hinterbliebenen solcher
Personen, und zur Gesetzes-Novelle vom 4. Apr. 1874. 2. Aufl. gr. 8. (301 S.)
Berlin 1878, Nicolai's Verl.   n. 6. —
Oberhauser, Carl, die Mobilisirung d. Offiziers der Infanterie u. Jäger, dann der
Landwehr u. Honved-Fusstruppe. Anleitung zu e. guten u. zweckmäss. Ausrüstg.
2. Aufl. 8. (54 S.) Teschen 1878, Prochaska.   n. 1. 20.
Paris, F. A., Auszüge aus den Dienst-Vorschriften f. die Armee. 16. (VIII, 361 S.)
Magdeburg 1877, E. Baensch.   n. 2. —
—— die Dienst-Verhältnisse der Offiziere, Sanitäts-Offiziere u. Offizier-Aspiranten
d. Beurlaubtenstandes im Frieden u. im Kriege, nebst e. Anleitg. zur Abfassg.
militair. Dienstschriften, nach den bezügl. Dienstvorschriften u. m. Angabe der
Quellen übersichtlich zusammengestellt. 2., nach den neuesten Bestimmgn. bericht.
u. vervollständ. Aufl. gr. 8. (XII, 275 S.) Burg 1879, Hopfer.   n. 4. —
Reglement üb. die Bekleidung u. Ausrüstung der Truppen im Frieden vom 30. April
1868. 1. u. 2. Anhang u. Nachtrag. gr. 8. (91 S.) Berlin 1877, 79, v. Decker. n 1. 15.
                    (Reglement nebst Anh. u. Nachtrag: n. 5. 15.)
—— über die Bekleidung und Ausrüstung der Armee im Kriege. Vom 8. Febr. 1877.
gr. 8. (VII, 172 S.) Berlin 1877, Bath.   n.n. 1. —
—— dasselbe. 1. Anhang. gr. 8. (7 S.) Ebd. 1879. —15, (Reglement u. 1. Anh. : n.n. 1. 15.)
—— concernant l'obligation militaire. gr. 4. (159 S.) Strassburg 1876, Schultz & Co.
                                                                             u. 4. —
—— über die Servis-Kompetenz der Truppen im Frieden vom 20. Febr. 1868. 1—3.
Nachtrag. gr. 8. (70 S.) Berlin 1877, 78, (v. Decker).   baar — 90.
Reichs-Militärgesetz, deutsches, vom 2. Mai 1874. Mit Anmerkgn. u. Register.
[Ausg. f. das Königr. Bayern.] 8. (30 S.) Bamberg 1874, Buchner.   — 90.
—— das, vom 2. Mai 1874, nebst der deutschen Wehr-Ordng. u. den sonst. damit
in Verbindg. steh. Gesetzen u. Verordngn. 8. (IV, 64 u. X, 177 S.) Dresden 1876,
Meinhold & Söhne. cart.   n. 2. —
Repertorium, alphabetisch-chronologisches, der Gesetze, allerhöchsten Verordnungen,
Kriegs-Ministerial-Rescripte, Ordren etc. etc., das bayer. Heerwesen betr. Nachtrag
II. [Jan. 1873—31. Decbr. 1876]. Am Schlusse m. e. chronolog. Renner der
Gesetze, allerh. Verordngn., Kriegs-Ministerial-Rescripte u. Ordren, sowie e. alpha-
bet. Wörterverzeichniss. Zusammengestellt von L. v. St. Lex.-8. (VII, 270 S.)
Speyer 1877, (Neidhard).   n. 3. — (Nachtr. I. u. II.: n. 6. 50.)
        Nachtrag I. erschien 1873.
Rüdinger, Frdr. Christian v., Handausgabe der deutschen Wehr-Ordnung. gr. 8.
(XIII, 468 S.) Stuttgart 1876, Kohlhammer.   n. 6. —
Sammlung der Militärvorschriften d. Deutschen Reichs. Als Handansg. f. die
Gemeindebehörden im Grossherzogth. Baden. gr. 8. (V, 216 S.) Tauberbischofs-
heim 1876, Lang.   n. 2. —
Schmidt, der Rathgeber f. Wehr- u. Militairpflichtige, sowie f. den Beurlaubtenstand.
gr. 8. (XIII, 127 S.) Bremen 1876, v. Halem.   n. 2. —
Schmidt, J., die Wehrpflicht im Deutschen Reiche. Uebersichtliche Zusammenstellg. der
hauptsächlichsten Bestimmgn. der Wehr- u. Heer-Ordng., sowie sonst. die Wehrpflicht betr. Gesetze, Verordngn. etc. gr. 8. (X, 243 S.) Berlin 1877, Oppenheim.
                                                                             n. 3. —
Schulordnung f. das königl. bayerische Cadeten-Corps. gr. 8. (VII, 64 S.) München
1875, Lindauer.   n. 1. —
Servis-Tarif f. das Selbstmiether- bezw. Natural-Quartier, nebst der Orts-Klassen-
Eintheilung. gr. 8. (66 S.) Berlin 1879, Bath.   n. — 40.
Stämpfli, Jak., Militärpflichtersatz. Bundesgesetz u. Verordng. v. 1878. Erläu-
terungen. gr. 16. (24 S.) Bern 1879, Costenoble.   n. — 50.

Stämpfli, Jak., taxe militaire. Loi fédérale et règlement d'exécution de 1878. Explications. gr. 16. (24 S.) Bern 1879, Costenoble.　n. — 50.

Stoll, A. W., Resolvirung zur Berechnung der Quartier-Entschädigung [d. Services] f. das den Truppen verabreichte Marsch- u. Cantonnements- Quartier, nach dem Bundes-Gesetz üb. die Quartierleistg. f. die bewaffuete Macht während d. Friedenszustandes vom 25. Juni 1868: in Württemberg eingeführt durch das Reichs-Gesetz vom 9. Febr. 1875. Aufgestellt nach dem Reichsgesetz vom 3. Aug. 1878 [R.-G.-Bl. v. 1878 Nr. 27]. 3. Aufl. Fol. (19 S.) Stuttgart 1879, Kohlhammer.　u. 1. 20.

Thiel, C., Gesetz üb. die Kriegs-Leistungen vom 13. Juni 1873, nebst Verordng. betr. die Ausführg. dieses Gesetzes, vom 1. Apr. 1876 u. erläut. Bestimmgn. Orig.-Text-Ausg. 2. Aufl. 8. (63 S.) Rostock 1878, Werther.　n. — 80.

—— Gesetz üb. die Natural-Leistungen f. die bewaffnete Macht im Frieden vom 13. Febr. 1875, nebst Instruction zur Ausführg. dieses Gesetzes vom 2. Septbr. 1875 u. erläut. Bestimmgn. Orig.-Text-Ausg. 3. Aufl. 8. (80 S.) Ebd. 1878. n. 1. —

—— Nachträge zum Gesetz üb. die Natural-Leistungen, nebst Ausführungs-Instruction u. erläut. Bestimmgn. 3. verb. Aufl. 16. (24 S.) Ebd. 1878.　n.n. — 25.

—— Gesetz betr. die Quartier-Leistung f. die bewaffnete Macht während d. Friedenszustandes vom 25. Juni 1868, nebst Instruction zur Ausführg. dieses Gesetzes vom 31. Decbr. 1868, m. den Einführungs-Gesetzen u. Veränderg. etc. f. Süd-Hessen, Elsass-Lothringen, Baden, Baiern u. Württemberg, sowie erläut. u. abänd. Bestimmgn. etc. Orig.-Text-Ausg. 8. (63 S.) Ebd. 1878.　n. — 80.

—— Gesetz, betr. die Revision d. Servis-Tarifs u. der Classen-Eintheilung der Orte vom 3. Aug. 1878, nebst Tages-Servis-Tabelle, gültig vom 1. Apr. 1879 ab. 8. (28 u. 39 S.) Ebd. 1879.　n. 1. 25.

—— Natural-Quartier-Tages-Servis-Tabelle, gültig vom 1. Apr. 1879 ab. [Reichs-Gesetz vom 3. Aug. 1878.] 8. (39 S.) Ebd. 1879.　n. — 90.

Thomas, Heinr., die Natural-Verpflegung d. k. k. Heeres vom ökonomisch-administrativen Standpunkte. gr. 8. (VIII, 243 S.) Prag 1877, (Kosmack & Neugebauer).　n. 4. —

Ule I., praktische Anleitung zur Führung d. Waffenrevisions-Geschäfts m. Berücksicht. der Thätigkeit der Kompagnien u. der Gewehr-Unteroffiziere. gr. 8. (III, 49 S. m. 4 Formularen.) Berlin 1879, Mittler & Sohn.　n. — 80.

Verordnung, königl. allerhöchste, die Wehr-Ordnung f. das Königr. Bayern betr. 32. (383 S.) Kempten 1876, Kösel.　1. 50.

Verzeichniss der Civilvorsitzenden der im Deutschen Reiche bestehenden Ersatzkommissionen. Zu §. 2 Nr. 5 d. 1. Thls. der deutschen Wehr-Ordng. vom 28. Septbr. 1875. 8. (80 S.) Berlin 1876, v. Decker.　— 75.

Vogel, Wilb., die Pensions-Gesetze f. das Reichsheer u. die Marine vom 27. Juni 1871 u. 4. April 1874 u. die Pensionaire. gr. 8. (VII, 74 S.) Bonn 1876, Cohen & Sohn.　n. 1. 20.

—— die Verfolgung v. Rechtsansprüchen aus dem Reichs-Militair-Pensions-Gesetz vom 27. Juni 1871. Ein actenmäss. Beitrag zur Kenntniss der Pensions- u. Rechtsverhältnisse der ausgeschiedenen Militairpersonen d. Reichsheeres, nebst Erörterg. der natürl. u. gesetzl. Pensionsberechtigg. gr. 8. (VIII, 192 S.) Leipzig 1879, O. Wigand.　3. —

Vorschrift üb. die Beurlaubung der im Gage-Bezuge stehenden Personen d. k. k. Heeres, vom J. 1872. [Berichtigt bis Ende Mai 1879.] 8. (V, 63 S.) Wien 1879, k. k. Hof- u. Staatsdruckerei.　n. — 50.

—— für die Instandhaltung der Waffen bei den Truppen. gr. 8. (VIII, 106 S. m. 1 Tab. u. 4 color. Steintaf.) Berlin 1879, Voss. cart.　n. 2. —

—— für die Militär-Gefangenhäuser. gr. 4. (IV, 54 S.) Wien 1877, k. k. Hof- u. Staatsdruckerei.　n. 1. 20.

—— für den Militär-Transport auf Eisenbahnen. 2. Aufl. 1878. gr. 8. (VII, 162 S.) Wien 1878, k. k. Hof- u. Staatsdruckerei.　n. 1. 40.

—— zur Superarbitrirung der Personen d. k. k. Heeres vom 10. Jan. 1876. Erläutert durch die einschläg. Stellen d. Militärversorgungsgesetzes u. der Instruction zum Wehrgesetze. 8. (118 S.) Prag 1876, Mercy.　n. 1. —

—— provisorische, f. die Ausspeisung in den k. k. Militär-Spitälern. 8. (81 S. m. 1 Holzschntaf. u. 6 Tab. in qu. qu. Fol.) Wien 1875, k. k. Hof- u. Staatsdruckerei.　n. 1. —

Vorschriften üb. den Dienstweg u. die Behandlung v. Beschwerden der Militär-Personen d. Heeres u. der Marine, sowie der Zivil-Beamten der Militär- u. Marine-Verwaltg. 8. (22 S.) Berlin 1875, Kortkampf.　— 30.

Vorschriften üb. Einrichtung u. Ausstattung der Kasernen. Hierzu 29 Bl. Zeichngn. gr. 8. (VII, 140 S.) Berlin 1879, Trowitzsch & Sohn.　　　　n. 5. 50.
—— die, üb. Wehrpflicht, Volkszählung, Einquartierung u. Vorspann. Mit e. ausführl. alphabet. u. chronolog. Register. 4. vervollständ. Aufl. 8. (VIII, 496 S.) Wien 1879, Manz.　　　　n. 5. —
Wehrordnung, Control- u. Heerordnung f. das Königr. Bayern, nebst sämmtl. hiezu ergangenen Vollzugsbestimmgn. 8. (IV, 298 S.) Bamberg 1876, Buchner.　4. —
—— die deutsche, vom 28. Septbr. 1875. Nebst dem Landsturmgesetz vom 12. Febr. 1875, der Disziplinar-Strafordng., der Uebersicht der Landwehrbezirks-Eintheilg., der Prüfungsordng. zum einjährig-freiwill. Dienst, dem Verzeichniss der höheren Lehranstalten, welche die Berechtigg. zur Ausstellg. gült. Zeugnisse üb. die Befähigg. zum einjähr. Dienst haben. 8. (IV, 223 S.) Berlin 1876, Grosser.　　　　3. —
—— deutsche. [Ersatz-Ordnung. — Kontrol-Ordnung.] Anh.: Reichs-Gesetze vom 9. Novbr. 1867, vom 2. Mai 1874, vom 12. Febr. u. vom 15. Febr. 1875. gr. 8. (X, 198 S.) Berlin 1875, v. Decker. n. 1. —; alphabetisches Sachregister. (31 S.)　　　　— 30.
—— deutsche. Vom 28. Septbr. 1875. 3. Aufl. gr. 8. (146 S.) Berlin 1876. C. Heymann's Verl. cart.　　　　n. 2. —
Wehrverfassung, bayerische. 20. u. 21. Abth. 8. Würzburg 1876, Stahel. n. 2. 5.

Winkelmann, der Gendarmerie-Dienst. Hülfsbuch f. die Vorbildg. auf denselben u. f. die Probedienstzeit. 8. (45 S.) Berlin 1879, Mittler & Sohn.　　　　n. 1. —
Wintersperger, Ant., Beförderungs-, Pensions- u. Superarbitrirungs-Vorschriften f. die Personen d. Heeres, der Kriegsmarine, der Landwehr u. f. die Offiziere der k. k. Gendarmerie vom J. 1876. Bearb. u. erläutert. 8. (112 S.) Wien 1876, (Steckler & Erben).　　　　n. 1. —
—— Supplement zum Freiwilligen-Gesetz, enth. alle nachträgl. bis Ende 1877 kundgemachten u. in Wirksamkeit getretenen Normen in Betreff der Einjährig-Freiwilligen u. Cadeten. 8. (XXIX S.) Ebd. 1878.　　　　n. — 60
Wöllmer, Ferd., die Invaliden-Pensions-Kassen u. die Gesetzgebung. 8. (50 S.) Berlin 1879, Staude.　　　　n. — 60
Wurzer. Katechismus f. den deutschen Militärpflichtigen od. was hat jeder Deutsche beim Eintritt in das militärpflicht. Alter zu beobachten? 8. (48 S.) Mainz 1878, Lesimple.　　　　n. — 50; cart. n. — 60
Zenetti, Jul., die Reichsgesetze betr. die Quartierleistung f. die bewaffnete Macht während d. Friedenszustandes vom 25. Juni 1868, üb. die Naturalleistgn. f. die bewaffnete Macht im Frieden vom 13. Febr. 1875, dann üb. die Kriegsleistungen vom 13. Juni 1873, nebst den einschläg. Vollzugsanordngn. erläutert u. hrsg. gr. 8. (IX, 318 S.) Nördlingen 1880, Beck.　　　　n. 6. —
—— Wehr-Ordnung u. Heer-Ordnung f. das Königr. Bayern, sowie die einschläg. Gesetze u. Vollzugsbestimmgn. gr. 8. (XXIV, 428 S.) Ebd. 1876.　　　　n. 5. —
—— dasselbe. Ergänzungs-Band. gr. 8. (V, 150 S.) Ebd. 1878.　　　　n. 2. —
Zusammenstellung der Abänderungen der Beilagen d. Reglements üb. die Geldverpflegung der Marinetheile u. in Dienst gestellten Schiffe im Frieden, welche in Folge der Einführg. der Markrechng. nothwendig geworden sind. gr. 8. (63 S.) Berlin 1875, v. Decker.　　　　n. 1. 20
—— der durch Einführung der deutschen Wehr- u. Heer-Ordnung an Stelle der Militär-Ersatz-Instruction resp. Landwehr-Verordnung etc. eingetretenen Aenderungen. gr. 8. (19 S.) Hannover 1876, Helwing's Verl.　　　　n.n. — 10
—— der Bestimmungen f. den einjährig-freiwilligen Dienst, vom Eintritt in das wehrpflichtige Alter ab, bis zur Entlassung aus dem Militär-Verhältniss. Von v. S. gr. 8. (VIII, 129 S.) Ebd. 1878.　　　　n. 2. —
—— officieller Bestimmungen betr. das Einjährig-Freiwilligen-, Fähnrichs- resp. Primaner-, sowie Officier-Examen. nebst e. hierauf bezügl. Anleitg. f. Aspiranten. Hrsg. v. der Direction d. Militär-Pädagogiums, Berlin. Christinenstrasse 4. Anh.: Prospect d. Militär-Pädagogiums. gr. 8. (32 S.) Berlin 1876, Bohne.　　　　n. — 50
—— 3., der das Reglement f. die Friedens- Lazarethe vom 5. Juli 1852 abändern-

den bezw. ergänzenden Bestimmungen [bis Ende 1876.] gr. 8. (III, 130 S.), Berlin 1877, Mittler & Sohn. n. 1. 60. (1—3.: n. 3. 90.)
Zusammenstellung, tabellarische, der in der deutschen Wehr- u. Heer-Ordnung enthaltenen gesetzlichen Bestimmungen üb. Erfüllung der Militairpflicht. Hrsg. vom Bezirks-Commando d. 2. Bataillons [Grimma] 7. [königl. sächs.] Landwehr-Regiments No. 106. Chromolith. Tabelle. gr. Fol. Leipzig 1879, Ruhl. In Futteral. n. — 50

V. Erziehung und Bildungswesen.

Der einjährige Freiwillige. — Theoretische Ausbildung. — Stilistik.

Arends, Leop. A. F., vollständiges Lehrbuch c. rationellen, leicht erlern- u. stets sicher anwendbaren Militär-Stenographie in 6 Unterrichts- u. 4 Uebungs-Lectionen. Für e. mündl. Anleitg., wie auch f. den Selbstunterricht bearb. 2. Aufl. gr. 8. (VIII, 60 S., wovon 20 lith.) Potsdam 1876, Gustedt. n. 2. —
Bancalari, Gust., Hand- u. Instrukzions-Buch f. die Unteroffiziers-Schulen der Fusstruppen d. k. k. Heeres u. der Landwehr, die Kadeten- u. Einjährig-Freiwilligen-Schulen, im Verein m. mehreren Mitarbeitern verf. Mit 225 Abbildgn. I. Genetische Skizzen u. Prüfungsfragen. 1—5. Hft. 2. Aufl. 8. (90; VI, 194; XIII, 262; X, 157 u. VI, 283 S.) Wien 1876, (Seidel & Sohn). n. 8. —
Bartels, Leitfaden f. den Unterricht im militärischen Geschäftsstyl u. in der Geschäftskenntniss auf den königl. Kriegsschulen. gr. 4. (III, 35 S.) Berlin 1877, Mittler & Sohn. n. 1. —
Beckerhinn, Carl, Lehrbuch der Chemie f. die k. k. Infanterie- u. Kavallerie-Kadeten-Schulen. Vom k. k. Reichs-Kriegs-Ministerium f. die k. k. Kadeten-Schulen als Lehrbuch vorgeschrieben. gr. 8. (VII, 112 S. m. eingedr. Holzschn.) Wien 1878, Seidel & Sohn. n. 2. —
Bendziulli, G., die Feldwebel-Schule. 1—3. Kurs. gr. 8. Berlin 1876, Mittler & Sohn. n. 10. —
Censký, Ferd., kurzgefasste praktische Grammatik der böhmischen Sprache f. Deutsche. Mit besond. Berücksicht. der Militär-Terminologie in den angewendeten Beispielen. Zum speciellen Gebrauch in den Militärschulen u. f. jene Militärs, welche in ihrem Berufe die böhm. Sprache erlernen wollen. 2. Aufl. 8. (IV, 304 S. m. 4 Tab.) Prag 1877, Kober. n. 3. 20
Comel, Andr., kurzgefasste praktische Grammatik der slovenischen Sprache f. Deutsche. Mit besond. Berücksicht. der Militär-Terminologie in den angewendeten Beispielen. Zum speciellen Gebrauche in den Militärschulen u. f. jene Militärs, welche in ihrem Berufe die sloven. Sprache erlernen wollen. 8. (IV, 192 S.) Klagenfurt 1876. (Wien, Seidel & Sohn.) n. 3. 20
Crousaz, A. v., die Regimentsschule. Ein Leitfaden zur Einrichtg. f. das Unterrichts-Bedürfniss der Kapitulanten-Schulen bei den Truppen d. Deutschen Reichsheeres. Mit e. die Civilversorgg. v. berecht. Militärpersonen der Unterklassen betreff. Anh. 5. Aufl. gr. 8. (IV, 320 S.) Berlin 1877, H. Schindler. n. 2. 50
Dilthey, militärischer Dienst-Unterricht f. einjährig Freiwillige, Reserve-Offizier-Aspiranten u. Offiziere d. Beurlaubtenstandes der Feld-Artillerie. 2. Aufl. gr. 8. (X, 570 S.) Berlin 1877. Mittler & Sohn. n. 7. —
—— militärischer Dienst-Unterricht f. einjährig Freiwillige, Reserve-Offizier-Aspiranten u. Offiziere d. Beurlaubtenstandes der deutschen Infanterie. 11. Aufl. Mit vielen Abbildgn. gr. 8. (X, 362 S.) Ebd. 1879. n. 3. —
Dossow's, v., Anleitung zur Anfertigung der militairisch-schriftlichen Arbeiten als Meldung, Rapport, Quittung etc., nebst vielen erläut. Beispielen u. e. Anh., enth. die gebräuchlichsten Fremdwörter etc. 12. Aufl. Nach den neuesten Bestimmgn sorgfältig verb. u. bedeutend verm. von v. W. u. M. 8. (103 S.) Berlin 1876, Liebel. n. — 75
Einjährig-Freiwillige, der, im deutschen Heere u. der Marine. 8. Aufl. 8. (VIII, 128 S.) Berlin 1876, Liebel. 1. 80
—— der, in der österreichisch-ungarischen Monarchie. gr. 8. (VIII, 192 S.) Wien 1877, Seidel & Sohn. n. 2. —

Ernestus, B., militärische Jugenderziehung. Beitrag zu den Erörtergn. üb. die Schul-
regulative. 8. (92 S.) Berlin 1879, Luckhardt'sche Verlagsb.   n. 1. —
Förster, E. A., Leitfaden f. den Unterricht in der deutschen Sprache f. Regiments-
schulen. 2. Aufl. gr. 8. (VI, 42 S.) Dresden 1877, Höckner.   n. — 60.
Grund-Elemente der Theorie. Für den Soldaten bearb. v. M. J. 8. (IX, 46 S.)
Würzburg 1875, Standinger.   n. — 27.
Hartung, M. v., Instruction der Rekruten bei der Infanterie in Fragen u. Antwor-
ten zusammengestellt. 1., unter Zugrundelegg. d. „Kleinen Waldersee", sowie unter
Berücksicht. der neuesten Bestimmgn. u. unter besond. Rücksicht auf das aptirte
Gewehr, bearb. Aufl. 8. (79 S.) Strassburg 1874. (Berlin, Luckhardt's Verl.)
                                                                     n.n. — 60.
Hartung, Thdr. v., Leitfaden f. die Lehrer an den Regiments- u. Bataillons-Schulen,
wie namentlich beim Selbstunterricht f. die Unteroffiziere d. Deutschen Heeres.
Hrsg. von M. v. **Hartung.** (5 Abthlgn.) 1. Thl. 1—3. Abthl. 8. (204 S.) Berlin
1879, Luckhardt'sche Verlagsb.   n. 1. 80.
Hess, Filpp., die Naturwissenschaften im Dienste d. Krieges. Zum Gebrauche an
der k. k. Kriegsschule u. zum Selbstunterricht f. Offiziere aller Waffen. Mit 20 lith.
Taf., e. Taf. in Lichtdr. u. e. Karte in photolith, Farbendr. gr. 8. (XV, 426 S.)
Wien 1878, Seidel & Sohn.   n. 14. —
Instruction f. die Truppen-Schulen d. k. k. Heeres. Allgemeine Grundsätze u. 1.
Thl. Truppen-Schulen der Infanterie- u. der Jäger-Truppe. 2. Aufl. gr. 8. (XI,
103 S.) Wien 1876, k. k. Hof- u. Staatsdruckerei.   n. — 70.
Instructions-Buch f. den Infanteristen. Mit Autoris. d. Verf. bearb. nach dem G.
v. G.'schen „Leitfaden beim theoret. Unterricht d. Cavalleristen" von C. v. R.
7. Aufl. Nach den neuesten Bestimmgn. gänzlich ungearb. v. Berghaus. 16.
(X, 132 S. m. eingedr. Holzschn. u. 1 Holzschnitaf.) Berlin 1876, Militaria. n. — 50.
—— für den k. k. Infanteristen [Jäger], m. Berücksicht. d. achtwöchentl. Ausbildg.
der Rekruten. In Fragen u. Antworten. 3 Thle. 8. Teschen 1877, Prochaska.
                                                                     n. 2. 40.
—— für den preussischen Infanterie-Unteroffizier. Zugleich e. Hülfsbuch f. Offiziere
bei Heranbildg. der Unteroffiziere u. e. Lehrbuch f. einjähr. Freiwillige. Mit zahlreichen (eingedr.) Holzschn. gr. 8. (XV, 251 S.) Potsdam 1879, Döring. n. 2. —;
                                                                     cart. n. 2. 50
Iwański, Carl, Handbuch der Militär-Stilistik. 4. Aufl. gr. 8. (IV, 384 S.) Wien
1878, Gerold's Sohn.   n. 5. 20
Kernfragen, die, bei der Reorganisirung unseres militärischen Erziehungs- u. Unter-
richtswesens. gr. 8. (127 S.) Wien 1875, v. Waldheim.   n. 2. 40
Kniffert, R., die Expektanten-Schule. Handbuch zur Unterweisg. der Unteroffiziere
in den Dienst-Obliegenheiten u. den damit verbundenen Rechnungs-Arbeiten u.
Feldwebels, Capitän d'armes u. Fouriers. 8. (96 S.) Spandau 1874, (Jürgens).
                                                                     n. 2. —
Kochler, Leitfaden f. den theoretischen Unterricht d. Infanteristen. Nebst e. Anh.:
Die Dienstverhältnisse der Mannschaften d. Beurlaubtenstandes. 31. Aufl. Nach
den neuesten Allerh. Vorschriften vervollständigt. gr. 16. (113 S. m. 1 Steintaf.)
Berlin 1878, Bichteler & Co.   n. — 40
Kompagnie, die, in der Tasche. 4 Anlageheft. 16. (96, 104, 88 u. 72 lith. S.)
Potsdam 1879, Döring. geb. In Etui.   n. 2. 50.
Krausbaar, Geschichte d. Grenadier-Regiments Prinz Carl v. Preussen [2. Bran-
denburgisches] Nr. 12. Bearb. als Leitfaden zum theoret. Unterricht f.
die Mannschaft. 8. (21 S.) Guben 1877, (König).   — 30.
Krebs, Ghold., militärische Beredsamkeit. Eine Sammlg. kriegsgeschichtl. Bei-
spiele. 8. (59 S.) Budapest 1877, Grill.   n. — 80.
Lehrbuch der allgemeinen Geschichte f. die k. k. Militär-Realschulen u. k. k.
Kadeten-Schulen. Verf. im Auftrage des k. k. Reichs-Kriegs-Ministeriums. 1. Thl.
Geschichte d. Alterthums. Mit 4 (chromolith.) Karten. gr. 8. (V, 195 S.) Wien
1879, Seidel & Sohn. geb.   n. 2. 40.
Leitfaden üb. Ehrenbezeigungen, Schicklichkeitsregeln u. Meldungen, nebst den
dazu nöth. Erläutergn. f. Offiziere, Unteroffiziere, Einjährig-Freiwillige u. Soldaten
der königl. bayer. Infanterie. 8. (76 S.) Amberg 1875, Habbel.   n. — 35.

Leitfaden für den Unterricht in der Dienstkenntniss im Anschluss an die f. die königl. Kriegsschulen vorgeschriebene Skizze d. Lehrstoffes ausgearb. v. J. D. gr. 8. (VIII, 196 S. m. Tab. in qu. gr. Fol.) Berlin 1876, Mittler & Sohn. n. 2. —

Lesebuch f. Kapitulantenschulen. 2 Thle. Zum Dienstgebrauch ausgegeben vom königl. preuss. Kriegsministerium. gr. 8. (VI, 304 u. VI, 418 S.) Berlin 1877, Mittler & Sohn. n.u. 1. 80; Nachtrag (48 S.) n. — 80.

Löwe, F. W., die Regimentsschule. Leitfaden zum Unterricht f. Regiments-, Bataillons- u. Unteroffizier-Schulen, sowie zum Selbst-Unterricht in der deutschen Sprache, im Rechnen, in der Geographie v. Deutschland u. brandenburg-preuss. Geschichte. gr. 8. (III, 165 S.) Berlin 1877, Militaria. n. 2. —

Militair-Briefstil, der, f. Offizier-Aspiranten unter Zugrundelegg. der f. Kriegsschulen im J. 1873 hierüber gegebenen Bestimmgn. bearb. 2. Aufl. 8. (IV, 91 S.) Potsdam 1878, Stein. n. — 80.

Müller, C. Th., u. Th. v. Zwehl, Handbuch f. den Einjährig-Freiwilligen, den Unteroffizier, Offiziers-Aspiranten u. Offizier des Beurlaubtenstandes der kgl. bayrischen Infanterie. Mit 223 Abbildgn. gr. 8. (XX, 743 S. m. 2 Tab.) München 1879. Oldenbourg. n. 7. —; geb. n. 8. —

Nowottny, Karl, Lesebuch f. den k. k. Soldaten. gr. 8. (472 S.) Wien 1877, (Seidel & Sohn). n. 3. 20.

Obermayer, A. v., Lehrbuch der Physik, f. die k. k. Infanterie- u. Cavallerie-Cadetten-Schulen im Auftrage d. k. k. Reichs-Kriegs-Ministerium verf. Mit 206 (eingedr. Holzschn.-)Abbildgn. gr. 8. (67 S.) Wien 1879, Braumüller. n.n. 2. 40.

Rechenbuch f. die Kapitulantenschulen. Zum Dienstgebrauch ausg. vom königl. preuss. Kriegsministerium. gr. 8. (IV, 276 S.) Berlin 1878, Mittler & Sohn. n. 1. —

Ribbentrop, vocabulaire militaire français-allemand. Recueil de termes de la technologie militaire moderne. 2. éd. 16. (300 S.) Leipzig 1878, Brockhaus. n. 3. —; geb. n. 4. —

Scheibert, J., Brevier f. Einjährig-Freiwillige. 8. (VIII, 132 S.) Berlin 1879, F. Luckhardt. n. 3. —; geb. n. 5. —

Schellenberger, E. Th., Fragen beim Einjährig-Freiwilligen-Examen. Zusammenstellung aller beim Einj.-Freiw.-Examen überhaupt mögl. Fragen aus dem Gebiete der Geographie, Geschichte, Mathematik, deutschen, französ. u. engl. Sprache, f. den Selbstunterricht u. die Selbstvorprüfg. bearb. 100 autogr. Bogen. gr. 4. Offenbach 1877. (Leipzig, Gerhard.) à Bog. n.n. — 25.

Schenk, Max., der Einjährig-Freiwillige m. der Waffe, dann als Arzt, Pharmazeut, Verwaltungs-Adspirant u. Veterinär. 2. Aufl. 8. (104 S.) Landshut 1877, (Krüll). n. 1. —

Schmidt, J., der Einjährig-Freiwillige. Uebersichtliche Zusammenstellg. sämmtl. Bestimmungn., welche auf den einj.-freiwill. Dienst Bezug haben u. zwar vom Eintritte in das wehrpflicht. Alter an, bis zur Entlassg. aus dem Militär-Verhältniss. 2. Aufl. 8. (XIII, 127 S.) Bremen 1878, v. Halem. n. 1. 50.

Schnackenburg u. Bartels, Leitfaden f. den Unterricht in der Dienstkenntniss auf den königl. Kriegsschulen. 2. Aufl. 4. (IV, 109 S.) Berlin 1879, Bath. n. 2. 50; cart. u. durchsch. n. 3. 60.

Schriftverkehr, der, d. Officiers m. Vorgesetzten u. Behörden u. die Anfertigg. der militair. Ausarbeitgn., erläutert durch viele Beispiele. Von H. v. M. Mit 5 Croquis (in eingedr. Holzschn.). gr. 8. (180 S.) Berlin 1875, Liebel. n. 3. 60.

Schrötter, Frhr. v., Leitfaden f. den Unterricht in der Geschichte u. Geographie f. Unteroffizier- u. Kapitulanten-Schulen. 5. Aufl. 8. (47 S.) Berlin 1878, Mittler & Sohn. — 30.

Simon, Instruktion f. den Einjährig-Freiwilligen der Infanterie. Bearb. zum Gebrauch f. den Landwehr-, Reserve-Offizier u. Reserve-Offizier-Aspiranten. Mit Holzschn. 2. Aufl. gr. 8. (VIII, 178 S.) Berlin 1879, Bath. n. 2. —

Stachorowski, erweiterte genetische Skizze f. den Unterricht in der Waffenlehre auf den königl. Kriegsschulen. 4. (IV, 230 S.) Berlin 1876, v. Decker. cart. u. durchschossen. n. 6. 70.

Stahel's Prüfungs-Bibliothek f. einjährig Freiwillige. 3. Bdchn. 8. Würzburg 1876, Stahel. — 60; geb. n. — 80. (I—III.: n. 5. 6.)
Inhalt: Kleine deutsche Literaturgeschichte v. H. R. (VII, 39 S.) Einzelpr. n. — 70; geb. n. — 90.

Staindl, Rud., Militär-Stenografie nach dem System Gabelsberger. 8. (VI, 75 S.) Wien 1876, k. k. Hof- u. Staatsdr. n. 2. —

Statistik, schweizerische. Hrsg. vom statist. Bureau d. eidgenöss. Departement d. Innern. 38. Heft. gr. 4. Bern 1878. Zürich, Orell, Füssli & Co. Verl. n. 2. — **Inhalt**: Pädagogische Prüfung bei der Rekrutirung f. d. J. 1878. (Deutsch u. Französisch.) (IV, 15 S. m. 1 chromolith. Karte in qu. gr. Fol.)

Steinitz, Ed. v., Anleitung zur systematischen Erziehung u. Ausbildung d. Soldaten. Erziehung, Ausbildg. u. Behandlg. der Chargen mit Rücksicht auf die Fortschritte der neueren Taktik, die gesteigerten Anfordergn. der Gegenwart, f. alle k. k. Offiziere, besonders aber Kompagnie-Kommandanten, kurz zusammengefasster Leitfaden. gr. 8. (III, 64 S.) Prag 1877, Calve. n. 1. 20.
—— über praktische Truppen-Schulung. Nach Vorträgen im k. k. militär-wissenschaftl. Verein in Prag. 8. (IV, 45 S. m. 1 Taf.) Ebd. 1878. n. 1. 20.

Thiermann, Leitfaden f. den in den Capitulanten-Schulen der Truppen zu ertheilenden Unterricht im Rechnen, Geometrie u. Zeichnen. gr. 8. (III, 46 S. m. eingedr. Holzschn.) Mainz 1877, v. Zabern. n. — 60.

Unterricht der alten Leute bei der Infanterie in Fragen u. Antworten zusammengestellt durch S. Tz. 8. (87 S.) Minden 1879, Hufeland. n. — 60.

Weber's, J. J., illustrirte Katechismen. Belehrungen aus dem Gebiete der Wissenschaften, Künste u. Gewerbe. Nr. 74. 8. Leipzig 1877, Weber. n. 2. 50.
Inhalt: Katechismus f. den Einjährig Freiwilligen. Von Oberstlieuten. z. D. v. Süssmilch gen. Hörnig. 2., durchgesch. Ausg. Mit 52 in den Text gedr. (Holzschn.-)Abbildgn. (XVI, 345 u. Nachträge u. Berichtiggn. 7 S.)

Wedell, M. v., Leitfaden f. den Unterricht auf der Kapitulanten-Schule. 3. Aufl. 8. (104 S. m. Holzschn. u. 1 Tab.) Berlin 1878, Feicht. cart. n. 1. 25.
—— Vorbereitung f. das Examen zur Kriegs-Akademie. Ein Rathgeber zum Selbststudium. 2. Aufl. Mit 17 Planskizzen u. 2 Anlagen. gr. 8. (135 S.) Ebd. 1878. geb. n. 6. 50; durchsch. n. 7. —

Weidler, Gg., der theoretische Unterricht. Ein Hilfs- u. Handbuch f. den Soldaten der Infanterie u. Jäger [Pioniere, Fuss-Artillerie u. Train] zur Belehrg. üb. seine Dienstobliegenheiten. 2. Aufl. 8. (XII, 217 u. Anh. VII S.) Germersheim 1879, Müller. u.n. 1. —

Wiest, G., die erste Schule d. Soldaten. Zusammengestellt v. A. Pfister. 2. Aufl. gr. 8. (VI, 40 S.) Stuttgart 1875, Aue. n. — 80.

Winterfeld, C. v., der wissenschaftliche Unterricht d. Soldaten. 7. Aufl. 8. (VIII, 192 S.) Potsdam 1878, Döring. n. 1. 50.

Wohlgemuth, G., Mathematik f. das Einjährig-Freiwilligen-Examen. Mit 54 in den Text gedr. Fig. (in Holzschn.). gr. 8. (VI, 65 S.) Leipzig 1876, Theile. n. 2. —

Zaryczuk, Joh., Anleitung zur methodischen Ausbildung d. Soldaten im Lesen, Schreiben u. Rechnen binnen 4 bis 5 Monaten. gr. 16. (32 S. m. e. eingedr. Holzschn.) Teschen 1875, (Prochaska). n.n. — 50; 4 Alphabete u. 1 Zahlensatz dazu auf Carton à n.n. — 60.

Zeit- u. Streitfragen, neue militärische. 1. Hft. gr. 8. Berlin 1879, F. Luckhardt. u. 1. —
Inhalt: Ueber die Heranbildung der Einjährig-Freiwilligen zu Reserve-Offizieren. Von Fritz Hoenig. (34 S.)

VI. Ausbildung, körperliche.

Turn-, Fecht- u. Schwimmunterricht.

Anleitung, praktische, zum Unterricht im Stossfechten. Nach der bei der königl. Central-Turnanstalt eingeführten Lehrmethode. Mit in den Text gedr. Fig. 3. verb. Aufl. 8. (59 S.) Berlin 1879, Schroeder. n. — 60.

d'Argy, Instruction f. den Schwimm-Unterricht in der französischen Armee. Gedruckt auf Befehl d. Kriegs-Ministers. In's Deutsche übertragen von v. Wins II. Mit 23 Holzschn. u. 5 lith. Taf. 4. Aufl. gr. 16. (VIII, 64 S.) Berlin 1877, Paetel. n. 1. —

Bluth, praktische Anleitung zum Unterricht im Hiebfechten. Nach der bei der königl. Central-Turn-Anstalt eingeführten Lehrmethode bearb. Mit Holzschn. 8. (48 S.) Berlin 1878, Schroeder. n. — 60.

Bornmüller, Hülfsbuch zur Leitung u. Ertheilung d. Schwimm-Unterrichts f. den Offizier u. Unteroffizier. gr. 8. (18 S.) Berlin 1879, Mittler & Sohn. n. — 50.

Buonaccorsi di Pistoja, Adf. Graf v., Leitfaden f. den Militär-Schwimmunterricht. 8. (IV, 112 S.) Wien 1879, (Seidel & Sohn). n. 3. —

—— Schwimmkunst, gestützt auf naturwisseuschaftl. Principien u. die Gesetze der Physiologie u. Hygiene, m. e. vorausgeschickten geschichtl. Abrisse. Mit vielen den Text erläut. (eingedr.) Holzschn. Lcx.-8. (179 S.) Wien 1879, (Gerold's Sohn). n. 10. —; geb. n. 14. —

Büren, Anthony van, die Schwimmschule. Ein prakt. Leitfaden f. Alle, welche das Schwimmen in allen seinen Arten erlernen wollen. Zugleich e. Hilfs- u. Nachschlagebuch f. Schwimmlehrer. Mit 4 Taf. in Steindr. gr. 8. (32 S.) Wien 1877, Hartleben. — 80.

Chalaupka, Frz., Leitfaden zum Unterricht im Säbel-Fechten. Für Truppenschulen der k. k. Armee. Mit 1 Taf. 8. (40 S.) Teschen 1875, Prochaska. n. 1. —

Commando-Tabelle zum Betriebe d. Turnens u. d. Bajonettfechtens der Infanterie. Aufgestellt nach den neuesten Vorschriften zum prakt. Gebrauch u. zum Anhalt f. die Unteroffiziere. 24. (24 S.) Glogau 1877, (Flemming). cart. n. — 25.

Dresky, v., praktische Anleitung zu richtigen Hülfsstellungen bei gymnastischen Uebungen. 2. verb. Aufl. 8. (48 S.) Berlin 1879, Schroeder. n. — 60.

Effenberger, Ant., Leitfaden zur praktischen Erlernung d. Rappier- u. Säbelfechtens. 8. (IV, 80 S. m. 2 autogr. Taf.) Pola 1878, (Schmidt). n. 1. 80.

Feldmann, Jos., die Körper-Uebungen in den Volksschulen als Mittel zur Militär-Erziehung, m. Bezugnahme auf das Wehr-System in Oesterreich-Ungarn. Ein Beitrag zur Armee-Reduktion. 8. (31 S.) Wien 1879, (Seidel & Sohn). n. — 60.

Happel, J., das Geräthfechten. Das Stock-, Stab-, Saebel- u. Schwertfechten. Mit 51 in den Text gedr. (Holzschn.-)Abbildgn. gr. 8. (IX, 100 S.) Antwerpen 1877. (Leipzig, Strauch.) n. 3. —

Hilfsbüchlein zum Betriebe der Gymnastik u. d. Bajonettfechtens der Infanterie v. Tb. H. 16. (30 S.) Eichstätt 1877, Krüll. n. — 20.

Hülfsbuch zum Betriebe d. Turnens u. d. Bajonetfechtens f. Offiziere u. Unteroffiziere der deutschen Infanterie. Von v. S. 8. Aufl. 32. (36 S.) Nordhausen 1877, (Eick). — 30.

—— zum Betriebe d. Turnens u. d. Bajonettfechtens der Infanterie. Zusammengestellt nach den neuesten Vorschriften zum prakt. Gebrauch u. zum Anhalt von v. B. 16. (36 S.) Torgau 1878, (Jacob). cart. n. — 40.

—— zum Betriebe d. Turnens der Truppen zu Pferde. Für die Unteroffiziere bearb. nach den Vorschriften vom 17. Septbr. 1878. 2. Aufl. 24. (40 S.) Potsdam 1879, Döring. n. — 25.

Hülfs- u. Handbuch f. Offiziere u. Unteroffiziere der preussischen Infanterie zum Gebrauch bei Ausbildung der Mannschaft im Turnen u. Bajonettfechten. Nach den Allerhöchsten Vorschriften vom 6. April 1876 in tabellar. Form bearb. v. e. preuss. Offizier. 8. Aufl. 16. (VI, 138 S.) Potsdam 1877, Döring. n. — 60.

Jugendwehr u. Turnen in ihrem Werth f. die Wehrhaftmachung der Jugend. Eine Antwort auf die Bestrebgn. d. Abgeordneten Schöffel, die Jugendwehren in Oesterreich einzuführen. Hrsg. vom Salzburger Turnverein. 8. (34 S.) Salzburg 1876, (Dieter). n. — 40.

Junk, praktische Anleitung zur Ertheilung e. systematischen Turn-Unterrichtes bei der Cavallerie. 16. (103 S.) Hannover 1877, Helwing's Verl. n. — 80.

Kommando- u. Uebungstafeln f. Frei-, Turn- u. Fechtübungen im Auszuge aus den „Vorschriften üb. das Turnen u. Bajonettfechten der Infanterie." 8. (46 S.) Berlin 1876, Mittler & Sohn. — 30.

Lancken, Jul. v. d., praktische Anleitung zur Ausbildung u. Vorstellung der II. Bajonnetfechtklasse. 8. (III, 28 S.) Mainz 1878, v. Zabern. n. — 40.

Rabenau, v., Leitfaden f. e. systematisch-rationellen Betrieb der Militär-Gymnastik, im Anschluss an die offiziellen Vorschriften vom 6. Apr. 1876. 2 Thle. in 1 Hft. Mit 9 Holzschn. 2. Aufl. 16. (58 S.) Bremen 1878, Schünemann. n. — 80;
2. Thl. (Uebungstafeln) ap. (32 S.) n. — 40.

Schadek, Osk., Anleitung zur Militär-Gymnastik. Mit 246 in den Text gedr. Fig. erläutert. gr. 8. (VII, 151 S.) Wien 1876, Seidel & Sohn. n. 4. —

Stocken, v., Uebungs-Tabellen f. den systematischen Betrieb der Militär-Gymnastik. Nebst e. Lectionsgange f. den Unterricht im Bajonetfechten, Stossfechten u. Hiebfechten. 10. Aufl. 8. (94 S.) Berlin 1875, Schroeder. n. — 60.

Uebungszettel zum unmittelbaren Gebrauch beim Unterricht in der Gymnastik bei der Infanterie. 16. (37 S.) Hannover 1876, Helwing's Verl. n. — 40.

Udrycki de Udryce, Sigm., praktische Anleitung f. das Spadon-Fechten, nebst e.

analyt. Abhandlg. d. Lektionirens sowol zum Schul- u. Selbstunterricht. Mit 5 (lith.) Taf. gr. 8. (95 S.) Wien 1879, Seidel & Sohn. n. 2. —
Vorschriften üb. das Bajonettfechten der Infanterie. gr. S. (32 S. m. eingedr. Holzschn.) Berlin 1876, Mittler & Sohn. n. — 40.
—— über das Turnen der Infauterie. gr. 8. (VII, 82 S. m. eingcdr. Holzschn. u. 3 Stcintaf. iu qu. gr. 4.) Ebd. 1876. n. — 80.
—— über das Turnen der Truppen zu Pferde. gr. 8. (72 S. m. eingedr. Holzschn. u. 3 Steintaf.) Berlin 1878, v. Decker. cart. n. 1. —
Weiland, B., Auleitung zum Betriebe d. Stoss- u. Hiebfechtens. 24. (VIII, 143 S.) Wiesbaden 1879, Limbarth. n. 1. —
Wundsch, Leitfaden zum planmässigeu Betriebe d. Turuens der Infanterie nach den seit dem 1. Octbr. 1876 befohlenen Vorschriften. 8. (75 S.) Metz 1877, Deutsche Buchh. n. — 50.

VII. Disciplin. — Militärischer Geist. — Kriegsrecht. — Justiz.

Bothe, Tr., der preussische Militair-Strafprozess u. die Reform d. Militair-Strafverfahrens. 2. Aufl. gr. 8. (96 S.) Hannover 1877, Helwing's Verl. n. 1. 60.
Civil- u. Militär-Jurisdictionsnorm, die. Die Geschäftsordg. f. die Gerichtsstellen. Die allgemeine Gerichtsordng. Die besonderen Arten d. Verfahrens in Streitsachen, die Gesetze üb. das Bagatell- u. Mahnverfahren, sammt den Ausführungsverordngn. Die Concurs-Ordng. vom 25. Decbr. 1868, sammt allen ergänz. u. erläut. Verordngn., u. den grundsätzl. Entscheidgn. d. obersten Gerichtshofes. [8., verm. u. vervollständ. Aufl.] 8. (XII, 675 S.) Wien 1879, Manz. n. 5. —; geb. n. 6. —
Eichelmann, Otto, üb. die Kriegsgefangenschaft. Eine völkerrechtl. Studie. gr. 8. (VIII, 200 S.) Dorpat 1878. (St. Petersburg, Röttger.) n. 4. —
Fleck, Ed., Militär-Strafgesetzbuch f. das deutsche Reich, nebst den seit Publikation desselben ergangenen, auf die militär. Rechtspflege im preuss. Heere u. in der kaiserl. Marine sich bezieh. Gesetzen, Verordngn., Erlassen u. allgemeinen Verfüggn. Zum Handgebrauch hrsg. Fortgesetzt v. C. Keller. 2 Thle. gr. 8. (VIII, 256 u. VI, 143 S.) Berlin 1875, 1880, Nicolai's Verl. n. 8. —
Gessner, Ludw., kriegführende u. neutrale Mächte. Ein Beitrag zur Reform d. internationalen Rechts in Kriegszeiten. gr. 8. (V, 107 S.) Berlin 1877, C. Heymann's Verl. n. 2. —
Hecker, Karl, das Militär-Straf-Gesetzbuch f. das Deutsche Reich nebst dem Einführungsgesetz, erläutert. gr. 8. (X, 367 S.) Berlin 1877, G. Reimer. n. 6. —
Hubner, Alois Wilh., Lehrbuch f. den Unterricht üb. die Militär-Strafgesetze. Bearb. im Auftrage d. k. k. Reichs-Kriegs-Ministeriums, zum Gebrauche in den Militär-Bildungs-Anstalten. 2. Aufl. gr. 8. (VII, 163 S.) Wien 1878, Seidel & Sohn. n. 2. 40.
Keller, C., die Aufgaben e. Militär-Strafprozessordnung f. das Deutsche Reich. 2. Aufl. gr. 8. (35 S.) Berlin 1877, Weidmann. n. — 60.
—— Erläuterungen zu den Disciplinar-Strafordnungen f. das Heer u. f. die Marine vom 31. Oktbr. 23. Novbr. 1872. gr. 8. (IV, 130 S.) Berlin 1878, Nicolai's Verl. n. 2. —
—— Erläuterungen zu den Kriegsartikeln f. das Heer u. die deutsche Marine. Unter Bezugnahme auf die entsprech. Bestimmgn. d. Militärstrafgesetzbuchs f. das Deutsche Reich bearb. gr. 8. (IV, 156 S.) Ebd. 1877. n. 3. 50.
Koppmann, Clem., das Militärstrafgesetzbuch f. das deutsche Reich nebst dem Einführungsgesetze. Mit Commentar hrsg. gr. 8. (VIII, 484 S.) Nördlingen 1875, Beck. n. 9. —
Löffelmann, Frz., das Disciplinar-Strafrecht im k. k. Heere. Zum prakt. Dienstgebrauch erläuternd dargestellt. 8. (VII, 154 S.) Teschen 1876, Prochaska. n. 2. 40; geb. n. 3. —
Morawitz. Rud., Betrachtungen üb. den Heeresgeist u. dessen Einfluss auf Staat u. Krieg. gr. 8. (31 S.) Wien 1875, (Seidel & Sohu). n. 1. —
Richthofen, L. v., einige Bemerkungen zu der beabsichtigten Reorganisirung d. Militär-Straf-Prozesses. gr. 8. (11 S.) Flensburg 1877, Exped. d. Flensburger Zeitg. n. — 20.

Rüdorff, H., Militär-Strafgesetzbuch f. das Deutsche Reich. Text-Ausg. m. Anmerkgn. 2. durch die preuss. Militär-Straf-Prozess-Ordng. v. 3. April 1845, die Disziplinarstraf-Ordng. f. das Heer v. 31. Oktbr. 1872, die Verordng. üb. die Ehrengerichte v. 2. Mai 1874 u. die inzwischen ergangenen Entscheidgn. verm. Aufl. v. W. L. Solms. 16. (XIV, 343 S.) Berlin 1878, Guttentag. cart. n. 2. —
Soldatenbüchlein. Ueber die Pflichten u. Tugenden d. Soldaten. Mit kriegsgeschichtl. Beispielen u. der Lebensgeschichte Sr. Maj. d. Kaisers u. Königs Wilhelm I. 4. Aufl. 16. (59 S.) Potsdam 1879, Döring. n. — 20.
Strafgesetze f. Heer u. Marine d. deutschen Reiches. Handbuch f. den prakt. Gebrauch. 8. (XIV, 206 S.) Berlin 1875, Kortkampf. cart. n. 3. —
Verordnung, allerhöchste, vom 2. Mai 1874 üb. die Ehrengerichte der Offiziere im preuss. Heere. 8. (30 S.) Berlin 1875, Kortkampf. cart. n. — 60.
Weißenbach, Jul., die besondere rechtliche Stellung der Militärpersonen in Angelegenheiten der bürgerlichen Gerichtsbarkeit. Zusammenstellung der einschlag. Bestimmgn. der Reichsgesetze [insbesondere d. Reichs-Militärgesetzes u. der Reichs-Justizgesetze]. 16. (31 S.) Kassel 1880, Wigand. cart. n. — 50.
Wimmer, Jak., Normalien-Sammlung f. Militär-Gerichte. Fortgesetzt v. Karl Zatlaukal. [Privat-Ausg.] 19 — 22. Suppl.-Hft. [Jahrg. 1874 — 77.] gr. 8. Wien, (Lechner's Verl.). n. 24. 20. (cplt. m. Suppl.-Hft. 1—22.: n. 144. 20.)
19. [Jahrg. 1874.] (196 S.) n. 5. 40. — 20. [Jahrg. 1875.] (220 S.) n. 6. 80. — 21. [Jahrg. 1876.] (298 S.) u. 7. —. — 22. [Jahrg. 1877.] (110 S.) n. 5. —.

VIII. Medicinalwesen.

Altschul, Adf., statistischer Sanitäts-Bericht Sr. Maj. Kriegs-Marine f. d. J. 1874. Im Auftrage d. k. k. Reichs-Kriegs-Ministeriums [Marine-Section] zusammengestellt. Lex.-8. (46 S.) Wien 1876, (Braumüller). n. 2. —
Auerbach, Th., u. Herm. **Auerbach**, chirurgisches Lehrbuch f. Civil- u. Militair-Chirurgen u. Heilgehilfen. Eine übersichtl., gedrängte Zusammenstellg. der Hauptgegenstände aus dem Gesammtgebiete der Anatomie, Pathologie u. Chirurgie. Mit Abbildgn. (auf 18 Steintaf.). Neue wohlf. Ausg. gr. 8. (XXXII, 719 S.) Berlin 1875, Imme. 4. 50.
Auszug aus dem Friedens-Lazareth-Reglement, betr. den Verbrauch von Feuerungs- u. Erleuchtungsmaterialien in den Garnisonlazarethen. gr. 8. (34 S.) Berlin 1879, (Mittler & Sohn). n. — 60.
Bardeleben, Adf., Rückblick auf die Fortschritte der Chirurgie in der 2. Hälfte dieses Jahrh. Rede, geh. zur Feier d. Stiftungstages der militärärztl. Bildungs-Anstalten am 2. Aug. 1876. gr. 8. (32 S.) Berlin 1876, Hirschwald. n. — 60.
—— übe die Theorie der Wunden u. die neueren Methoden der Wundbehandlung. Zwei Vorträge, geh. im wissenschaftl. Verein in der Sing-Akademie zu Berlin. gr. 8. (46 S.) Ebd. 1878. n. 1. 20.
Bauer, Max, Civil im Kriege. Studien u. heitere Skizzen zum Versuch e. Reorganisation der freiwill. Krankenpflege im Felde u. Daheim. gr. 8. (VI, 194 S.) Berlin 1875, C. Heymann's Verl. n. 1. —
Bergmann, Ernst, die Behandlung der Schusswunden d. Kniegelenks im Kriege. Nach seiner Antritts-Vorlesg. an der königl. Julius-Maximilians-Universität zu Würzburg 1878. gr. 8. (57 S. m. 1 Steintaf.) Stuttgart 1878, Enke. n. 2. 40.
Berichte der Cholera-Kommission f. das Deutsche Reich. 5. Hft. Imp.-4. Berlin, 1877, C. Heymann's Verl. n. 3. 50.
Inhalt: Die Cholera-Epidemie d. J. 1873 in der Armee d. ehemaligen Norddeutschen Bundes. Im Auftrage der Kommission bearb. u. veröffentlicht v. A. Mehlhausen. (88 S.) — Die Cholera-Epidemie d. J. 1873 im Königr. Württemberg, hauptsächlich in der Stadt Heilbronn, im Grossherzogth. Baden u. Grossherzogth. Hessen. Im Auftrage der Kommission bearb. u. veröffentlicht v. Rob. Volz. Mit e. (chromolith.) Stadtplane v. Heilbronn. (S. 89—118.)
Bestimmungen üb. die Aufnahme in die militärärztlichen Bildungs-Anstalten zu Berlin. gr. 16. (10 S.) Berlin 1876, Mittler & Sohn. n. — 20.
Böttger, der Militair-Pharmazeut. Eine Zusammenstellg. der wichtigsten, f. das Militair-Apothekenwesen im deutschen Reichsheere gelt. Bestimmgn. gr. 16. (VIII, 92 S.) Berlin 1879, Springer. cart. n. 1. 40.
Busch, H., Grösse, Gewicht u. Brustumfang v. Soldaten. Studien üb. ihre Entwicklg. u. ihren Einfluss auf die militair. Tauglichkeit. Mit 6 Holzschn. gr. 8. (V, 85 S.) Berlin 1878, Hirschwald. n. 2. —

Derblich, W., die Feld-Sanität. Zwei Vorträge, geh. im militär-wissenschaftl. Vereine in Lemberg. gr. 8. (42 S.) Teschen 1876, Prochaska. n. 1. —
—— die Militär-Gesundheitspflege, deren Werth u. Bedeutg. gr. 8. (IV, 71 S.) Wien 1876, Gerold's Sohn. n. 1. 60.
Eckert, Jos. Frdr., objective Studie üb. die Transfusion d. Blutes u. deren Verwerthbarkeit auf dem Schlachtfelde. Mit 3 Tab. u. 6 Holzschn. (auf 1 Taf.). gr. 8. (171 S.) Wien 1876, Perles. n. 4. —
Esmarch, Frdr., Handbuch der kriegschirurgischen Technik. Eine gekrönte Preisschrift. Mit 536 (in den Text gedr.) Holzschn. u. 30 Taf. in Farbendr. Neuer Abdr. gr. 8. (316 S.) Hannover 1878, Rümpler. n. 24. —
Fetzer, Berthold Karl, üb; den Einfluss d. Militärdienstes auf die Körperentwickelung, m. besond. Berücksicht. der Verhältnisse der Brust u. m. Bezug auf die Beurteilg. der Militärdienstfähigkeit. Eine Studie. gr. 8. (VIII, 200 S.) Stuttgart 1879, Bonz & Co. n. 4. —
Fieber, Carl. chirurgische Studien u. Erfahrungen m. Zugrundelegg. der im ital. Feldzuge d. J. 1866 gemachten Beobachtgn. [Aus: „Allg. Wiener med. Zeitg."] gr. 8. (107 S.) Wien 1875, (Töplitz & Deuticke.). n. 2. —
Fischer, G., Statistik der in dem Kriege 1870/1871 im preussischen Heere u. in den m. demselben im engeren Verbande gestandenen norddeutschen Bundes-Kontingenten vorgekommenen Verwundungen u. Tödtungen. gr. 4. (64 S.) Berlin 1876, v. Decker. n. 4. —
Frölich, H., die Militärmedicin Homer's. gr. 8. (V, 65 S.) Stuttgart 1879, Enke. n. 2. —
Gaupp, W., das Sanitätswesen in den Heeren der Alten. Abhandlung. 8. (27 S.) Blaubeuren 1875, Mangold. n. 1. —
Gropius u. **Schmieden,** das 2. Garnison-Lazareth f. Berlin bei Tempelhof. Nach dem vom königl. Kriegs-Ministerium aufgestellten Bauprogramm entworfen u. ausgeführt. Bearb. u. hrsg. unter Mitwirkg. von Loewer von V. v. Weltzien. Mit 7 Kpfrtaf. u. e. Auh. Fol. (19 S. m. eingedr. Holzschn.) Berlin 1879, Ernst & Korn. n. 12. —
Grundsätze, allgemeine, f. den Neubau v. Friedenslazarethen. 8. (32 S.) Berlin 1878, Mittler & Sohn. n. — 60.
Gurlt, E., neue Beiträge zur Geschichte der internationalen Krankenpflege im Kriege. [Aus: „Kriegerheil".] 8. (44 S.) Berlin 1879, C. Heymann's Verl. n. 1. —
—— die Kriegs-Chirurgie der letzten 150 Jahre in Preussen. Rede, geh. zur Feier d. Stiftungstages der militärärztl. Bildungs-Anstalten am 2. Aug. 1875. gr. 8. (47 S.) Berlin 1875, Hirschwald. n. 1. —
Haberkorn, F., Gesundheitspflege f. den Soldaten in e. Bilde seines Körperlebens. 8. (IV, 140 S.) Strassburg 1876, Schultz & Co. cart. n. 1. —
Handbuch f. das k. k. Militär-Sanitätswesen. Im Auftrage d. Reichs-Kriegs-Ministeriums hrsg. v. Frz. Stawa, Carl Kraus u. Jos. Leiden. 1—10. Lfg. 8. (1588 S. m. Steintaf. u. Tab.) Wien 1874—77, (Seidel & Sohn). n. 19. 40.
Herwig, R., üb. Schiffshygieine an Bord u. Auswandererschiffen unter Berücksicht. der See-Sanitätsgesetzgebg. v. Bremen u. Hamburg, England, Frankreich, Italien u. Nord-Amerika. gr. 8. (62 S.) Berlin 1878, Hirschwald. n. 1. 60.
Jahrbuch f. Militär-Aerzte. 1879. 14. Jahrg. Hrsg. vom Unterstützungs-Verein der k. k. österr. Militär-Aerzte. Im Auftrage d. Verwaltungs-Comité zusammengestellt v. Paul Myrdacz u. Frdr. Höny. 16. (178 u. XXXVI S.) Wien, (Perles). geb. n. 3. 20.
Jahresbericht üb. die Leistungen u. Fortschritte auf dem Gebiete d. Militär-Sanitätswesens. Bearb. v. Wilh. Roth. 5. Jahrg. Bericht f. d. J. 1878. Lex.-8. (III, 113 S.) Berlin 1879, Hirschwald. n. 4. —
Instruction f. die Truppen-Schulen d. k. k. Heeres. 6. Thl. Truppen-Schulen der Sanitäts-Truppe. 2. Aufl. gr. 8. (IV, 46 S.) Wien 1879, k. k. Hof- u. Staatsdruckerei. n. — 60.
—— über die Versorgung der Armee m. Arzneien u. Verbandmitteln. gr. 8. (IX, 226 S.) Berlin 1874, Stankiewicz. n. 2. —
Kirchner, C., Lehrbuch der Militär-Hygiene. Mit in den Text gedr. Holzschn. u. lith. Taf. 2., gänzlich umgearb. Aufl. gr. 8. (VIII, 568 S. m. 1 Tab. in qu. Fol.) Stuttgart 1877, 78, Enke. n. 14. 50.
Knorr, Emil, üb. Entwickelung u. Gestaltung des Heeres-Sanitätswesens der europäischen Staaten. Vom militärisch-geschichtl. Standpunkte. gr. 8. (VII, 992 S.) Hannover 1877—80, Helwing's Verl. n. 19. 40.

Köcher, das Sanitätswesen bei Plewna. Mittheilungen üb. medicin. Begebnisse u. Resultate, sanitätl. Einrichtgn. u. Leistgn. vor Plewna, nebst e. Anh. üb. Hospital-Evacuation durch Dampfschiffe. [Aus: „St. Petersb. med. Wochenschr."] 8. (VII, 55 S. m. 1 lith. Karte.) St. Petersburg 1878, Röttger. n. 1. 50.

Kriegs-Sanitäts-Ordnung vom 10. Jan. 1878. gr. 8 (XX, 612 S. m. 4 Steintaf.) Berlin 1878, Mittler & Sohn. n. 5. —

Krönlein, R. U., offene u. autiseptische Wundbehandlung. Eine sachl. Entgegng. auf persön!. Angriffe. gr. S. (48 S.) Berlin 1876, Hirschwald. n. 1. —

Le Roy de Méricourt, A., die Fortschritte der Schiffshygiene. Mit Genehmigg. d. Autors aus dem Französ. übers. v. Hanns Krumpholz. gr. 8. (46 S.) Pola 1876. (Wien, Gerold's Sohn.) n.n. — 90.

Möbius, Paul Jul., Grundriss d. deutschen Militair-Sanitätswesens. Ein Leitfaden f. die in das Heer eintret. Aerzte. gr. S. (XIV, 157 S.) Leipzig 1878, F. C. W. Vogel. n. 3. 20.

Neudörfer, Ign., aus der chirurgischen Klinik f. Militär=Aerzte. Mit 9 lith. Taf. u. 30 (eingedr.) Holzschn. gr. 8. (XX, 429 S. m. 8 Bl. Tafelerklärgn.) Wien 1879, Braumüller. n. 11. —

Nussbaum, v., einige Bemerkungen zur Kriegs-Chirurgie aus e. klinischen Vortrage. [Aus: „Aerztl. Intelligenzbl."] gr. S. (10 S.) München 1877, J. A. Finsterlin. — 30.

— Leitfaden zur antiseptischen Wundbehandlung, insbesondere zur Lister'schen Methode, f. prakt. Aerzte u. Studirende. 3., umgearb. Aufl. gr. 8. (IV, 159 S.) Stuttgart 1879, Enke. n. 3. —

Ochwadt, A., die Privat-Thätigkeit auf dem Gebiete der Feldkrankenpflege, ihre Leistgn., ihre Organisation u. ihr Verhältniss zur amtl. Feldsanität. gr. 8. (VI. 39 S.) Berlin 1875, Militaria. n. 1. 20.

Peltzer, M., Kriegslazareth-Studien. gr. S. (VI, 71 S.) Berlin 1876, Hirschwald. n. 2. —

Prager, C. J., das preussische Militär-Medicinal-Wesen in systemat. Darstellg. 2. völlig umgearb. Aufl. 2 Bde. gr. S. (XXXV, 1163 u. XXV, 1185 S.) Berlin 1875, Hirschwald. n. 44. —

Richter, L., Chirurgie der Schussverletzungen im Kriege m. besond. Berücksicht. kriegschirurg. Statistik. 1. Thl. 2. u. 3. Abth. gr. 8. (X u. S. 189—940.) Breslau 1877, Maruschke & Berendt. n. 16. — (I. cplt.: n. 20. —)

Riedel, die Dienstverhältnisse der königl. preussischen Militär-Aerzte im Frieden. Mit besond. Berücksicht. der Dienstverhältnisse der Aerzte d. Beurlaubtenstandes nach den neuesten Bestimmgn. zusammengestellt u. bearb. gr. 8. (XII, 278 S.) Berlin 1878, Mittler & Sohn. n. 5. —

Robert, Fritz, der Feldarzt. Praktischer Rathgeber bei Verwundgn. u. anderen Unglücksfällen im Kriege u. in der Ausübg. d. bürgerl. Berufes, nach Harry Leach's M. R. C. P. Ship Captain's Medical Guide. 8. (VIII, 95 S.) Wien 1878, (Seidel & Sohn). n. 1. 20.

Roth, W., die Thätigkeit d. Sanitätsdienstes im Kriege der Holländer gegen Atchin. Ein Beitrag zur Armee-Gesundheitspflege. [Aus: „Deutsche militairärztl. Zeitschr."] gr. 8. (40 S.) Berlin 1875, Mittler & Sohn. n. — 50.

—— u. Rud. Lex, Handbuch der Militär-Gesundheitspflege. 2. Bd. 2. Lfg. u. 3. Bd. Mit in den Text eingedr. Holzschn. u. Steindr.-Taf. (in gr. 8. u. qu. Fol.). gr. S. (2. Bd. VIII u. S. 235—700 u. 3. Bd. VIII, 671 S.) Berlin 1875,79, Hirschwald. n. 28. — (cplt.: n. 50. —)

Rühlemann, G. A., Album f. Krankenträger. 3. rev. Ausg. qu. gr. 16. (19 Steintaf.) Dresden 1878, (Höckner). n.n. — 25.

Sanitäts-Bericht, statistischer, üb. die königl. preussische Armee u. das 13. [königl. württembergische] Armee-Corps f. die J. 1870, 1871, 1872 u. das erste Vierteljahr 1873, ausschliesslich d. Kriegsjahres 1870/71. Bearb. v. der Militair-Medicinal-Abtheilg. d. königl. preuss. Kriegsministeriums. gr. 4. (IV, 306 S. m. 2 chromolith. Taf. in qu. gr. Fol.) Berlin 1876, Mittler & Sohn. n. 7. 50.

—— dasselbe, f. den Zeitraum vom 1. Apr. 1873 bis 31. März 1874. Bearb. v. der Militär-Medicinal-Abtheilg. d. königl. preuss. Kriegsministeriums. gr. 4. (VI. 185 S.) Ebd. 1877. n. 6. —

—— statistischer, der k. k. Kriegs-Marine d. J. 1876. Im Auftrage d. k. k. Reichs-Kriegs-Ministerium [Marine-Section] zusammengestellt v. Alexius Uhlik. Lex.-8. (188 S.) Wien 1878, (Braumüller). n. 4. —

Sanitäts-Berichte, statistische, üb. das XII. [königl. sächs.] Armee-Corps f.

die Jahre 1872 u. 1873. Bearb. v. der königl. Sanitäts-Direction. [Aus: „Zeitschr. d. kgl. sächs. statist. Büreaus".] gr. 4. (VI, 50 S. m. 4 color. Steintaf.) Dresden 1875. Weiske.   3. —

Sanitäts-Dienst, freiwilliger, im Kriege. Hrsg. vom souveränen Malteser-Ritter-Orden, G. v. B. etc. Anh.: I. Die techn. Beschreibg. d. 1. Sanitäts-Schulzuges vom souveränen Malteser-Ritter-Orden Grosspriorat v. Böhmen etc. [Mit 9 (lith.) Taf.] II. Die Evacuationen im J. 1878 während der Occupation Bosniens u. der Herzegowina. [Mit 4 tabellar. Uebersichten u. 7 Formularien.] gr. 8. (VI, 217; 34 u. XIII S.) Wien 1879, (Seidel & Sohn). n. 8. —; kleine Ausg. ohne Anh. I.   n. 6. —

Schematismus der Civil- u. Militair-Aerzte, der medicinischen Behörden u. Unterrichts-Anstalten im Königr. Bayern. Hrsg. nach den zur Verfügg. gestellten amtl. Quellen. II. Jahrg. 1879. gr. 8. (IV, 88 S.) München 1879, Rieger. n. 1.—

Schilling, J. A., Militairkrankheiten od. Heilg. der durch die Feldzüge entstandenen Leiden u. Siechthumszustände mittels d. Loh-Steinbacher'schen Heilsystems. Mit besond. Berücksicht. der Naturheilanstalt Wilhelmsbad zu Cannstatt. Mit e. Anh.: 1. Die Morphiumkrankheit in Folge v. Kriegsleiden. 2. Hydrotherapeutische Behandlung v. Wunden. 8. (72 S.) Berlin 1878, Grieben.   n. 1. —

Spengel, L, feldärztliche Erinnerungen aus dem türkisch-serbischen Kriege 1876—77. [Aus: „Med.-chir. Centralbl."] gr. 8. (26 S.) München 1877, Th. Ackermann.   n. 60.

Sprengler, Jos., Lehr- u. Handbuch f. Heilgehilfen, Sanitätssoldaten, Krankenwärter etc. 8. (XV, 231 S.) Augsburg 1876, Schlosser. cart.   2. 50.

Stimmen üb. das Mai-Avancement der Militärärzte 1875. [Aus: „Militaerzeitg."] gr. 8. (81 S.) Wien 1875, (Seidel & Sohn).   n. 1. 20.

Veröffentlichungen aus dem königl. sächsischen Militair-Sanitäts-Dienst. Hrsg. v. Wilh. Roth. Mit 29 in den Text gedr. Holzschn. u. 5 Steindr.-Taf. gr. 8. (VI, 293 S.) Berlin 1879, Hirschwald.   n. 9. —

Villaret, Leitfaden f. Krankenträger in 100 Fragen u. Antworten, zusammengestellt. gr. 8. (16 S.) Berlin 1876, Gutmann.   n. — 20.

Vogel, Wilh., zu den Untersuchungen üb. Schussverletzungen u. die Wirkungen der modernen Handfeuerwaffen bei Schüssen aus grosser Nähe. 2 Vorträge, geh. in der medicin. Section der niederrhein. Gesellschaft f. Natur- u. Heilkunde in Bonn am 19. u. 26. Juli 1875. gr. 8. (52 S.) Bonn 1876, Cohen & Sohn.   — 75.

Vogl, A., üb. den praktischen Werth der Brustmessungen beim Ersatzgeschäfte. [Mit e. (lith.) Curventaf.] [Aus: „Aerztl. Intelligenzbl."] gr. 8. (23 S.) München 1877, J. A. Finsterlin.   n. — 80.

Wachs, Ottomar, Erinnerungen eines Civilarztes an die französischen Kriegsgefangenen der J. 1870 n. 1871. br. 8. (VII, 85 S.) Leipzig 1876, O. Wigand.n. 2. —

Werdnig, üb. Transportmittel f. Verwundete im Gebirgskriege. [Aus: „Allgem. militärärztl. Zeitg."] Lex.-8. (33 S. m. eingedr. Holzschn.) Wien 1875, (Seidel & Sohn).   n. 1. 20.

Zipperling, Hugo, technische Beschreibung d. ersten österreichischen Sanitäts-Schulzuges d. souveränen Malteser-Ritter-Ordens. [Aus: „Der freiwill. Sanitäts-Dienst im Kriege d. souveränen Malteser-Ritter-Ordens, Grosspriorat v. Böhmen".] Mit 9 (lith.) Taf. (in Imp.-Fol.). gr. 8. (III, 35 S.) Wien 1876, (Seidel & Sohn).   n. 7. 20.

—— description technique du premier train-école d'ambulance autrichien de l'ordre souverain des Chevaliers de Malte. [Extrait du: „Le service de santé volontaire en temps de guerre, de l'ordre souverain des Chevaliers de Malte, grand-prieuré de Bohème".] Avec 9 pl. (lith in Imp.-Fol.). gr. 8. (II, 39 S.) Ebd. 1876. geb.   n. 8. —

IX. Taktik u. Strategie. — Manoeuvre u. Truppenübungen. — Felddienst.

Arnim, R. v., neue Waffen, — neue Taktik u. Ausbildung? Geschichtliche Betrachtgn. gr. 8. (61 S.) Berlin 1876, Mittler & Sohn.   n. 1. —

Below, H. v., Ausbildung e. Infanterie-Bataillons im Felddienst auf Grund der neueren Kriegserfahrungen. 2. Aufl. Mit 2 Karten in Steindr. gr. 8. (VI, 184 S.) Berlin 1878, Mittler & Sohn.   n. 4. —

Böcklin, Baron, Anleitung zur systematischen Ausbildung im Felddienste. 3. Aufl. Lex.-8. (51 S.) Teschen 1874, Prochaska. u. 1. 20.

—— u. Ritter v. **Schöuowky,** Darstellung der Thätigkeit d. Unterabtheilungs-Commandanten. 1. u. 2. Lösg. der vom militär-wissenschaftl. Vereine zu Wien gestellten Preis-Aufgabe pro 1876. gr. 8. (151 S.) Wien 1877, (Seidel & Sohn.) n. 2. —

Boguslawski, A. v., die Entwicklung der Taktik von 1793 bis zur Gegenwart. 2. Tbl. A. u. d. T.: Die Entwicklung der Taktik seit dem Kriege v. 1870—71. 1—3. Bd. 2. Aufl. gr. 8. (IV, 220; V, 200 u. VI, 207 S.) Berlin 1878, Luckhardt's Verl. n. 22. —

Campe, üb. die Ausbildung der Kompagnie f. das moderne Gefecht. 4. Aufl. Mit 34 in den Text gedr. Holzschn. gr. 8. (X, 155 S.) Berlin 1875, Mittler & Sohn. n. 2. —

Cardinal v. Widdern, Handbuch f. Truppenführung u. Befehlsabfassung. 3. Thle. 2. Aufl. der „Befehlsorganisation etc." gr. 8. Gera 1879, Reisewitz. n. 8. —
  Inhalt: 1. Die Kommandobehürden u. ihr Dienstbetrieb. Märsche. Vorposten. Kantonirungen. Bivaks. Relaisdienstordnung. (VIII, 156 S.) n. 2. 80. — 2. Gefecht u. Gefechtsleitung. (VI, 120 S.) n. 2. 40. — 3. Strategischer Kavalleriedienst. Aufklärung des Feindes u. d. Terrains. Die französische Grenzbefestigung. (VI, 152 S.) n. 2. 80.

—— Marsch-, Vorposten- u. Gefechts-Tactik, im Anschluss an den „Leitfaden f. den Unterricht in der Tactik an den K. Kriegsschulen" bearb. gr. 8. (56 S.) Metz 1878, Deutsche Buchhandlung. u. 1. —

Ebhardt, F., Betrachtungen üb. Gefechtsordnungen im Allgemeinen, m. besond. Berücksicht. der Breiten- u. Tiefenverhältnisse. gr. 8. (46 S.) Teschen 1876, Prochaska. n. 1. —

Elgger, C. v., die neue Fechtart der Infanterie, Cavallerie u. Artillerie u. n. verbunden u. der Einfluss d. Terrains auf dieselbe, m. vergleich. Rückblicken auf die Taktik der drei Waffen der jüngsten Vergangenheit. gr. 8. (XII, 475 S.) Luzern 1876, Doleschal. n. 6. —

—— Taktik der Infanterie, Cavallerie u. Artillerie. 1. Abth. Reine Taktik. Mit 2 lith. Taf. u. Fig. im Text. gr. 8. (XIII, 377 S.) Ebd. 1875. u. 6. —

—— dasselbe. 2. [Schluss-]Bd. Die neue Fechtart der Infanterie, Cavallerie u. Artillerie, einzeln u. verbunden, u. der Einfluss d. Terrains auf dieselbe, m. vergleich. Rückblicken auf die Taktik der drei Waffen der jüngsten Vergangenheit. gr. 8. (XII, 475 S.) Ebd. 1876. u. 6. —

Felddienst-Instructionen f. Offiziere u. Unteroffiziere der Infanterie. 2. Aufl. 16. (88 S.) Potsdam 1877, Döring. n. — 40.

Gallina, Jos. Frhr. v., Verhaltungen der im Armee-Verbande stehenden Truppen-Divisionen u. ihrer Unterabtheilungen während d. Marsches, im Ruhestellungen u. im Gefechte. Mit Benützg. der in früheren Publicationen: „Die Armee in der Bewegg.", „Grundsätze üb. die Verwendg. der Streitkräfte zum u. im Gefechte" u. in mehreren Aufsätzen der „Oesterr. militär. Zeitschr." entwickelten Grundsätze zusammengestellt. [Aus: „Organ d. militär-wissenschaftl. Vereine".] gr. 8. (116 S. m. 4 eingedr. Fig.) Wien 1879, (Seidel & Sohn). n. 2. —

Grundsätze f. die Verwendung der Streitkräfte zum u. im Gefechte. 3. [Schluss-]Lfg. Mit 1 Taf. gr. 8. (V u. S. 161—283.) Wien 1875, Seidel & Sohn. n. 4. —
(cplt.: n. 12. —)

Handbuch f. Truppen-Rekognoszenten. 3. Aufl. gr. 16. (V, 97 S. m. eingedr. Holzschn.) Teschen 1876, Prochaska. n. 1. 60; geb. n. 2. 40.

Helvig, Hugo, taktische Beispiele. II. Das Regiment u. die Brigade. Mit 105 Taf. lith. Zeichngn. gr. 8. (VII u. S. 105—231.) Berlin 1875, Mittler & Sohn. n. 5. —
(I. u. II.: n. 9. —)

Hilder, G. O., im Hauptquartier d. Königs v. Schweden. Manöver-Skizzen. gr. 8. (91 S.) Berlin 1879, F. Luckhardt. n. 2. —

Notze, Frdr., gesammelte taktische Aufsätze [Reglement-Studien]. Mit e. Taf. u. 50 Fig. gr. 8. (III, 372 S.) Wien 1878, Seidel & Sohn. n. 5. —

—— der Dienst der Vorposten im Sinne d. neuen Dienstreglements. Vorlesung im k. k. Central-Infanterie-Curs. Erläutert durch an. den Herren Frequentanten d. Curses an Ort u. Stelle bearb. Beispiele. 2. Aufl. Mit 1 Karte. gr. 8. (113 S.) Teschen 1876, Prochaska. n. 2. 40; geb. n. 3. —

—— die theoretisch-taktischen Winter- u. Sommer-Arbeiten der Truppen-Offiziere. Mit 4 Plänen. 4. Aufl. gr. 8. (V, 149 S.) Wien 1878, Seidel & Sohn. n. 4. —

Instruction f. die praktischen Uebungen der Infanterie, Jäger, Cavallerie u. Feld-Artillerie. 8. (32 S.) Wien 1875, k. k. Hof- u. Staatsdr.   n. — 40.
Leer, strategische Aufsätze. Aus dem Russ. 2. Aufl. gr. 8. (III, 211 S.) Gera 1876, Reisewitz.   n. 4. —
Lettow-Vorbeck, v., Leitfaden f. den Unterricht in der Taktik an den königl. Kriegsschulen. 2. umgearb. Aufl. Auf Befehl der General-Inspektion d. Militär-Erziehungs- u. Bildungs-Wesens ausgearb. Mit 52 Abbildgn. 4. (IV, 136 S.) Berlin 1875, v. Decker.   n. 3. —; cart. u. durchschossen n. 4. 50.
Meckel, die Elemente der Taktik. Mit Holzschn. im Texte u. 2 Taf. gr. 8. (XIV, 276 S.) Berlin 1877, Mittler & Sohn.   n. 5. —
—— Lehrbuch der Taktik nach der f. die königlich preuss. Kriegsschulen vorgeschriebenen „Skizze d. Lehrstoffes", zugleich als 6. Aufl. der Taktik v. Perizonius ausgearb. 2. Thl. Angewandte Taktik. 1. Hälfte: Einfluss d. Terrains, Märsche, Lagergn. u. Kantonnements, Verpflegg.. Eisenbahnen u. Feldtelegraphen, Sicherheits- u. Kundschafts-Dienst. Mit 2 lith. Taf. u. Holzschn. im Text. gr. 8. (XIII u. S. 285—564.) Ebd. 1875.   n. 5. — (I. u. II, 1.: n. 8. 50.)
Niekisch-Rosenegk, v., Studien üb. Patrouillendienst. gr. 8. (III, 71 S.) Berlin 1876, Mittler & Sohn.   n. 1. 20.
Pacor, W., Taktik. gr. 8. (V, 265 S. m. Tab. u. 11 lith. Kartenskizzen.) Budapest 1877, (Grill).   n. 6. —
Reitzenstein, Hans Frhr. v., praktische Anleitung zur Ausbildung der Kompagnie im Felddienst m. besond. Berücksicht. d. Gefechts, wie dasselbe durch das Infanteriegewehr M/71 bedingt wird. Mit Holzschn., (8 chromolith.) Taf. Zeichngn. u. e. Signaturentaf. zum Croquiren. 8. (IV, 82 S.) Berlin 1878, Mittler & Sohn.   n. 1. 50.
—— der Patrouillenführer. Fortsetzung der prakt. Anleitg. zur Ausbildg. der Kompagnie im Felddienst. Für den jungen Offizier u. Unteroffizier. 2. Aufl. Mit 16 lith. Taf. gr. 16. (79 S.) Ebd. 1877.   n. 1. 50.
Rothpletz, E., Feld-Instruction üb. den Sicherheitsdienst der Kavallerie u. Infanterie. 2. Abdr. 16. (III, 98 S.) Zürich 1877, Orell, Füssli & Co. Verl. cart.   n. 1. 20.
Rüstow, W., die Lehre vom Gefecht aus den Elementen neu entwickelt f. die Gegenwart u. nächste Zukunft. Mit Holzschn. 2. Ausg. gr. 8. (VIII, 703 S.) Stuttgart 1875, Meyer & Zeller.   3. —
—— Strategie u. Taktik der neuesten Zeit. Ergänzungen zu d. Verf. strateg. u. takt. Schriften. 3. Bd. 3. Lfg. gr. 8. (S. 319—513 m. 1 lith. Karte in gr. Fol.) Zürich 1875, Schulthess.   n. 2. 60. (I—III, 3.: n. 20. 90.)
Scherff, W. v., einige taktische Grundsätze als Anhalt f. die Ausbildung der Infanterie zum Gefecht u. Kampfe. gr. 8. (27 S.) Berlin 1879, Bath.   n. — 60.
—— die Lehre v. der Truppenverwendung als Vorschule f. die Kunst der Truppenführung. 1. u. 2. Bd. Die Formenlehre. gr. 8. (XVIII, 1209 S.) Ebd. 1876—79.   n. 22. 50.
Schleinitz, Frhr. v., vergleichende Betrachtungen üb. die Schlachten v. Belleallianee u. Königgrätz in strategischer u. taktischer Beziehung. gr. 8. (III, 105 S.) Berlin 1876, Mittler & Sohn.   n. 2. —
Schmalz, F., Anleitung zur methodischen Ausbildung der Compagnie im Felddienst. 8. (116 S.) Berlin 1879, Luckhardt'sche Verlagsh.   n. 1. 50.
Schönaich, Frz., Lehr- u. Handbuch f. den Unterricht im Recognosciren. gr. 8. (VIII, 171 S. m. 5 Steintaf. in qu. gr. 4.) Wien 1875, Seidel & Sohn.   n. 4. —
Seubert, A. v., die Taktik der Gegenwart in Beispielen aus den Feldzügen der letzten 16 Jahre u. angelehnt an die Taktik v. Meckel [Perizonius, 6. Aufl.]. gr. 8. (XII, 304 S.) Berlin 1875, Mittler & Sohn.   n. 5. —
Spaleny, Norbert, Rückblicke auf die russische Taktik der Vergangenheit u. Gegenwart. Nach Quellen bearb. gr. 8. (VIII, 175 S.) Graz 1878, Leutner.   n. 4. 80.
Taschenbuch f. militärische Recognoscenten. br. 8. (XII, 143 S. m. 5 Steintaf. in qu. gr. 4. u. qu. Fol.) Wien 1875, k. k. Hof- u. Staatsdr.   n. 2. —
Trotha, Thilo v., der Kampf um Plewna. Taktische Studie. Mit 1 Karte in Steindr. gr. 8. (V, 172 S.) Berlin 1878, Mittler & Sohn.   n. 3. 60.
Verdy du Vernois, J. v., kriegsgeschichtliche Studien nach der applikatorischen Methode. 1. Heft. Taktische Details aus der Schlacht v. Custoza am 24. Juni 1866. Mit 2 Karten auf 1 Blatte. gr. 8. (XII, 126 S.) Berlin 1877, Mittler & Sohn.   n. 2. 80.
Verordnungen üb. die Ausbildung der Truppen f. den Felddienst u. üb. die grös-

seren Truppenübungen vom 17. Juni 1870. 2. Abdr. — unter Berücksicht. der bis Juli 1877 ergangenen Abänderungen. gr. 16. (VIII, 163 u. 9 S. m. Tab. u. Steintaf.) Berlin 1877, v. Decker. n. 2. 50.

Vorbereitung, unsere, auf das Schützengefecht in der Schlacht. gr. S. (48 S.) Berlin 1875, Oppenheim. — 60.

Vorwort, e., zu den diesjährigen Herbst-Manövern. gr. S. (32 S.) Wien 1876, (Seidel & Sohn). n. — 80.

Waldstätten, Joh. Frhr. v., die Taktik. 6. Aufl. 1. Thl. Elementar-Taktik. Mit Holzschn. gr. 8. (III, 191 S.) Wien 1878, Seidel & Sohn. n. 3. —

—— dasselbe. 2. Thl. Angewandte Taktik. Mit Holzschn. gr. 8. (283 S.) Ebd. 1878. n. 4. —

Wechmar, Frhr. v., das moderne Gefecht u. die Ausbildung der Truppen f. dasselbe. Ein Beitrag zur allmäl. Entwickelg. der Taktik. 2. Aufl. 8. (93 S.) Berlin 1875, Mittler & Sohn. n. 1. 60.

Zeichnungen zur Veranschaulichung der taktischen Formationen der Infanterie, Cavallerie u. Artillerie, m. Hinzufügg. der entsprech. Commando-Worte u. erläut. Bemerkgn. Auf Grund der neuesten reglementar. Bestimmgn. f. das deutsche Reichsheer bearb. I. Infanterie. II. Cavallerie. III. Artillerie. 4. Aufl. gr. 8. (IV, 104; IV, 68 u. IV, 87 lith. S.) Potsdam 1878, Stein. n. 3. —;

Zobel, E., der Felddienst. Ein Instructionsbuch n. kriegsgeschichtl. Beispielen. Zum Gebrauch f. den Dienst-Unterricht. 4. Ster.-Aufl. m. Nachtrag, betr.: „Die Verwendg. d. Infanterie-Gewehres M/71" u. „Das Schätzen der Entferngn." gr. 8. (VIII, 138 S.) Magdeburg 1878, E. Baensch. n. — 75.

Zur Entwickelung der Taktik. Zwei Essays üb. verschiedene der wichtigsten Fragen der neuesten Taktik von v. A. gr. S. (28 S.) Berlin 1878, Luckhardt's V. n. 1. —

—— Taktik der „Situation". Taktische Betrachtgn. vom Verf. v. „Aus dem Tagebuche e. Kompagnie-Chefs" etc. 1. Hft. gr. 8. (IV, 60 S.) Berlin 1879, F. Luckhardt. n. 1. 50.

X. Werke speciell für die Infanterie.

Abänderungen, die hauptsächlichsten, in dem neuen Exercir-Reglement der Infanterie. 8. (46 S.) Hannover 1876, Helwing's Verl. n. — 60.

Anwendung, die, d. Infanterie-Gewehrs M/71. Anleitung zum Unterrichte f. die Mannschaften. Zusammengestellt im Novbr. 1878 zunächst f. das Füsilier-Bataillon 1. Garde-Regiments zu Fuss v. seinem Kommandeur. 3. Aufl. 16. (48 S.) Potsdam 1879, Döring. n. — 25.

Arnim, Th. v., der Bataillons-Commandeur im Kriege u. Frieden. Mit 1 (lith.) Plan (in gr. 4.). gr. 8. (II, 90 S.) Cöln 1875, Warnitz & Co. n. 2. —

—— was lehrt die neue Schiess-Instruction in Bezug auf das Gefecht m. dem Infanterie-Gewehr M/71? gr. S. (16 S.) Ebd. 1876. n. — 40.

Ausbildung, die, der Infanterie-Compagnie f. die Schlacht nach den bestehenden Reglements u. Instructionen. Von N. N. 4. Aufl. gr. 8. (73 S.) Hannover 1879. Helwing's Verl. n. 1. 50.

—— die, d. einzelnen Mannes m. dem Infanterie-Gewehr M/71. Mit Berücksicht. der neuesten Abändergn. zusammengestellt u. durch 67 Abbildgn. erläutert von H. v. M. 3. Aufl. 8. (38 S.) Berlin 1876, Liebel. n. — 60.

Bendziulli, G., Instruction f. den Kommandeur u. die Kompagnieführer e. Ersatz-Bataillons. Als Anhalt f. die Truppentheile der Infanterie. gr. 8. (95 S.) Saarlouis 1878, Stein. 2. 40.

Bestimmungen üb. das Scheiben-Schiessen der Infanterie. 16. (VI, 62 S. m. 1 Tab. in qu. Fol.) Berlin 1875, v. Decker. cart. n. — 60.

Betrachtungen, psychologische, üb. den Kompagnie-Chef u. seine Kompagnie. gr. 8. (III, 80 S.) Berlin 1877, Mittler & Sohn. n. 1. 50.

Böcklin, Baron, die Detail-Ausbildung unserer Infanterie. Ein Wort an die jüngeren Kameraden. 4. Aufl. gr. 16. (IV, 90 S.) Wien 1876, Seidel & Sohn. n. 1. 20.

Brunner, Mor. Ritter v., üb. die Anwendg. d. Infanterie-Spatens u. die m. demselben auszuführenden flüchtigen Befestigungen vom Standpunkte d. Infanterie-Officiers. Mit 52 Holzschn. gr. 8. (68 S.) Wien 1878, Seidel & Sohn. n. 2. 40.

Bucher, Dienst-Unterricht der Infanteristen d. XII. [königl. sächs.] Armee-Corps. Instructions-Buch zur Benutzg. f. Offiziere u. Unteroffiziere bei Ertheilg. d. Unterrichts, sowie zur Selbstbelehrg. f. Mannschaften u. einjährig Freiwillige. 2. Aufl. 1. u. 2. Thl.: Die Instruction d. jüngeren u. älteren Soldaten, 1 Instructions-Tableau u. 8 Fig.-Taf. enth. 8. (XVIII, 235 S.) Bautzen 1879. (Dresden, Höckner.) n.n. 1. 60; 1. Thl., die Instruction d. jüngeren Soldaten, m. 8 Taf., ap. (XII, 171 S.) n.n. 1. —

Corporalschafts-Liste f. den königl. bayerischen Unteroffizier der Infanterie. 5. Aufl. 8. (40 S.) Ingolstadt 1875, Krüll. n. — 27.

Dienst-Anweisung f. die Infanterie-Bagage im Kriege. gr. 8. (VIII, 114 S. m. 4 Steintaf.) Berlin 1877, Stankiewicz. n. 1. —

Dienst-Reglement f. d. k. k. Heer. 3. Thl. Infanterie- u. Jägertruppe. 8. (68 S.) Wien 1876, k. k. Hof- u. Staatsdr. n. — 40.

Dohna, Graf zu, Studien u. Entwürfe f. e. Normal-Reglement der Infanterie im Sinne der modernen Kampfweise. 2. Hft.: Die Friedensschule. gr. 8. (71 S. m. 2 Steintaf. in 4.) Berlin 1877, Mittler & Sohn. n. 1. 50.

Dossow's, v., Instruction f. den Infanteristen d. deutschen Heeres. 20. verb. Aufl., bearb. von Paul v. Schmidt. Mit (Holzschn.-)Abbildgn. im Text u. e. (lith.) Fig.-Taf. 8. (180 S.) Berlin 1880, Liebel. n. — 60.

Emmerich, Otto, das Gefechtsfeuer der Infanterie. Mit 16 Tab. u. 3 graph. Beilagen. gr. 8. (X, 22 S.) Berlin 1875, Luckhardt's V. n. 2. —

Exerzir- u. Schützendienst, der, der preussischen Infanterie. Auf Grund d. Exerzir-Reglements vom 3. Aug. 1870 u. der allerhöchsten Kabinets-Ordre d.d. 19. April 1873 lexikalisch bearb. 8. (VI, 175 S.) Potsdam 1877, Döring. n. 3. —

Exerzir-Reglement f. die kaiserlich-königl. Fusstruppen. 1. u. 2. Thl. 8. Wien, k. k. Hof- u. Staatsdr. n. 1. 40.
  1. (XVI, 255 S.) 1874. n. 1. —. — 2. (VII, 67 S. m. 9 Steintaf.) 1875. n. — 10.

—— für die Infanterie der königl. preussischen Armee vom 25. Febr. 1847. Neuabdr. unter Berücksicht. der bis zum 1. März 1876 ergangenen Abändergn. 8. (XII, 226 S. m. 40 S. Musikbeilagen in qu. 4.) Berlin 1876, v. Decker. 2. —

—— für die schweizerische Infanterie. Beschluss der Bundesversammlg. vom 24. März 1876. gr. 16. (IV, 196 S.) Zürich 1876, Orell, Füssli & Co. Verl. cart. n. 1. —

Grossmann, Carl, u. Joh. Duchek, üb. den Werth d. Infanterie-Feuers auf grossen Distanzen u. üb. Distanzschätzen u. Distanzmessen in militärischer Beziehung. Distanzmesser v. Roksandić. gr. 8. (47 S. m. 2 Steintaf. in qu. Fol. u. qu. gr. Fol.) Wien 1876, (Seidel & Sohn). n. 1. 60.

Handbuch f. Unteroffiziere d. k. k. Heeres. 1. Abth. 5 Bdchn., 2. Abth. 4 Bdchn. u. 3. Abth. 1. Bdchn. 16. Teschen 1876, Prochaska. n. 2. 80; einzelne Bdchn. à n. — 40.

Inhalt: I, 1. Auszug aus dem Dienst-Reglement f. das k. k. Heer. 1. Thl. 4. Aufl. (V, 263 S.) — 2. Dasselbe. 2. Thl. [Feld-Dienst.] 3. Aufl. (III, 175 S. m. 1 Tab. In qu. gr. 8.) — 3. Auszug aus dem Exerzir-Reglement f. die k. k. Fusstruppen. 1. Thl. Mit sämmtl. in den offiziellen Ausg. enthaltenen Fig. u. Noten. 3. Aufl. (236 S.) — 4. Unterricht im Gewehrwesen u. Scheibenschiessen. Mit 25 Fig. 2. Aufl. (14 u. 65 S.) Anwendung d. Infanterie-Spatens [nach System Linnemann]. Mit 16 Fig. 2. Aufl. (21 S. m. 1 Holzschnittaf. in qu. gr. 8.) Dienst-Reglement f. das k. k. Heer. 3. Thl. Infanterie u. Jägertruppe. §. 1—10. Abth. f. Unteroffiziere u. Mannschaft etc. (39 S.) — 5. Die Bildung u. die Einrichtungen der k. k. österr.-ung. Kriegsmacht. Von G. Ratzenhofer. 2. Aufl. (72 S.) Militär-Gesundheitspflege. Dargestellt f. den Gebrauch der Unteroffiziere der k. k. Armee v. L. Zweythurm. 2. Aufl. (30 S.) 1. Abth. cplt. n. 1. 20. — II, 1. Aus der Adjustirungs- u. Ausrüstungs-Vorschrift f. die k. k. Infanterie- u. Jägertruppe. Mit 24 Fig. 2. Aufl. (72 S.) — 2. Gebühren. Transport-Führg. Anh.: Beförderungs-Vorschrift. Gesetz üb. die Ver'elbg. v. Anstellgn. an ausgediente Unteroffiziere. (72, 49 u. Anh. 14 S.) — 3. Der Unteroffizier im Terrain. Anleitg. zum Planlesen, Orientiren, Recognosciren u. Croquiren. 4. Aufl. (88 S. m. eingedr. Holzschn.) — 4. Oesterr.-ungarisches Soldatenbuch. Vaterländische Denkwürdigkeiten f. Unteroffiziere u. Mannschaften d. k. k. Heeres. 3. Aufl. (IV, 172 S. m. 16 Holzschnitaf.) 2. Abth. cplt. n. 1. 20. — III, 1. Die praktischen Uebungen der Infanterie u. Jäger. Von G. Ratzenhofer. (118 S.) 1875. n. — 40.

—— dasselbe. Anh. zu 1. Abth. 4. Bdchn. 16. Ebd. 1876. n. — 20.

Inhalt: Einrichtung, Conservirung, Visitirung u. Behandlung d. k. k. Infanterie- u. Jäger-Gewehres m. Werndl-Verschluss [Modell 1873] u. der hiezu gehörigen Munition. (53 S. m. eingedr. Holzschn. u. 1 Holzschnitaf. in qu. gr. 8.)

Handhabung d. Infanterie-Gewehrs M/71 beim Exerziren. 8. (16 S.) Potsdam 1875, Döring. n. — 10.

Hantelmann, 2. Kapitel d. Exerzir-Reglements f. die Infanterie der königl. preussischen Armee vom J. 1847 [1870] m. den Abändergn. f. die Handbabg. d. Infanterie-Gewehrs M/71 vom 26. Juni 1873 u. 20. Febr. 1875. 3. Aufl. gr. 16. (22 S.) Berlin 1875, v. Decker. — 25.

—— der Kompagnie-Dienst im deutschen Heere. 4. Aufl. d. Griesheim'schen Kompagniedienstes. I. Organisation. Lex.-8. (XXXIV, 890 S.) Berlin 1877, Friedberg & Mode- n. 12. —

—— Schützen-Instruction. Nach dem im J. 1875 neu redigirten Exerzir-Reglement u. den neuen Abändergn. bearb. 7. Aufl. gr. 8. (IV, 56 S.) Berlin 1876, Militaria. n. 1. 50.

Hauschka, Alois. üb. die Ausbildung der Infanterie f. den Kampf im Walde. gr. 8. (24 S.) Wien 1879, (Seidel & Sohn). n. 1. —

Helldorff, Heinr. v., der Infanterie-Unteroffizier als Sectionsführer im zerstreuten Gefecht. 12. Aufl. 8. (48 S.) Berlin 1876, Hempel. n. — 50.

Jäger, Edm., Dienst-Unterricht d. württembergischen Infanteristen. 8. Aufl. gr. 16. (VIII, 164 S.) Stuttgart 1879, Bonz & Co. cart. · 1. 20.

Infanterie-Unteroffizier, der, beim Exerziren in der Function als Lehrer, Fahnen-, Flügel-, schliessender Unteroffizier u. Gruppenführer. Mit vielen Holzschn. u. e. Kommando-Tabelle. 2. Aufl. 8. (VIII, 103 S.) Potsdam 1876, Döring. n. 1. —

Instruktion üb. das Scheibenschiessen der Infanterie. 2. Aufl. 16. (48 S.) Potsdam 1876, Döring. — 25.

—— über das Schiessen der Infanterie. Nach den allerhöchsten Bestimmgn. vom 15. Novbr. 1877 zusammengestellt. Mit Holzschn. 4. Aufl. 16. (47 S.) Potsdam 1878, Döring. n. — 25.

—— über die Theorie d. Schiessens zum Selbstunterricht f. die Unteroffiziere u. Gemeinen der Infanterie in Fragen u. Antworten. 8. (29 S.) Berlin 1875, Liebel. n. — 20.

Kleiner, A., Geschäfts-Instruktion f. wirkliche u. angehende Feldwebel der Infanterie. 2. Aufl. gr. 8. (X, 139 S.) Berlin 1876, Mittler & Sohn. n. 2. 50.

Koeppel, der Rekrut. Kurze Anleitg. zur Ausbildung d. Infanteristen bis zur Einstellg. in die Kompagnie. 2. Aufl. 8. (31 S.) Berlin 1877, Mittler & Sohn. n. — 50.

Kracht, v., Instruction als Leitfaden f. den theoretischen Unterricht üb. das Infanterie-Gewehr M/71 nebst Munition. Ein Auszug aus der Instruction betr. das Infanterie-Gewehr M/71 nebst zugehör. Munition d.d. Berlin 1874. 8. (72 S. m. eingedr. Holzschn.) Hannover 1875, Helwing's Verl. n. — 40.

Lange, Instruktion üb. das Infanterie-Gewehr Mod. 71 als Hülfsmittel bei der theoretischen Instruction, sowie zur Selbstbelehrg. gr. 8. (IV, 73 S. m. 3 Holzschn.-taf.) Berlin 1875, Militaria. n. — 40.

Leitfaden f. den Unterricht der Infanterie im Feld-Pionir-Dienst. Mit 102 in den Text gedr. Holzschn. gr. 16. (90 S.) Berlin 1878, Bath. cart. n. — 40.

Müller, der Kompagnie-Dienst. Ein Handbuch f. den Kompagnie-Chef im inneren u. äusseren Dienst der Kompagnie. 2. Aufl. Mit Holzschn. gr. 8. (VI, 180 S.) Berlin 1877, Mittler & Sohn. n. 3. —

Paris, F. A., die formellen Vorschriften f. das Exerziren u. den Schützendienst der Infanterie, nebst e. Anh., die Kommandowörter f. die Frei-, Gewehr-Uebgn. u. das Bajonettfechten enth., nach dem Neu-Abdruck d. Exerzir-Reglements vom 1 März 1876 bearb. u. m. Anmerkgn. versehen. 9. Aufl. 8. (XII, 173 S) Gera 1878, Reisewitz. cart. n. 1. 50.

Parseval, Otto v., Gewehr M/71 u. Behandlung desselben, nebst Schiess-Instruction nach den besteh. Vorschriften. Anhang zum Leitfaden f. den Unterricht d. Infanteristen u. Jäger's der kgl. bayer. Armee. 8. (68 S. m. 3 Steintaf.) München 1878, Oldenbourg. n. — 30.

—— Leitfaden f. den Unterricht d. Infanteristen u. Jägers der königl. bayer. Armee. 7. Aufl. Mit 49 Holzschn. 8. (236 S.) Ebd. 1875. n. — 75.

Prittwitz u. Gaffron, Walter v., Instruktion f. den königl. preuss. Infanteristen. 1. Lehrstufe. Rekruten-Instruktion. 3. Aufl. 8. (IV, 48 S.) Berlin 1875, Hempel. n. — 30.

Ratzenhofer, G., Handbuch f. die praktischen Uebungen der Infanterie-Waffe. 2. Aufl. 8. (VIII, 163 S.) Teschen 1876, Prochaska. n. 2. —; geb. n. 3. —

Reiterei, infanteristische, od. der Dienst zu Pferde bei der Infanterie, m. Berücksicht. der dabei massgeb. Anfordergn. v. e. älteren Infanterie-Offizier. gr. 8. (VIII. 100 S.) Hannover 1879, Helwing's Verl. n. 2. —

Scherff, W. v., die Infanterie auf dem Exercierplatze. Anhaltspunkte u. Beispiele f. die Ausbildg. zum Gefecht. Mit 2 Taf. Abbildgn. gr. 8. (50 S.) Berlin 1875, Bath. n. 2. —

Scherz, A., zur Ausbildung der schweizerischen Milizinfanterie. Mit e. Skizze u. 3 Fig. im Texte u. 3 (lith.) Karten. gr. 8. (IV, 166 S.) Bern 1879, Jent & Reinert. n. 3. 60.

Schiess-Instruktion f. die Infanterie. gr. 16. (VII, 99 S. m. 5 Steintaf.) Berlin 1877, (v. Decker). cart. n. 1. —

Schlichting, v., üb. das Infanteriegefecht. Vortrag. gr. 8. (34 S.) Berlin 1879, Mittler & Sohn. n. — 60.

Schmedes, Ernst, Ausbildung d. Infanterie-Zuges f. das Gefecht u. den Patrullen-Dienst. gr. 8. (VII, 114 S.) Wien 1876, Seidel & Sohn. n. 1. 60.

Schmidt, Paul v., Schiessausbildung, Feuerwirkung u. Feuerleitung, im Anschluss an die Schiess-Instruktion v. 1877 f. die Unterofficiere der deutschen Infanterie bearb. Mit 29 Fig. im Text u. 1 (lith.) Fig.-Taf. gr. 8. (V, 65 S.) Berlin 1879, Liebel. n. 1. —

Steinmann, die Rekruten-Ausbildung der Infanterie. Nach der Praxis. 3. Aufl. 8. (IV, 63 S.) Berlin 1876, Liebel. n. 1. —

Streccius u. **Menuingen,** die Ausrüstung d. Infanterie-Offiziers zu Fuss u. zu Pferd. Ein Rathgeber bei eintret. Mobilmachg., sowie f. das Manöver. 8. (VII, 50 S.) Berlin 1876, Mittler & Sohn. n. 1. —

Teicher, Frdr., Leitfaden f. den Unterricht d. Infanteristen u. Jägers der königl. bayerischen Armee. Mit 5 Holzschn. 8. (III, 92 S.) Passau 1875. (Eichstätt, Krüll.) cart. n. — 60.

Tellenbach, das preussische Bataillons-Exerziren. 3. Aufl. Mit 70 Fig. gr. 8. (XII, 183 S.) Berlin 1876, v. Decker. n. 3. 50.

—— Grundzüge zu e. Exerzir-Reglement f. die Infanterie nach den Anforderungen der Neuzeit. gr. 8. (VIII, 120 S.) Ebd. 1875. 2. 25.

—— das Schiessen der Infanterie. Leitfaden bei der Ausbildg. zum Scheibenschiessen. Ausg. f. Offiziere. 16. (VIII, 102 S.) Ebd. 1877. cart. n. 1. 20.

—— dasselbe. Ausg. f. Unteroffiziere. 16. (IV, 56 S. m. 1 Steintaf.) Ebd. 1877. cart. n. — 75.

—— die Taktik u. die Ausbildungs-Methode d. preussischen Exerzir-Reglements f. die Infanterie od. die massgeb. Vorschriften üb. Verwendg. u. Ausbildg. der Infanterie nach den Anfordergn d. heut. Gefechts. 2 Thle. gr. 8. Ebd. 1876. 5. 85.
   Inhalt: 1. Die Taktik od. das Gefecht der Infanterie nach den reglementar. Vorschriften. Unter Berücksicht. d Neuabdrucks d. Exerzir-Reglements vom 1. März 1876. 2. Aufl. (XII, 119 S.) 2. 25. — 2. Die Ausbildungs-Methode d. preussischen Exerzir-Reglements f. die Infanterie od. das Exerziren der Infanterie als unmittelbare Vorbereitg. f. die krieger. Verwendg. Unter Berücksicht. der Abändergu. d. Exerzir-Reglements vom 8. Juli 1875. (XI, 238 S.) 3. 60.

—— über die Mittel, die Wirksamkeit d. Infanterie-Feuers zu steigern. Mit e. Tab. u. 11 Holzschn. gr. 8. (VIII, 56 S) Berlin 1878, Dümmler's Verl. n. 2. —

Transfeldt, die Amtspflichten d. Infanterie-Unteroffiziers innerhalb d. Kompagnie-Verbandes. 2. Aufl. gr. 8. (VII, 122 S.) Berlin 1877, Mittler & Sohn. n. 1. —

—— Dienst-Unterricht f. den Infanteristen d. deutschen Heeres. Nach den neuesten Bestimmgn. bearb. gr. 8. (VIII, 153 S.) Ebd. 1876. n. — 60.

Ueber die Ausbildung der Compagnie zum Gefecht. gr. 8. (47 S.) Hannover 1878, Helwing's Verl. n. — 60.

Vincenti, v., Ausbildungs-Course f. Infanterie u. Jäger. 8. (XIV, 290 S.) Amberg 1875, (Habbel). n. 2. —

—— das Detail-Exerciren. 8. (XIV, 258 S.) Ebd. 1875. n. 1. 50.

Waldersee, F. G. Graf v., der Dienst d. preussischen Infanterie-Unteroffiziers. 15. Aufl. von A. Graf v. Waldersee. Mit e. lith. Taf. gr. 8. (332 S.) Berlin 1878, Gaertner. n. 1. 60; cart. n. 1. 80.

—— Leitfaden bei der Instruction d. Infanteristen 100. Aufl., m. den neuesten Allerhöchsten Bestimmgn., namentlich üb. das Infanterie-Gewehr M/71, die Schiess-Instruction f. die Infanterie v. 1877, die Wehr-Verfassg., die Heeres-Formation, die Militär-Gerichtsbarkeit, den Garnison-Wachtdienst, das zerstreute Gefecht u. den Felddienst. Vervollständigt von A. Graf v. Waldersee. Mit e. (lith.) Ordenstaf. 8. (207 S.) Berlin 1879, Barthol & Co. n. — 60.

Wandtafeln zum Unterrichte im Schiessen m. dem Infanterie- u. Jägergewehr m. Werndl-Verschluss. Imp.-Fol. (3 lith. Blatt m. den Fig. ¹/₅. u. ⁹/₁₅. der officiellen Schiessinstruction in grossem Maassstabe.) Teschen 1876, Prochaska. n. — 90.

Wandtafeln zum Unterrichte im Schiessen m. dem Infanterie- u. Jägergewehr m. Werndl-Verschluss. II. Imp.-Fol. (2 Steintaf. m. den Fig. 7 u. 8. der officiellen Schiessinstruction v. J. 1872 [Zielen auf kleinere Ziele innerhalb 200 Schritt] in 6- bis achtfacher Vergrösserg.) Teschen 1877, Prochaska. n. — 60

Weisshun, Dienst-Unterricht d. Infanterie-Gemeinen. Ein Leitfaden f. den Offizier u. Unteroffizier beim Ertheilen d. Unterrichts, sowie e. Hülfsbuch f. den Gemeinen zur Belehrg. üb. seine Dienstobliegenheiten. 95. Ausg. 8. (112 S.) Potsdam 1880, Döring. n. — 40.

Zeit- u Streitfragen, militärische, f. Offiziere aller Waffen. 26. Hft. gr. 8. Berlin 1875, Luckhardt's Verl. n. 1. —

    Inhalt: Das Exerciren der preuss. Infanterie. Nach seiner histor. Entwickelg. u. auf seinem gegenwärt., f. das deutsche Reichsheer massgeb. Standpunkte von A. v. Crousaz. (51 S.)

—— neue militärische. 2. Hft. gr. 8. Berlin 1879, F. Luckhardt. n. 1. —

    Inhalt: Die Rekruten-Ausbildung. Zusammengestellt v. C. Schöller. (48 S.)

Zobel, E., das moderne Infanterie-Gefecht, der kleine Krieg [Detachementskrieg] u. die Ausbildung der Kompagnie f. das Gefecht. Mit vielen Abbildgn. u. 1 Fig.-Taf. gr. 16. (VII, 174 S.) Berlin 1879, Liebel. cart. n. 3. —

Zum Studium d. neuen Exercier-Reglements f. die k. k. Fusstruppen. Von Trp. Mit e. (lith.) Skizze (in qu. Fol.). gr. 8. (55 S.) Teschen 1875, Prochaska. n. 1. 60.

XI. Werke speciell f. die Cavallerie. Reitkunst, Pferdekunde.

Alpert, F., Verhandlungen der Commission zur Förderung der Pferdezucht in Preussen. gr. 8. (V, 171 S.) Leipzig 1875, H. Voigt. n. 4. --

Alten, Th., Stalldienst. Bilder aus dem Reiterleben. Mit (3) Illustr. in Photolith. nach Bleistiftscizzen. gr. 8. (27 S.) Lüneburg 1879, König. — 75.

Anleitung zur Kenntniss d. Pferdes. Mit zahlreichen Abbildgn. 16. (94 S.) Frauenfeld 1878, Huber. cart. n. 1. —

Ansichten e. Infanteristen üb. das Feuergefecht bei den Kavallerie-Divisionen. Von e. preuss. Offizier. 8. (26 S.) Hannover 1876, Helwing's Verl. n. — 50.

Arnim, v., practische Anleitung zur Bearbeitung d. Pferdes an der Longe. 16. (50 S.) Hannover 1876, Helwing's Verl. n. — 50.

Balthasar, der Kavallerie-Unteroffizier als Rekruten- u. Reitlehrer, sowie als Zugführer. Flügel- u. schliessender Unteroffizier. 8. (VI, 206 S. m. Steintaf.) Berlin 1879, Liebel. cart. n. 2. 40.

Beck, Ernst, e. Studie üb. Taktik der Cavallerie. Mit Fig. gr. 8. (IV, 84 S.) Wien 1875, Seidel & Sohn. n. 1. 60.

—— stufenweiser Vorgang bei der Ausbildung der Escadron im Felddienst. 16. (III, 30 S.) Ebd. 1876. n. — 40.

Becker, deutsche Reiterei in den Kriegen der Urzeit u. d. frühen Mittelalters bis zu Ende d. 11. Jahrh. 2 Vorträge. gr. 8. (65 S.) Karlsruhe 1876, Bielefeld. n. 1. 60.

Behrens, Heinr., englischer Hufbeschlag. Praktische Anleitg. f. Hufschmiede u. Pferdebesitzer. Mit 100 in den Text gedr. Holzschn. 8. (VIII, 162 S.) Berlin 1880, Wiegandt, Hempel & Parey. geb. n. 2. 50.

Bernstorff, A. Graf v., die mecklenburgische Pferdezucht. 8. (50 S.) Stavenhagen 1878, Beholtz. n. — 75.

Born, L., u. H. Möller, Handbuch der Pferdekunde. Für Offiziere u. Landwirthe. Mit 193 Holzschn. gr. 8. (VIII, 360 S.) Berlin 1879, Wiegandt, Hempel & Parey. n. 7. —

Bötticher, D. F., Reiten u. Dressiren. Anleitung zur Ausbildg. d. Reitpferdes. Hrsg. von A. v. Reuss. Mit Holzschn. 8. (VII, 123 S.) Berlin 1877, Wiegandt, Hempel & Parey. geb. n. 2. 50.

Bräuer, Carl, Sammlung v. Gestüts-Brandzeichen der Staats- u. Privat-Gestüte Europas u. d. Orients. 8. (VIII, 70 lith. S.) Dresden 1877, Schönfeld. n. 3. —

Brücher, P. R., Grundzüge der Mechanik d. Hufes u. e. darauf gestützten naturgemässen Diätetik desselben. gr. 8. (34 S.) Hannover 1876, Schmorl & v. Seefeld. n. 1. —

Cardinal v. Widdern, Geo., strategische Kavallerie-Manöver. Studien u. Vorschläge. angeregt durch die grossen strateg. Manöver der russ. Kavallerie an der Weichsel im Herbste 1876. Hierzu 2 Kartenskizzen auf 1 Blatte. gr. 8. (102 S.) Gera 1877, Reisewitz. n. 2. 25.

Cavalerie-Manöver, die, zu Bruck a. d. Leitha im Herbste 1875. Mit 1 Taf. gr. 8. (73 S.) Wien 1876, v. Waldheim. n. 1. —

Cavallerist, der, im Gefecht zu Fuss. Eine Anleitg. zur Instruction m. Berücksicht. der allerhöchsten Bestimmgn. von v. B. Mit 3 Terrain-Skizzen. 8. (29 S.) Berlin 1875, Liebel. n. — 50.

Collins, Digby, üb. das Vollblutpferd. [The horse trainer's and Sportman's guide.] Hrsg. v. Otto Mayr. gr. 8. (120 S.) Wien 1877, (F. Beck). n. 12. —

Conscription, die, der Zuchtstuten in Steiermark im J. 1875. gr. 8. (IV, 183 S. m. 2 Tab. in qu. Fol. u. 1 chromolith. hippolog. Karte in qu. Fol.) Graz 1876, (Eyller). (?) n. 4. 80.

Corvisart-Montmartin, v., Studien üb. die Ausbildung d. Artillerie-Remonten. gr. 8. (VIII, 166 S.) Berlin 1878, Schneider & Co. n. 3. —

Dallmann, Ferd., das Pferd. Belehrungen üb. Wartg. u. Pflege, Fehler u. Mängel. Krankheiten u. Alter d. Pferdes. Nebst Regeln zum Schutz gegen Uebervortheilgn. beim Ankaufe u. e. Anh.: Ein Pferd um die Hälfte billiger, als nach bisher. Weise, zu ernähren. 8. (32 S.) Wien 1877, Massanetz & Co. n. — 60.

Dewall, v., der Kavallerie-Karabiner M/71. Beschreibung u. Gebrauch. Nach den offiziellen Instruktionen bearb. Mit 20 Holzschn. im Text. 8. (X, 94 S.) Berlin 1880, Schneider & Co. cart. n. 1. 60.

Dienst-Reglement f. das k. k. Heer. 3. Thl. Kavallerie. 8. (66 S.) Wien 1876, k. k. Hof- u. Staatsdr. n. — 40.

Elpons, v., Leitfaden f. den theoretischen Reitunterricht. Auf Grundlage der königl. preuss. Reit-Instruction bearb. 2. Aufl. gr. 8. (VII, 98 S.) Hannover 1877, Helwing's Verl. n. 2. 40.

Exercir-Reglement [im Auszuge] f. die Cavalerie der k. b. Armee. 16. (XXII, 237 S. m. 24 Steintaf.) Bamberg 1877, Buchner. n. 2. —

—— für die Kavallerie. Vom 5. Juli 1876. 8. (XXIV, 294 S., wovon 66 lith., u. 24 S. Musikbeilagen.) Berlin 1876, v. Decker. n. 5. —

—— für die k. k. Kavallerie. 1. u. 2. Hft. 8. Wien 1875, k. k. Hof- u. Staatsdr. n. 1. 20.

1. (XVI, 335 S. m. eingedr. Holzschn.) n. — 90. — 2. (301 S.) n. — 36.

Feuergefecht, das, der Kavallerie. Ansichten e. alten Kavalleristen m. Rücksicht auf die neuere Kriegführg. gr. 8. (31 S.) München 1878, Th. Ackermann. — 60.

Franck, L., e. Beitrag zur Rassekunde unserer Pferde. Vortrag. gr. 8. (19 S.) Berlin 1875, Wiegandt, Hempel & Parey. n. 1. —

Frentzel, J. P., Stut-Buch d. königl. preuss. Haupt-Gestüts Trakehnen. 8. (XXXIV, 1205 S.) Berlin 1878. Wiegandt, Hempel & Parey. geb. n. 20. —

Freytag, C., die Hausthierraçen. Mit Zeichngn. v. H. Schenck. 1. Bd. Pferde-Racen. gr. 4. (120 S. m. 31 Steintaf. u. 1 chromolith. Karte.) Halle 1875—77, Buchh. d. Waisenh. n. 12. —

Gestüts-Buch, officielles, f. Oesterreich-Ungarn, enth. die in Oesterreich-Ungarn befindl. Vollblutpferde engl. Abstammg. Hrsg. v. der Gestütsbuch-Commission d. Jockey-Club f. Oesterreich. Bearb. v. C. Wackerow. Vol. I. gr. 8. (XXXV, 318 S.) Wien 1877, F. Beck. n. 12. —

—— dasselbe. 1. Suppl. Hrsg. v. der Gestütsbuch-Commission d. Jockey-Club f. Oesterreich. Bearb. v. C. Wackerow. gr. 8. (IX, 82 S.) Ebd. 1879. geb. n. 4. —

Görgey, Geo. v., u. Ed. Bauer, Leitfaden d. Pferdewesens. Mit 2 Taf. u. 108 Holzschn. 2. Aufl. gr. 8. (VIII, 190 S.) Wien 1876, Seidel & Sohn. n. 4. —

Gracklauer, O., die deutsche Literatur auf dem Gebiete der Pferdekunde von 1850—1879. In 30 Rubriken systematisch zusammengestellt. 8. (52 S.) Leipzig 1879, Gracklauer. n.n. — 90.

Grundsätze der Reitkunst. Für den theoret. Reitunterricht auf Kavallerieschulen dargestellt. Mit 1 Taf. in Lichtdr. gr. 8. (55 S.) Berlin 1879, Mittler & Sohn. n. 1. 20.

Haber, R. v., die Cavallerie d. Deutschen Reichs. Derselben Entstehg., Entwickelg. u. Geschichte, nebst Rang-, Quartier-, Anciennetäts-Liste u. Uniformirg. (4. Jahrg.) gr. 8. (VIII, 364 S.) Hannover 1879, Helwing's Verl. n. 6. —

Hardegg, Dominik Graf, Einiges üb. die derzeitigen Verhältnisse der Landespferdezucht in Nieder-Oesterreich. gr. 8. (36 S.) Wien 1877, (F. Beck). n. 1. —

Hassell, W. v., die hannoversche Cavallerie u. ihr Ende. gr. 8. (48 S.) Hannover 1875, Helwing's Verl. n. 1. —

Hävernick, H., Beitrag zur vergleichenden Beurtheilung der Pferdezucht-Verhältnisse aller deutschen Länder. Die Pferdezucht in Mecklenburg. 2. Ausg. gr. 8. (VI, 68 S.) Leipzig 1876, H. Voigt. n. 1. 20.

Hävernick, H., Promemoria u. 99 Thesen zur deutschen Pferdezuchtfrage. „Altes u. Neues." gr. S. (III, 52 S.) Leipzig 1876, H. Voigt. n. 1. 20.

Heinze, Thdr., Pferd u. Fahrer od. die Fahrkunde in ihrem ganzen Umfange, m. besond. Berücksicht. v. Geschirr, Wagen u. Schlitten. Mit 190 in den Text gedr. Illustr. u. e. Titelbilde. gr. S. (XVI, 512 S.) Leipzig 1876, Spamer. n. 8. —; geb. n. 10. —

—— Pferd u. Reiter od. die Reitkunst in ihrem ganzen Umfange. 4. Aufl. Mit üb. 150 in den Text gedr. Illustr. u. e. Titelbild. gr. S. (XXII, 536 S.) Ebd. 1877. n. 8. —; geb. n. 10. —

Herstatt, C., Behandlung u. Dressur junger Pferde nach neueren Grundsätzen. gr. 16. (VI, 85 S. m. 1 Holzschntaf.) Neuwied 1879, Heuser. cart. 1. 50.

Heydebrand u. der Lasa, L. v., Instruction f. den Offizier-Pferde-Burschen. 4. Aufl. Mit 30 Text-Illustrationen u. 1 Titelbilde. 8. (62 S.) Leipzig 1878, Werner. n. 1. —

—— das Pferd d. Infanterie-Offiziers. Unterweisung üb. das Pferd im Allgemeinen, seine Fehler, Krankheiten u. Untugenden, sowie üb. Ankauf, Stallpflege u. üb. seinen Gebrauch. Mit 76 Text-Illustr. u. e. Titelbilde. 8. (VIII, 198 S.) Leipzig 1878, Spamer. n. 3. —; geb. n. 4. —

Hilcke, Herm., Redressur od. Behandlung der Mängel u. Untugenden bei Reitpferden. 2. verb. Aufl. 8. (VII, 56 S.) Brünn 1876, Knauthe. n. 1. 50.

In zwölfter Stunde. Ein Wort an den Reichsrath in Sachen unserer Landespferdezucht v. e. Nicht-Steirer. gr. 8. (32 S.) Wien 1878, Beck. n. 1. —

Instruktion üb. das beim Auftreten d. Rotzes unter den Pferden der Truppen zu beobachtende Verfahren. gr. 8. (24 S.) Berlin 1874, Stankiewicz. n. — 40.

—— für den Cavalleristen u. sein Verhalten in u. ausser dem Dienste. Von e. Stabs-Offizier. 31. Aufl. gr. 16. (96 S.) Brandenburg 1878, Müller. n. — 50.

—— über den Kavalleriefelddienst u. den Karabiner Mod./71 v. e. Kavallericoffizier. gr. 8. (VIII, 56 S.) Hannover 1877, Helwing's Verl. n. — 50.

—— dasselbe. Ausg. f. Ulanenregimenter. gr. 8. (VIII, 56 S.) Ebd. 1877. n. — 50.

—— für die Truppen-Schulen d. k. k. Heeres. 2. Thl. Truppen-Schulen der Kavallerie. 2. Aufl. gr. 8. (V, 81 S.) Wien 1878, k. k. Hof- u. Staatsdr. n. — 70.

Instruktionsbuch f. den Cavalleristen, v. e. königl. preuss. Cavallerie-Offizier. Im Auftrage gedr. 5. Aufl. 16. (144 S.) Hannover 1879, Helwing's Verl. n. — 80.

Josch, Chrf., die Pferdezucht in Oesterreich-Ungarn nach ihren Haupt-Typen dargestellt. Mit VI Tab. gr. 8. (IV, 82 S.) Klagenfurt 1878, v. Kleinmayr. n. 2. —

Kaehler, die preussische Reiterei von 1806 bis 1876 in ihrer inneren Entwickelung. Aus authent. Aktenstücken dargestellt. gr. 8. (IX, 424 S.) Berlin 1879, Mittler & Sohn. n. 7. —

Karabiner-Schiess-Instruktion f. die Kavallerie. 16. (VI, 69 S. m. 1 Tab. u. 3 Steintaf.) Berlin 1877, v. Decker. cart. n. 1. —

Kästner, Adf., die Reitkunst in ihrer Anwendung auf Campagne-, Militär- u. Schulreiterei. Mit 71 in den Text gedr. Abbildgn. u. 2 Bildertaf. v. J. F. W. Wegener. 3. Aufl. 8. (XI, 270 S.) Leipzig 1876, Weber. n. 4. 50; geb. n. 6. —

Keller, Alex. Graf v., Erfahrungen e. alten Reiters. Rathschläge f. Pferdebesitzer u. angehende Reiter. Reitenlernen ohne Lehrer, Behandlg. junger, bösart., verrittener Pferde, sowie das Zureiten u. Einfahren derselben u. Fohlenzucht. Mit 17 Text-Illustr. u. 1 Titelbild. 8. (VIII, 124 S.) Leipzig 1877, Spamer. geb. n. 4. —

Klatte, Hülfsbuch zur Ertheilung e. praktischen Instruction üb. den Cavallerie-Karabiner M/71 f. Unteroffiziere. Mit Zugrundelegg. der vom Königl. Kriegs-Ministerium gegebenen Instruktion bearb. u. durch 16 Zeichngn. der Schlosstheile erläutert. gr. 8. (32 S.) Berlin 1878, Liebel. n. — 50.

Kommando-Tabelle f. die Kavallerie. Auf Grund d. Exerzir-Reglements vom 5. Juli 1876. 8. (178 S.) Potsdam 1878, Döring. n. 3. —

Krane, Fr. v., Anleitung zur Ausbildung der Kavallerie-Remonten. Mit 32 in den Text gedr. Holzschn., 12 Holzschn.-Taf. u. 61 photolith. Taf. in Farben-, Ton- u. Schwarzdr. 2. Aufl. gr. 8. (XXXIX, 687 S.) Berlin 1879, Mittler & Sohn. n. 15. —

—— Anleitung zum Ertheilen e. systematischen Unterrichts in der Soldatenreiterei, auf Grundlage der f. die preuss. Armee gegebenen Bestimmgn. Mit Nachträgen üb. das „Nehmen v. Hindernissen" u. das „Englisch-Traben". 3. Aufl. Mit 1 Taf. in Buntdr. gr. 8. (XVII, 176 S.) Ebd. 1875. n. 3. 50.

Krüger, Adph., u. Baron v. Ehrenkreutz, neuer praktischer Reitunterricht od. 25

Anweisgn., in kurzer Zeit ohne fremde Anleitg. e. Pferdekenner u. guter Reiter zu werden etc. 6. Aufl. 8. (VIII, 156 S.) Quedlinburg 1876, Ernst.   2. —
Lehndorff, Geo. Graf, Hippodromos. Einiges üb. Pferde u. Rennen im griech. Alterthum. Mit Holzschn. gr. 8. (VII, 83 S.) Berlin 1876, Wiegandt, Hempel & Parey.   n. 4. —
Leisering, A. G. T., u. H. M. **Hartmann**, der Fuss d. Pferdes in Rücksicht auf Bau, Verrichtungen u. Hufbeschlag. Gemeinfasslich in Wort u. Bild dargestellt. 4. Aufl. m. Zusätzen v. C. Neuschild. Mit 112 Abbildgn. gr. 8. (X, 301 S.) Dresden 1876, Schönfeld.   n. 5. —
Leitfaden f. die Ertheilung sowohl d. theoretischen wie d. praktischen Reitunterrichts v. e. Kavallerie-Offizier. gr. 16. (68 S. m. 1 Taf.) Verden 1879, Fischer's Nachf.   n.n. — 50.
—— bei der Instruction der Rekruten u. der älteren Mannschaften der Kavallerie von G. v. G. Nach den neuesten Verordngn. bearb. v. Balthasar. 10. Aufl. 16. (XII, 276 S. m. eingedr. Holzschn.) Berlin 1880, Liebel.   n. — 60.
—— für den theoretischen Reitunterricht. Auf Grundlage der königl. preuss. Reit-Instruction bearb. von C. v. E. 3. Aufl. gr. 8. (VII, 98 S.) Hannover 1880, Helwing's Verl.   n. 2. 40.
—— beim theoretischen Unterricht d. Kavalleristen. Von G. v. G. I. Im ersten Dienstjahre. Mit Instruction üb. den Kavallerie-Karabiner M/71. Bearb. v. Balthasar. 9. Aufl. 16. (143 S.) Berlin 1879, Liebel.   n. — 30.
—— dasselbe. II. Der ältere Kavallerist. Neu bearb. v. Balthasar. 5. Aufl. 16. (132 S.) Ebd. 1879.   n. — 30.
Loë, Frhr. v., der Felddienst der Cavallerie. Zum Gebrauche f. Offiziere der Waffe. 2. Aufl. 8. (187 S. m. 1 chromolith. Croquis in qu. Fol.) Bonn 1876, Cohen & Sohn.   n. 2. 40.
Loennecker, F. L. W., üb. die Pferdezucht im Grossherzogth. Oldenburg nach von 1824—77 angestellten Beobachtungen. Ueber die Pferdezucht der Marschgegenden unseres Landes, besonders d. Stedingerlandes. Ueber den Vorfall der Harnblase bei Pferden. Ueber den Bau d. Hufes u. den Beschlag desselben. Ueber die Schweineseuche [Milzbrand], Beobachtgn. von 1843—77. gr. 8. (53 S.) Oldenburg 1878, (Stalling's Verl.).   n. 1. 20.
Mayr, Otto, allgemeines österreichisches u. ungarisches Gestütbuch. Verzeichniss der in Oesterreich u. Ungarn befindl. engl. Vollblut-Pferde, nebst deren Abstammg. 2. Thl. gr. 8. (1. Hft. 40 S.) Wien 1875, (F. Beck).   n.n. 20. — (I. u. II.: n.n. 44. —)
—— österreichisches Pferde-Stammbuch. Verzeichniss der in den österreich. Kronländern zur Zucht verwendeten Hengste, Stuten u. ihrer Nachkommen. 4 Bde. gr. 8. Ebd. 1875.   Subscr.Pr. à n.n. 4. —; Ladenpr. à n.n. 5. —
Inhalt: 1. Nieder- u. Oberösterreich, Salzburg u. Tirol. (1. Hft. 48 S.) — 2. Steiermark, Kärnten. Krain u. das Küstenland. (1. Hft. 32 S.) — 3. Böhmen, Mähren u. Schlesien. (1. Hft. 64 S.) — 4. Galizien u. die Bukowina. (1. Hft. 16 S.)
Migotti, E. F., die Mechanik u. das Pferd. Studien-Fragmente üb. die Bewegg. d. Thierkörpers, m. Bezug auf die daraus resultir. mechanisch begründeten Hilfen. gr. 8. (114 S. m. 5 Taf.) Wien 1879, (Gerold's Sohn).   n. 4. —
Miles, Will., der Huf d. Pferdes u. dessen fehlerfreie Erhaltung. Nebst e. Anh. üb. den prakt. Hufbeschlag. Aus dem Engl. in's Deutsche übertragen v. Guitard. Mit 12 erläut. Taf. u. in den Text eingedr. Holzschn. 3. Aufl. gr. 8. (XXIII, 123 S.) Frankfurt a/M. 1876, Jügel's Verl. cart.   3. —
Mirus, v., Leitfaden f. den Kavalleristen bei seinem Verhalten in u. ausser dem Dienste. Zum Gebrauch in den Instruktionsstunden u. zur Selbstbelehrg. Bearb. u. hrsg. von G. v. Pelet-Narbonne. 12. Aufl. gr. 16. (XIV, 268 S.) Berlin 1879, Mittler & Sohn.   1. 20.
Mittheilungen u. Notizen, hippologische, üb. die Natur, Eigenschaften, Pflege u. Verwendg. d. Pferdes. gr. 8. (XII, 271 S.) Wien 1878, Fr. Beck.   n. 3. —
Mohr, Wilh., Leitfaden d. practischen Hufbeschlags. Nebst 13 lith. Abbildgn. gr. 8. (VI, 116 S.) Würzburg 1879, Staudinger.   n. 3. —
Monteton, Otto Digeon v., üb. die Reitkunst. 1. Abth.: Anglomanie u. Reitkunst. gr. 8. (366 S.) Stendal 1877, Franzen & Grosse.   n. 3. —
Morawetz, Carl, der Sicherungs- u. Nachrichtendienst e. Eskadron. Systematischer Abrichtungs-Vorgang. gr. 8. (38 S.) Wien 1879, Seidel & Sohn.   n. 1. —
Mühlwerth - Gärtner, F. Frhr., die Kraftproduction u. der Kraftverbrauch im

Pferde vom kavalleristischen Standpunkte. gr. 8. (63 S.) Teschen 1875, Prochaska.
n. 2. 40.

Müller, C. F., u. G. **Schwarznecker,** die Pferdezucht. Mit zahlreichen Racebildern u. anderen in den Text gedr. Holzschn. 1. Bd. 2—14. (Schluss-)Lfg. Lex.-8. Berlin 1874—79, Wiegandt, Hempel & Parey. à n. 1. 50.
Inhalt: Anatomie u. Physiologie d. Pferdes. Von C. F. Müller. 2—14. Lfg. (XX u. S. 65—931.)

—— dasselbe. 2. Bd. 2—10. (Schluss-)Lfg. Lex.-8. Ebd. 1876—79. à n. 1. 50.
Inhalt: 2. Racen d. Pferdes, Züchtung, Haltung, Pflege u. Erziehung. Von G. Schwarznecker. 2—10. Lfg. (X u. S. 65—657.)

Müller, Frz., Lehre vom Exterieur d. Pferdes od. v. der Beurtheilg. d. Pferdes nach seinen äusseren Formen. 3. Aufl. Mit 28 Holzschn. u. der Abbildg. e. Pferdeskeletes. gr. 8. (VIII, 198 S.) Wien 1875, Braumüller. n. 4. —

Muybridge (San Francisco),' das Pferd in Bewegung, aufgenommen in 56 photogr. Augenblicksbildern. qu. gr. 8. (6 Bl.) Berlin 1879, (Mittler & Sohn). n.n. 24. —

Natzmer, O. v., die Ausbildung d. Kavalleristen m. dem Kavallerie-Karabiner M/71. 2. Aufl. 8. (36 S.) Potsdam 1879, Döring. n. — 25.

Notizen f. Unteroffiziere der k. k. Kavallerie. gr. 16. (44 S.) Teschen 1876, Prochaska. geb. n. — 32.

Patent-Berichte, illustrirte. Hrsg. durch das Patent- u. Technische Bureau v. J. **Brandt** u. G. W. v. **Nawrocki** unter Red. v. A. **Huss** u. M. **Müller.** Nr. 1. gr. 8. Berlin 1879, Grieben. n 1. 20.
Inhalt: Hufbeschlag. [Patent-Klasse 56.] Sachliche Zusammenstellg. der bis zum 1. Jan. 1879 in dieser Klasse ertheilten Patente. Bearb. v. M. Müller. (50 S. m. eingedr. Holzschn.)

Pelet-Narbonne, G. v., Handbuch zur Ertheilung d. theoretischen Unterrichts üb. Reiten an Unteroffiziere der Kavallerie u. zum Selbst-Unterricht f. angeh. Reitlehrer. 8. (IV, 40 S. m. 1 eingedr. Holzschn.) Berlin 1875, Mittler & Sohn. n. — 80.

Petzer, Geo., hippologische Studien. Als Lehr- u. Lernbehelf f. Artillerie-Regiments-Equitationen. Mit Beiträgen u. Anh. v. Frz. **Kohoutek.** Mit 64 Abbildgn. auf 2 Taf. 4. Aufl. gr. 8. (X, 151 S.) Wien 1879, Seidel & Sohn. n. 4. —

Plinzner, Paul, künstliche Mittel zu nützlichen Zwecken. Ein Beitrag zur prakt. Pferde-Dressur [m. Benutzg. v. „Guérinier's école de cavallerie"]. gr. 8. (VII, 150 S.) Stendal 1879, Franzen & Grosse. n. 1. 50.

Ploetz, Arndt v., Gedanken üb. Reorganisation der Cavallerie. gr. 8. (16 S.) Berlin 1876, Luckhardt's Verl. n. — 60.

Pokorny, Gust., Skizzen zur Geschichte d. Pferdes, d. Reit- u. Fahrwesens. Zusammengestellt nach den neuesten u. besten Quellen. gr. 8. (VI, 472 S.) Prag 1878, Reinitzer & Co. n. 10. —; geb. n. 12. —

Poten, B., militärischer Dienst-Unterricht f. die Kavallerie d. deutschen Reichsheeres. Zunächst f. einjährig Freiwillige, Offizier-Aspiranten u. jüngere Offiziere d. Beurlaubtenstandes bearb. 2. Aufl. gr. 8. (XIII, 303 S.) Berlin 1878, Mittler & Sohn. n. 4. —

Ramm, v., die Leitung u. Ertheilung d. Reitunterrichts bei e. Feld-Artillerie-Regiment, auf Grund der Reitinstruktion f. die königl. preuss. Kavallerie u. der gegebenen höheren Bestimmgn. gr. 8. (XII, 241 S.) Berlin 1877, Mittler & Sohn. n. 4. 40.

Reglement üb. die Remontirung der Armee. gr. 8. (VII, 77 S.) Berlin 1876, Mittler & Sohn. n. — 40.

Renn-Kalender, österreichisch-ungarischer. Hrsg. v. der Red. d. „Sport". Jahrg. 1879. 1. Thl. 8. (XXVIII, 113 S.) Wien, (F. Beck). n. 6. —

Richter, theoretische Instruktion üb. Reiterei f. die Unteroffiziere der Kavallerie. Mit 8 (autogr.) Taf. 8. (VI, 60 S.) Berlin 1879, Mittler & Sohn. n. 1. —

Röll, M. F., das k. k. Militär-Thierarznei-Institut in Wien während d. 1. Jahrh. seines Bestehens. Eine histor. Skizze. Mit 1 (lith.) Situationsplane. gr. 8. (128 S.) Wien 1878, Braumüller. n. 2. 40.

Rotenhan, Frhr. v., Commandoschule od. sämmtl. Commando der f. die k. bayer. Cavalerie vorgeschriebenen Reglements. 2. Aufl. gr. 16. (V, 66 S.) Bamberg 1878, (Buchner). cart. 1. 20.

Rozwadowski, Ladisl. Graf, die Pferdezucht-Frage in den im Reichsrathe vertretenen Königreichen u. Ländern. gr. 8. (106 S.) Wien 1875, (Faesy & Frick). n. 3. —

Rudorff, W., Handbüchlein zum Gebrauch bei Abrichtung d. Remontepferdes. gr. 16. (VIII, 79 S.) Hannover 1878, Helwing's Verl. n. 1. —
—— Leitfaden zur Beurtheilung d. Pferdes f. den Reitdienst. gr. 8. (60 S.) Hannover 1878, Schmorl & v. Seefeld. n. 1. —
Ruell, A. v., Wandtafeln zur Darstellung der Racen, Gangarten u. Farben d. Pferdes. 2 in Farbendr. ausgeführte Tableaux (in Imp.-Fol.). 2. Aufl. Mit Text. gr. 8. (VI, 106 S.) Stuttgart 1877, Ulmer. In Mappe. n. 7. —; Text ap. n. 1. —
Schauplatz, neuer, der Künste u. Handwerke. Mit Berücksicht. der neuesten Erfindgn. Hrsg. v. e. Gesellschaft v. Künstlern, techn. Schriftstellern u. Fachgenossen. Mit vielen Abbildgn. 109. Bd. gr. 8. Weimar 1879, B. F. Voigt. 5. —
    Inhalt: Die Lehre vom Hufbeschlag u. den wichtigsten äusseren Krankheiten d. Pferdes, wie deren Heilung. 6. Aufl. v. Zerrenner's Kur- u. Hufschmied, in gänzl. Neubearbeitg. hrsg. v. A. Zürn. Mit 177 in den Text eingedr. Holzschn. (XII, 185 S.)
Schmidt, Carl v., Instruktionen betr. die Erziehung, Ausbildung, Verwendung u. Führung der Reiterei von dem einzelnen Manne u. Pferde bis zur Kavallerie-Division. Zusammengestellt durch v. Vollard-Bockelberg, eingeleitet durch Kaehler. Mit dem Bildniss d. Generals v. Schmidt. gr. 8. (XXV, 372 S. m. eingedr. Holzschn. u. 2 Tab. in gr. qu. Fol.) Berlin 1876, Mittler & Sohn. n. 6. —
Schönbeck, Rich., das gerittene Pferd, seine Anwendg., Wartg. u. Pflege. Ein Hülfsbuch f. den berittenen Infanterie-Offizier, sowie jeden Besitzer v. Dienst- u. Luxus-Reitpferden. Mit 34 Orig.-Federzeichngn. vom Verf. gr. 8. (VIII, 108 S.) Magdeburg 1876, E. Baensch. n. 4. —
—— über das Pferdewesen bei der Infanterie. gr. 8. (20 S.) Ebd. 1876. n. — 60.
Seefried, Ludw. Frhr. v., die theoretische Ausbildung d. Rekruten der Kavallerie im Felddienst. gr. 8. (36 S. m. 4 Steintaf.) Berlin 1876, Luckhardt's V. n. 1.
Seidler, E. F., die Dressur d. Pferdes f. Kavallerie-Offiziere, angehende Bereiter u. Freunde der Reitkunst. 2. Thl. A. u. d. T.: Die Dressur diffziler Pferde, die Korrektion verdorbener u. böser Pferde, erläutert durch Hinweisg. auf den geregelten u. ungeregelten Mechanismus u. die in Disharmonie gestellten Muskelkräfte d. Pferdes, nebst Anleitg. zur theilweisen u. auch zur speciellen Bearbeitg. d. Pferdes an der Hand, ohne u. m. dem span. Reiter. 2. Aufl. Mit 61 erläut. Abbildgn. gr. 8. (XIV, 331 S.) Berlin 1879, Mittler & Sohn. n. 7. —
Sicherheitsdienst f. die Kavallerie. Nach den Allerhöchsten Verordgn. vom 17. Juni 1870 u. nach den sonst hergebrachten Formen zusammengestellt von Otto Wilh. v. R. Verb. u. verm. durch H. v. W. 5. Aufl. 16. (46 S.) Potsdam 1877, Döring. — 30.
Spörcken-Lüdersburg, W. v., Rathschläge zum vortheilhaften Betriebe der Pferdezucht an kleine Züchter. gr. 8. (14 S.) Celle 1879, Schulze'sche Buchh. n. — 30.
Stimmen aus den Reihen der Cavallerie. [Mit 6 Holzschn.] Lex.-8. (II, 82 S.) Berlin 1876, Militaria. n. 2. 40.
Strombeck, Frhr. v., Leitfaden f. den Unterricht der 2. Reitklasse. Auf Grundlage der preuss. Reit-Instruktion. gr. 8. (IV, 20 S.) Darmstadt 1879, Zernin. n. — 60.
Trautvetter, J. S., das Pferd. Erfahrungen aus meinem Leben üb. den Einkauf, die Pflege, den Hufbeschlag, das Reiten d. Pferdes u. die Fahrkunst. Für alle Pferdefreunde in gereimten u. ungereimten Versen. Als Nachlass d. Verstorbenen nebst Einführungswort hrsg. von Rich. v. Meerheimb. 2. Aufl. 8. (VII, 117 S.) Dresden 1877, Burdach. n. 1. 50.
Troschke, E. Frhr. v., der Gang der Dressur d. Remontepferdes. Ein Leitfaden im Anschluss an die Reit-Instruction der königl. preuss. Cavallerie. 3. Aufl. Mit Holzschn. gr. 8. (267 S.) Münster 1877, Brunn. n. 4. 50.
Turf, der. Wörterbuch f. Pferde-Rennen, enth. in alphabetisch geordneter Reihenfolge die gewöhnlichsten auf die Pferderennen u. den Rennsport Bezug hab. Worte u. Ausdrücke, nebst deren Erklärg. 32. (61 S.) Wien 1876, F. Beck. n. — 80.
Ueber den Werth u. die Anwendung der Freiübungen im Reitunterricht. Von v. C.-M. gr. 8. (42 S.) Berlin 1878, Schneider & Co. n. 1. —
Uebungen, die, der im Herbst 1877 bei Darmstadt zusammengezogenen Cavallerie-Division. Nach den Acten d. Commandos dieser Division zusammengestellt von C. v. L. Mit 1 Uebersichtskarte in 1 : 80,000. gr. 8. (43 S.) Darmstadt 1878, Zernin. n. 1. 60.
—— die, der kombinirten Kavallerie-Division d. 1. u. 2. Armee-Korps bei Konitz im Aug. u. Septbr. 1875. (Von v. Kähler.) Mit 1 Karte. gr. 8. (78 S. m. 1 Tab. in qu. Fol.) Berlin 1876, Mittler & Sohn. n. 1. 60

Verdy du Vernois, J. v., Beitrag zu den Kavallerie-Uebungs-Reisen. Nebst e.
Karte. gr. 8. (XI, 64 S.) Berlin 1876, Mittler & Sohn. n. 1. 50.
Verhandlungen der auf den 25. Mai 1876 in das k. k. Ackerbau-Ministerium ein-
berufenen Pferdezucht-Enquete. gr. 8. (332 S.) Wien 1876, F. Beck. n. 4. —
Voigtlaender, C. F., die Anatomie d. Pferdes. 5 lith. (zum Theil farb.) Taf. m.
beschreib. Text. qu. gr. Fol. (14 S.) Dresden 1876, Th. Meinhold. n. 10. —
Vorderfuss, der rechte, im Naturzustande vor dem Beschlage, u. dessen stufen-
weise Veränderg. durch fehlerhaften Beschlag. Lith. Imp.-Fol. Bautzen 1877.
(Rühl). n. 1. —
Waldstätten, Joh. Frhr. v., die Cavallerie-Manöver bei Totis. gr. 8. (116 S. m. 3
Steintaf. in gr. Fol.) Teschen 1875. Prochaska. n. 4. —
Walter, H., der strategische Dienst der Kavallerie. Historisch-didakt. Studie. gr. 8.
(64 S.) Berlin 1878, Luckhardt'sche Verlagsh. n. 1. 50.
Wegweiser auf dem Felde der Campagne-Reiterei. Lehrbuch zum Gebrauch beim
theoret. Reit-Unterricht; sowie zur Selbstbelehrg. u. Unterhaltg. Mit 2 (lith.)
Taf. gr. 8. (X, 107 S.) Berlin 1878, (Voss). n. 2. —
Wellmann, A. v., die Reiter-Regimenter der königl. preussischen Armee 1571—
1876 graphisch dargestellt. qu. 4. (5 Tabellen in Imp.-Fol. m. 2 S. Text.) Hannover 1877, Helwing's Verl. n. 3. —
Weyhern, Hann v., Ansichten üb. Ausbildung e. Eskadron nach den Anforderungen
der Jetztzeit. gr. 8. (VI, 192 S.) Berlin 1876, Luckhardt's Verl. n. 4. —
Wörz, J. J., die Gesundheitslehre d. Pferdes od. die Lehre v. der Ernährg., Füt-
terg., Stallg., Pflege, Wartung u. sonstigen Behandlg. desselben. Mit Abbildgn.
gr. 8. (XII, 302 S.) Ulm 1875, Ebner. 4. —
—— die Staats- u. Landespferdezucht-Anstalten Württembergs, m. e. Einleitg. üb.
ihre geschichtl. Entwickelg. aus dem vormal. fürstl. Hofgestüten, nebst e. Darlegg.
der früheren u. jetz. Betriebsweise der württemberg. Landespferdezucht. gr. 8.
(VIII, 183 S.) Ebd. 1876. n. 2. 60.
Zeit- u. Streitfragen, militärische, f. Offiziere aller Waffen. 27. Heft. gr. 8. Berlin 1876, Luckhardt. n. 1. —
    Inhalt: Ueber die Gliederung, Führung u. Verwendung grösserer Kavalleriekörper.
    Von H. Walter. (29 S.)
Zum Unterricht f. die k. b. Cavalerie. Gesammelt aus den Reglements u. anderen
militär. Werken. 2. umgeänd. Auflage d. Büchleins: 400 Fragen u. Antworten zum
Unterrichte der k. b. Cavalerie. gr. 16. (159 S.) Bamberg 1878, (Buchner). cart.
n. 1. 80.
Zusammenstellung der Rang- u. Quartierlisten der königl. preuss. Cavallerie von
der Reorganisation der Armee nach den Freiheitskriegen u. dem Erscheinen der
1. Rangliste von 1817 an, bis auf die neueste Zeit. Vom Bar. v. D. gr. 8. (225 S.)
Stendal 1875, (Franzen & Grosse). n. 2. 80.

XII. Werke speciell für den Train.

Dienst-Anweisung f. die Trains im Kriege. gr. 8. (VII, 159 S. m. 3 Tab.) Berlin
1877, (Mittler & Sohn). n. 1. 60.
Eiswaldt, Dienst-Unterricht f. den Traingefreiten u. Traingemeinen. Zugleich e.
Unterrichtsbuch f. Unteroffiziere. 2. Aufl. gr. 16. (VIII, 139 S.) Berlin 1878,
Mittler & Sohn. n. 1. —
—— Dienst-Unterricht f. den Trainsoldaten. 2. Aufl. gr. 16. (VI, 86 S.) Ebd.
1878. n. — 60.
Grosse, H., Instruction f. den Train-Gemeinen u. Trainsoldaten üb. sein Verhalten
in u. ausser dem Dienste. 9. Aufl. gr. 16. (174 S.) Brandenburg 1877, Müller.
n. — 50.
Karabiner-Schiess-Instruktion f. die Kavallerie, abgeändert f. den Train. gr. 16.
(IV, 51 S. m. 1 Tab. u. 3 Steintaf.) Berlin 1879, (v. Decker). cart. n. 1. 20.
Leitfaden zum Unterricht der im Traindienste auszubildenden Kavallerie-Unteroffi-
ziere u. Gefreiten. Mit 4 lith. Taf. gr. 16. (135 S.) Berlin 1877, Mittler & Sohn.
cart. n. — 80.

XIII. Werke speciell für die Artillerie. — Waffenlehre.

Abänderungen der Schiess-Instruktion vom 15. Novbr. 1877 f. die Fuss-Artillerie u. Pioniere. 16. (30 S. m. 2 Steintaf.) Berlin 1878, (v. Decker). cart. n. — 80.

Aenderungen, welche, in der Taktik der Feld-Artillerie bringt unser neues Feld-Artillerie-Material M. 1875 mit sich? Von W. Mit 1 Zeichnungstaf. gr. 8. (36 S.) Wien 1876, (Seidel & Sohn). n. 1. —

Arnold, die Ausbildung der Feld-Artillerie. gr. 8. (54 S.) Berlin 1876, Mittler & Sohn. n. 1. —

Artillerie, die deutsche, in den Schlachten u. Treffen d. deutsch-französischen Krieges 1870—71. 1., 2., 7. u. 8. Hft. gr. 8. Berlin 1876—78, Mittler & Sohn. n. 17. 60.

Inhalt: 1. Das Treffen v. Weissenburg am 4. Aug. 1870. Von E. Hoffbauer. Mit e. Schlachtplan u. e. Uebersichtskarte. (VIII, 64 S.) n. 2. —. — 2. Die Schlacht bei Wörth am 6. Aug. 1870. Von Leo. Mit e. Schlachtplan u. e. Uebersichtskarte. (III, 151 S.) n. 3. 60. — 7. Die Kämpfe am 29., 30. u. 31. Aug. 1870. Von Leo. Mit 2 Schlachtplänen u. 1 Uebersichtskarte. (IV, 215 S.) n. 6. —. — 8. Die Schlacht bei Sedan. Von Leo. Mit e. Uebersichtskarte u. e. Schlachtplan. (IV, 217 S.) n. 6. —.
Das 3—6. Hft. bildet: Hoffbauer, E., die deutsche Artillerie in den Schlachten bei Metz. 4 Thle. n. 15. 35.

Artillerie-Unterricht f. die Feld- u. Gebirgs-Batterien. 3. Unterrichts-Klasse. 1. Thl. 2. Aufl. 8. (IV, 170 S. m. eingedr. Holzschn.) Wien 1875, k. k. Hof- u. Staatsdr. cart. n. 1. —

—— für die Festungs-Artillerie-Kompagnien. 1. Unterrichts-Klasse. 3. Aufl. 8. (VII, 160 S. m. eingedr. Holzschn.) Ebd. 1876. cart. n. — 70

—— dasselbe. 2. Unterrichts-Klasse. 1. Thl. 2. Aufl. 8. (IV, 185 S. m. Holzschn.) Ebd. 1876. n. — 70.

Balthasar, Instruction üb. den Kavallerie-Karabiner M/71 u. dessen Munition, nach der offiziellen Instruction in Fragen u. Antworten bearb. 2. Aufl. Mit 15 Abbildgn. 8. (56 S.) Berlin 1879, Liebel. n. — 40.

Barbara-Taschenbuch f. Feld-Artilleristen. Von E. v. W. 16. (106 S.) Wien 1878, Seidel & Sohn. geb. n. 2. 60.

Batsch, Leitfaden f. den theoretischen Unterricht d. Kanoniers der Feld-Artillerie. 10. verm. Aufl. Mit 20 Abbildgn. 16. (XII, 352 S.) Berlin 1879, Liebel. n. —75.

—— Anhang zur 7. Aufl. d. Leitfaden beim ersten theoretischen Unterricht d. Kanoniers der Feld-Artillerie v. P. G. [Eintheilung der Feldartillerie; Munition u. Feldgeschütz C/73; die neuen Münzen.] 16. (30 S. m. 1 eingedr. Holzschn.) Ebd. 1875. n. — 20.

Beckerhinn, Carl, die Feld-Artillerie Oesterreichs, Deutschlands, Englands, Russlands, Italiens u. Frankreichs in Bezug auf ihre Bewaffnung, Ausrüstung, Organisation u. Leistungsfähigkeit. Mit 16 Taf. u. 21 Tab. gr. 8. (VIII, 136 S.) Wien 1879, Seidel & Sohn. n. 6. —

Bemerkungen zu den Betrachtungen üb. die Organisation der österreichischen Artillerie. 2. Aufl. gr. 8. (III, 120 S.) Berlin 1875, Luckhardt's Verl. n. 3. —

Betrachtungen üb. die Organisation der österreichischen Artillerie. gr. 8. (116 S.) Wien 1875, Seidel & Sohn. n. 2. —

Böckmann, Fr., die explosiven Stoffe, ihre Geschichte, Fabrikation, Eigenschaften, Prüfg. u. prakt. Anwendg. in der Sprengtechnik. Mit e. Anh., enth.: Die Hilfsmittel der submarinen Sprengtechnik [Torpedos u. Seeminen]. Ein Handbuch f. Fabrikanten u. Verschleisser explosiver Stoffe, Chemiker u. Techniker etc. Nach den neuesten Erfahrgn. bearb. Mit 31 (eingedr. Holzschn.-) Abbildgn. 8. (IV, 431 S.) Wien 1880, Hartleben. 5. —

Breithaupt, Wilh. Ritter v., zum Sprenggeschoss-Feuer der Land- u. See-Artillerie. Ein Beitrag zur Entwicklg. dieses Hauptgegenstandes in den Artillerien bis zur Neuzeit. gr. 8. (XII, 169 S.) Kassel 1877, Kay. n. 4. —

Castenholz, A., die Belagerung v. Belfort im J. 1870/71. Im Auftrage der königl. General-Inspection der Artillerie unter besond. Berücksicht. der artillerist Verhältnisse u. m. Benutzg. dienstl. Quellen bearb. 1—4. Thl. Mit Plänen, Skizzen u. Croquis. gr. 8. (I. IV, 124; II. 138; III. 243 u. IV. 233 S.) Berlin 1876—78, Voss. n. 23. 50.

Dengler, Aloys. Anleitung zur Ertheilung d. theoretischen u. praktischen Richt-

Unterrichts an Unteroffiziere u. Kanoniere der Feld-Artillerie. 16. (VIII, 128 S.) Augsburg 1877, Rieger. cart. n. — 75.

Dienst d. Unteroffiziers der Feld-Artillerie im Frieden. Als Mscr. gedr. 8. (IV, 79 S.) Dresden 1877, (Höckner). n. 1. 50.

Dienst-Reglement f. das k. k. Heer. 3. Thl. Artillerie. 8. (78 S.) Wien 1877, k. k. Hof- u. Staatsdruckerei. n. — 40.

Dienstvorschrift f. die Unteroffiziere der königl. preuss. Feld-Artillerie. gr. 16. (XVI, 443 S. m. eingedr. Holzschn.) Berlin 1877, Voss. n. 2. 80.

Entwurf zu e. Exercier-Reglement f. die Feld-Artillerie der Königl. Preuss. Armee. gr. 8. (XVIII, 294 S.) Berlin 1876, Voss. n.n. 2. —

Ernestus, B., kritische Betrachtungen üb. die Zukunft der Feld-Artillerie, im Besonderen üb. die Grundzüge ihrer Taktik, Organisation u. Ausbildg. gr. 8. (113 S.) Berlin 1875, Luckhardt's Verl. n. 3. —

Exerzir-Reglement f. die k. k. Artillerie. 1—4. Thl. 8. Wien 1878, k. k. Hof- u. Staatsdruckerei. n. 3. —

1. (XIX, 159 S. m. eingedr. Holzschn.) n. — 60. — 2. (XIV, 395 S. m. eingedr. Holzschn.) n. 1. 20. — 3. (V, 233 S. m. eingedr. Holzschn.) n. — 80. — 4. (VI, 86 S. m. eingedr. Holzschn.) n. — 40.

—— für die Feld-Artillerie. Vom 23. Aug. 1877. 8. (XXIII, 309 u. Beilagen 30 S.) Berlin 1877, Voss. n. 4. —

Feldgeschütze, die neuen, Oesterreichs Uchatius-Kanonen. Einrichtung, Gebrauch u. Anwendg. der 8 u. 9 Centimeter Feldgeschütze, Munition etc. v. e. k. k. Artillerie-Officier. gr. 8. (IV, 37 S. m. 1 Steintaf. in qu. Fol.) Wien 1876, (Seidel & Sohn). n.n. 3. —

Fischer, Frdr., Beiträge zur kriegstüchtigen Ausbildg. der Batterien der k. k. Feld-Artillerie im Allgemeinen, m. besond. Berücksicht. der Feld-Uebgn. u. d. Geschütz-Placirens. 8. (73 S. m. eingedr. Holzschn.) Wien 1875, Seidel & Sohn. n. 2. 40.

Handbuch f. die k. k. Artillerie. I. Thl. 5. Abschn. [1. Hälfte.] u. III. Thl. 17. Abschn. 8. Wien, Braumüller. n. 2. —

I. 5. Feld-Batteriebau. Bearb. v. Karl Schmarda. 2. Aufl. v. Karl Kriwanek. [Mit 2 (lith.) Fig.-Taf. (in qu. gr. 4.)] (II, 42 S.) 1875. n. 1. 20. — III. 17. Uebernahms- u. Depositirungs-Vorschriften. Bearb. v. Jos. Kominik. (IV, 35 S.) 1876. n. — 80.

—— dasselbe. 2. Thl. 9. 10. 12—14. Abschn. u. III. Thl. 18—20. Abschn. 8. Wien, (Seidel & Sohn). n. 14. 60.

Inhalt: II, 9. Beschreibung d. Festungs-Artillerie-Materials. Bearb. v. Ernst Hugyetz. (IV, 124 S.) 1877. n. 2. —. — 10. Bedienung der Festungsgeschütze, Packung u. Bereithaltung d. Artillerie-Materials in Batterien. Zusammengestellt v. Karl Zieglmayer. (IV, 64 S.) 1877. n. 1. 20. — 12. Schiessen u. Werfen aus Festungsgeschützen, bearb. v. Ernest Zehner v. Riesenwald. (III, 100 S. m. 2 Steintaf. in Fol.) 1878. n. 2. —. — 13. 14. Angriff u. Vertheidigung fester Plätze. Bearb. v. Karl Kriwanek. (90 S. m. 1 Steintaf.) 1878. n. 1. 80. — III, 18. Schiesspulver u. Kriegsfeuerwerkerei. Bearb. v. Jos. Friedrich. (VI, 186 S.) 1878. n. 2. 60. — 19. Erzeugung, Untersuchung u. Klassifikation der Geschütz-Rohre. Bearb. v. Frz. Zeidner. (VII, 106 S.) 1879. n. 2. —. — 20. Notizen aus der Mathematik, Mechanik, Physik, Chemie u. Ballistik; Münz-, Maas- u. Gewichts-Tabellen. Bearb. v. Nik. Wuich. (VII, 237 S.) 1878. n. 3. —.

—— für die Offiziere der königl. preussischen Artillerie. Mit Holzschn. u. 25 Taf. in Steindr. 2. Aufl. Lex.-8. (1343 S.) Berlin 1877, Voss. n. 20. —

Haupt, Paul, mathematische Theorie der Flugbahnen gezogener Geschosse. gr. 8. (VIII, 113 S.) Berlin 1876, Voss. n. 2. —

Hentsch, F., Beschreibung d. französischen Armeegewehres Modell 1874 [System Gras]. Mit e. Buntdr.-Taf. gr. 8. (28 S.) Augsburg 1877. (Berlin, Luckhardt's V.) n. 1. 50.

—— Construction u. Handhabung d. Gewehr-Systems Mauser u. seine Entwicklg. aus dem Dreyse'schen Zündnadel-Gewehre. Mit 19 erläut. Abbildgn. 2. Aufl. 8. (46 S.) Berlin 1875, Liebel. n. 1. —

—— die Entwickelungsgeschichte u. Construction sämmtlicher Hinterladergewehre Frankreichs. Mit Abbildgn. gr. 8. (63 u. 176 S.) Berlin 1879, Luckhardt'sche Verlagsh. n. 10. —

—— die Entwickelungsgeschichte u. Construction sämmtlicher Hinterladergewehre der Nordischen Staaten [Schweden, Norwegen, Dänemark]. Mit 6 lith. Taf. Abbildgn. gr. 8. (143 S.) Ebd. 1879. n. 6. 60.

—— allgemeine Grundzüge der Ballistik der Handfeuerwaffen. Ein Handbuch f. Einjährig-Freiwillige, Offizier-Aspiranten etc. gr. 8. (III, 56 S.) Darmstadt 1879, Zernin. n. 1. 60.

—— die Theorie d. Schiessens der Handfeuerwaffen, m. besond. Berücksicht. d.

deutschen Infanterie-Gewehres M/71 [System Mauser]. Populär dargestellt. 2. Aufl.
Mit 4 lith. Taf. gr. 8. (III, 58 S.) Darmstadt 1878, Zernin.   n. 1. 80.
Hessert, Ferd. v., Betrachtungen üb. die Leistungen der französischen Gewehre
M/74 u. 66. Erläutert an der Theilnahme d. IX. Armee-Korps an der Schlacht
bei Gravelotte vom 18. Aug. 1870. [Mit 4 lith. Zeichngn. (auf 1 Taf.).] **gr.** 8.
(V, 169 S.) Darmstadt 1879, Zernin.   n. 2. 50.
Hilti, Geo., Waffen-Sammlung Sr. Königl. Hoh. d. Prinzen Carl v. Preussen. Mit-
telalterliche Abtheilg. Beschrieben u. zusammengestellt, sowie m. histor. Be-
merkgn. u. Erläutergn. versehen. Fol. (V, 195 S. m. 2 Steintaf.) Berlin 1877,
Mocser.   cart. n. 20. —; geb. n. 25. —
Hirzel, C., die Bewegungsgesetze u. ihre Anwendung auf die Ballistik. Elementar
behandelt u. vorgetragen im Artillerieunteroffiziersverein Winterthur. Mit lith.
Fig.-Taf. gr. 8. (85 S.) Frauenfeld 1875, (Huber.)   n. 2. 40.
Hoffbauer, E., die deutsche Artillerie in den Schlachten bei Metz m. Berücksicht.
der allgemeinen Verhältnisse in denselben unter Benutzg. der officiellen Berichte
der deutschen Artillerie. 4. Thl. Mit 2 Schlachtenplänen u. 1 Uebersichtskärtchen.
gr. 8. (III, 183 S.) Berlin 1875, Mittler & Sohn.   n. 4. 25. (1—4.: n. 15. 35.)
     Bildet das 6. Hft. von: Artillerie, die deutsche, in den Schlachten bei Metz 1870/71.
—— Taktik der Feld-Artillerie, unter eingeh. Berücksicht. der Erfahrgn. der Kriege
v. 1866 u. 1870/71, wie d. Gefechtes der Infanterie u. Cavallerie f. Officiere aller
Waffen. gr. 8. (VIII, 246 S.) Berlin 1876, Schneider & Co.   n. 5. —
Hoffmann, der Feld-Kanonier. Ein Handbuch zum Vortrag f. die Kanoniere der Feld-
Artillerie. Mit 54 Holzschn. 6. Aufl., neu bearb. v. Franke. 8. (VII, 260 S.) Berlin
1878. Voss.   n. 1. 20.
—— der Kanonier der Fuss-Artillerie. Ein Handbuch f. die Kanoniere der Fuss-
Artillerie. 3. Aufl. d. Handbuches: Der Festungs-Kanonier. Mit 12 Holzschn. gr. 8.
(XII, 285 S.) Ebd. 1876.   n. 1. 75.
Horndam, E., Schiess-Buch f. den deutschen Soldaten. Unter Zugrundelegg. der
neuesten deutschen Schiess-Instruktion entworfen u. nach Schiess-Klassen zusam-
mengestellt. 1—3. Klasse. 8. (14, 14 u. 16 lith. S.) München 1879, Obpacher.
                                                               à n. — 20.
—— Schiess-Tabelle, enth. die Flugbahnhöhen, den bestrichenen Raum u. die Streu-
ung von 100 m, bis 1600 m, sowie Umrechnungs-Tabelle von Metern in Schritte u.
umgekehrt. qu. Fol. (2 lith. S.) Ebd. 1879.   — 10.
Horsetzky v. Hornthal, Adf., e. Studie üb. den taktischen Werth d. Weitschiessens.
Mit 1 Taf. 2. durchgesch. Aufl. gr. 8. (64 S.) Wien 1877, (Seidel & Sohn). n. 2. —
Jahn, Herm., die königl. Militär-Schiessschule zu Spandau. 8. (28 S.) Spandau 1877,
Jürgens.   n. — 50.
Indra, Alois, Ballistik der Handfeuerwaffen in Tabellen. Kritischer Vergleich der
ballist. Eigenschaften der Ordonnanz-Gewehre Europa's. [Mit 1 lith. Taf. u. 5 Tab.]
gr. 8. (IV, 24 S.) Wien 1879, Seidel & Sohn.   n. 2. 40.
—— graphische Ballistik. Synthetische Behandlg. der Bewegg. im materiell erfüllten
Raume. Anwendung auf die Geschoss-Bewegg. 1. Thl. gr. 8. (XI, 116 S. m. 8
Steintaf. in qu. Fol.) Ebd. 1876.   n. 4. —
Infanterie-Gewehr M/71 in doppelter Grösse. Chromolith. Imp.-Fol. Mit tabellar.
Zusammenstellg. der Namen der einzelnen Theile. qu. gr. 4. Hannover 1879,
Helwing's Verl.   n. 1. —
Instruction üb. den aptirten Chassepot-Karabiner M/71 u. dessen Munition. gr. 8.
(32 S.) Berlin 1875, Liebel.   n. — 60.
—— über die Einrichtung u. den Gebrauch d. Revolvers. Mit 1 lith. Taf. (in qu.
gr. 4.). 8. (32 S.) Wien 1875, k. k. Hof- u. Staatsdruckerei.   n. — 40.
—— über die Einrichtung, Konservirung, Visitirung u. Behandlung d. k. k. Infante-
rie- u. Jäger-Gewehres m. Werndl-Verschluss [Modell 1867] u. der hiezu gehör.
Munition. Mit 1 Taf. 2. Aufl. 8. (48 S.) Ebd. 1875.   n. — 40.
—— über die Einrichtung, Konservirung, Visitirung u. Behandlung d. k. k. Kara-
biners u. d. Extra-Korps-Gewehres m. Werndl-Verschluss, sowie der hiezu gehör.
Munition. Mit 1 lith. Taf. S. (42 S.) Ebd. 1875. cart.   n. — 40.
—— über die Einrichtung, die Konservirung u. die Bedienung der k. k. Mitrailleuse.
[Mit 3 (lith.) Taf.] 8. (V, 54 S.) Ebd. 1878.   n. — 40.
—— über die Jäger-Büchse M/71. Für die Mannschaften. (3. Aufl.) 8. (24 S.) Potsdam
1878, Döring.   — 15.
—— über das Infanterie-Gewehr M/71. 10 Abdr. 8. (20 S. m. 1 eingedr. Holzschn.)
Ebd. 1878.   n. — 10.

Instruction üb. das Infanterie-Gewehr M/71 u. dessen Munition. Für den Unterricht d. Infanteristen abgefasst u. durch 30 Abbildgn. erläutert. 4. Aufl. gr. 8. (40 S.) Berlin 1878, Liebel. n — 60.

—— über den Kavallerie-Karabiner M/71. Für die Mannschaften. 4. Aufl. S. (24 S.) Potsdam 1877, Döring. n. — 20.

—— zum Unterricht in der Kenntniss u. Behandlung d. aptirten Chassepot-Karabiners M/71. gr. 8. (68 S.) Berlin 1875, v. Decker. n. 1. —

—— für die Verrichtungen bei der Bedienung der Feldgeschütze u. f. ihre Behandlung bei der Aufbewahrung u. beim Transport. gr. 8. (88 S.) Berlin 1876, Voss. cart. n. 1. —

—— für Waffenoffiziere u. Büchsenmacher der k. k. Truppen, üb. die Handfeuerwaffen m. Werndl-Verschluss M. 1873 u. das Zimmer-Gewehr[-Karabiner] M. 1877. Mit 5 lith. Taf. 8. (IV, 172 S.) Wien 1878, k. k. Hof- u. Staatsdruckerei.n. 1. 20.

Kocher, üb. die Sprengwirkung der modernen Kleingewehr-Geschosse. Lex.-8. (16 S.) Basel 1875, Schwabe. n. — 40.

Kriegsfeuerwerkerei. Vorschriften f. die Anfertigg., Untersuchg., Verpackg. u. Aufbewahrg. der Kriegsfeuer. Auf dienstl. Veranlassg. gedr. 1. Thl. gr. 8. (1272 S. m. Atlas v. 73 color. Steintaf. in qu. Fol.) Berlin 1872—77, Voss. n. 40. —

—— dasselbe. 2. Thl. Die Munition f. Handfeuerwaffen. Die Patrone M/71. Auf dienstl. Veranlassg. gedr. 2. Thl. gr. 8. (III, 476 S. m. Atlas v. 54 color. Steintaf. in qu. gr. 4.) Ebd. 1879. n. 20. —

Laudmann, Karl, v. der Taktik der Artillerie. gr. 8. (38 S.) Berlin 1875, Luckhardt's Verl. n. 1. —

Laukmayr, Ferd., Waffenlehre f. die k. k. Militär-Akademien u. k. k. Kadetten-Schulen. 1—5. Hft. gr. 8. Wien, Seidel & Sohn. n. 9. —

Inhalt: 1. Blanke Waffen u. explosive Präparate. 3. Aufl. (VI, 75 S. m. 2 Steintaf.) 1878. n. 1. 50. — 2. Geschosse, Rohre. Gestelle, Ausrüstungs-Gegenstände u. Transports-Mittel f. Feuerwaffen. 3. Aufl. (VIII, 90 S. m. 1 Steintaf.) 1878. n. 2. —. —3. Gebrauch u. Wirkung der Feuerwaffen. 2. Aufl. (VIII, 83 S. m. 3 Steintaf.) 1878. n. 1. 50. — 4. Handfeuerwaffen. 2. Aufl. (VIII, 97 S. m. 6 Steintaf.) 1878. n. 2. — 5. Geschützte. 2. Aufl. (XII, 100 S. m. 5 Steintaf.) 1879. n. 2. —

Lehre, die, vom Schiessen. Eine Anleitg. zum Selbst-Unterricht unter Berücksicht. der neuesten Schiess-Instruction, bearb. u. durch 58 Zeichngn. erläutert von K. v. R. gr. 8. (55 S.) Berlin 1878, Liebel. n. — 80.

Leitfaden f. den Unterricht in der Artillerie in den Regimentsschulen der Feld-Artillerie. gr. 8. (371 S. m. 1 Steintaf. in qu. gr. 4.) Berlin 1877, Voss. n. 4. —

—— beim theoretischen Unterricht d. Kanoniers der Fuss-Artillerie v. P. G. Mit 17 Abbildgn. 3. Aufl. 16. (VIII, 232 S.) Berlin 1877, Liebel. n. — 75.

—— für den theoretischen Unterricht d. Kanoniers der Feld-Artillerie. Von P. G. 8. Aufl. v. Batsch. Mit 14 Abbildgn. 16. (288 S.) Ebd. 1876. n. — 70.

Ligowski, e. Beitrag zur Ballistik der gezogenen Geschütze. 8. (33 S.) Kiel 1877, Universitäts-Buchh. n. 1. 20.

Maresch, Otto, Waffenlehre f. Offiziere aller Waffen. 5—7. Abschnitt. gr. 8. Wien 1875, Seidel & Sohn. n. 20. 40. (cplt: n. 41. 20.)

Inhalt: 5. Geschütz-Systeme. Mit 8 lith. Taf. (221 S.) n. 6. 40. — 6. Wirkung u. Gebrauch der Feuerwaffen. Mit 4 lith. Taf. (418 S.) — 7. Blanke u. Schutzwaffen. Mit e. Ergänzungs-Taf. (XCIII, 37 S.) n. 14. —

—— dasselbe. 2. Aufl. Mit 18 lith. Taf. gr. 8. (XXXVI, 808 S.) Ebd. 1880.n. 24. —

Mattenheimer, A., die Rückladungs-Gewehre. Fragmente ihrer Entstehungs u. Entwickelungs-Geschichte in 102 lith. u. color. Blättern. Beitrag zur Handfeuerwaffen-Lehre. Neuer Abdr. 6. Lfg. qu. Fol. (10 color. Steintaf. m. 2 Bl. Text.) Darmstadt 1876, Zernin. n. 2. 40. (cplt. in Carton: n. 15. —)

Merian, Rud., Versuch e. Schiesstheorie f. schweizerische Offiziere der Infanterie u. Cavallerie. 2. Aufl. gr. 8. (63 S. m. 1 Tab.) Basel 1878, Schwabe. n. 1. 60.

Merkl, Rob., Leitfaden f. den Unterricht d. Kanoniers u. fahrenden Artilleristen der königl. bayer. Armee. Nach den besteh. Vorschriften zusammengestellt. 8. (VIII, 162 S.) München 1879, Oldenbourg. n. — 75.

Michels, R., der Chassepot-Karabiner M/71. zum Unterricht f. Unteroffiziere eingerichtet, in Fragen u. Antworten u. 12 Bildertaf. vollständig erklärt. gr. 8. (44 S.) Paderborn 1876, Badorff. n. — 75.

Müller, H., die Entwickelung der preussischen Festungs- u. Belagerungs-Artillerie in Bezug auf Material, Organisation u. Ausbildg. von 1815—1875. gr. 8. (XII, 355 S. m. 1 Holzschntaf.) Berlin 1876, Oppenheim n. 7. —

Neumann, v., die wichtigsten Angaben üb. die Handfeuerwaffen aller Länder. Zur Beurtheilg. ihrer Leistg. zusammengestellt u. erläutert. 3. Aufl. Imp.-Fol. Kassel 1878, Kay.   n. — 80.
—— das Infanterie-Gewehr M/71 in Bezug auf seine Ballistik u. Verwendung. Eine Erläuterg. zur Schiess-Instruktion f. die Infanterie. Mit 93 Abbildgn. (IV, 61 S.) Berlin 1879, Mittler & Sohn.   n. 1. 60.
—— Leitfaden f. den Unterricht in der Waffenlehre an den königl. Kriegsschulen. Mit 389 Fig. 4. (IV, 265 S. m. 2 Steintaf.) Ebd. 1879.   n. 10. —
Otto, Frdr., systematischer Richtunterricht zur Ausbildung der Richtkanoniere bei der Feld-Artillerie. 16. (63 S.) Ingolstadt 1875, Krüll.   n. — 50.
Passavant, Phil., Leitfaden f. den Unterricht d. Artilleristen der königl. bayerischen Armee. 3. Aufl. Mit Holzschn. 8. (144 S.) München 1875, Oldenbourg.
                                                                                          n. — 60.
Picha, G., Leitfaden der Waffenlehre, unter Zugrundelegg. d. f. die k. k. Cadeten- u. Landwehr-Offiziers-Aspiranten-Schulen vorgeschriebenen Lehrplanes. 3 Thle. u. Anh. gr. 8. Wien 1875—78, Seidel & Sohn.   n. 17. 40.
　　1. Thl. Blanke Waffen, Theorie der Feuerwaffen u. d. Schiessens. Mit 7 lith. Taf. (IV,
　　119 S.) n. 3. —.   — 2. Thl. Handfeuerwaffen. 1. Hft.   Mit 16 lith. Taf. (S. 119—294.)
　　n. 6.   —.   — Leistungsfähigkeit, Gebrauch u. Behandlg. der Handfeuerwaffen m. besond. Be-
　　rücksicht. der Ausbildg. zum Scheibenschiessen. Mit 2 lith. Taf. 2. Hft. (IV u. S. 295—
　　412.) n. 2. 40. — 3. Thl. Geschütze u. Schusswaffen. Mit 8 lith. Taf. (XV u. S. 413—566.)
　　n. 4.—.   — Anh. Neuerungen im Gebiete der Handfeuerwaffen. Mit 2 lith. Taf. (248.) n. 2. —
Quellen zur Geschichte der Feuerwaffen. Facsimilirte Nachbildgn. alter Original-Zeichngn., Miniaturen, Holzschnitte u. Kupferstiche, nebst Aufnahmen alter Orig.-Waffen u. Modelle. Hrsg. vom German. Museum. 4. Lfg. [Schluss.] Imp.-4. (S. 107—178 m. 61 Steintaf. in Imp.-4. u. qu. Fol.) Leipzig 1877, Brockhaus' Sort.
                                                                                          (à) n. 20. —
Ranciglio, Wilh., Betrachtungen üb. die Detail-Ausbilduug der k. k. Feld-Batterien. Mit 6 Tab. gr. 8. (V, 49 S.) Wien 1876, Seidel & Sohn.   n. 1. 20.
Reichsgewehr, das neue deutsche [Infanteriegewehr Modell 1871]. Mit 4 Taf. gr. 8. (67 S.) Wien 1875, (Seidel & Sohn).   n. 2. —
Roksandić, D., Grundsätze f. die Ausbildung d. Augenmasses m. besond. Rücksicht auf das Distanzschätzen. Auf Grund eingeh. Versuche zusammengestellt. [Hiezu 1 (lith.) Taf. m. 27 Fig.] gr. 8. (IV, 78 S.) Temesvár 1876. (Wien, Seidel & Sohn.)
                                                                                          n. 1. 60.
Rutzky, Andr., Grundlagen f. neue Geschoss- u. Waffen-Systeme. Mit e. Taf. gr. 8. (30 S.) Teschen 1876, Prochaska.   n. 1. 60.
Sauer, Karl Thdr. v., Grundriss der Waffenlehre. 3. Abth. Mit 10 (lith.) Taf. (in qu. gr. 4.). 2. Aufl. gr. 8. (VIII, XVII—XXXI u. S. 353—566 u. S. XVI—XXXI Tafelerklärgn.) München 1876, literar.-artist. Anstalt.   n. 5. 95. (cpl. m. Atlas:
                                                                                          n. 16. —)
—— neue Kriegswaffen besprochen. Mit 2 Taf. u. 14 Tab. Suppl. zu d. Verf. Grundriss der Waffenlehre. 2. Aufl. gr. 8. (81 S.) Ebd. 1878.   n. 2. 40.
—— über die Manöver-Schule der Feldbatterie. Eine Studie. 8. (32 S.) Ebd. 1875.
                                                                                          n. — 60.
Schell, A. v., Studie üb. Taktik der Feldartillerie. 1. Hft. Die Divisionsartillerie im Gefechte der Infanteriedivision. gr. 8. (V, 54 S.) Berlin 1877, Bath.   n. 1. —
—— dasselbe. 2. Hft. Die Feldartillerie im Gefechte d. Armeekorps u. grösserer Heerestheile. gr. 8. (V, 58 S.) Ebd. 1878.   n. 1. —
—— dasselbe. 3. Hft. Die reit. Artillerie im Gefechte der Kavalleriedivision, nebst Schlussbetrachtgn. u. Anhang. gr. 8. (86 S.) Ebd. 1879.   n. 1. 60.
Schiess-Tafeln f. die gezogenen Feld- u. Gebirgs-Kanonen. M. 1863. 8. (41 S.) Wien 1877, k. k. Hof- u. Staatsdruckerei. cart.   n. — 40.
—— für die 24cm. stähl. Krupp'sche Hinterlad-Kanone. 8. (22 S.) Ebd. 1876. cart.
                                                                                          n. — 30.
Schlieben, A., die reitende Artillerie u. ihre Verbindung m. der Cavallerie. gr. 8. (23 S.) Saarlouis 1875, Stein.   n. — 60.
Schmarda, Karl, u. Karl Kriwanek, Feld-Batteriebau. Mit 2 Fig.-Taf. 8. (IV, 42 S.) Wien 1875, Seidel & Sohn.   n. 1. 5.
Schmidt, Rud., die Handfeuerwaffen, ihre Entstehg. u. technisch-histor. Entwickelg. bis zur Gegenwart. Mit e. Atlas, 56 Taf. m. üb. 400 Zeichngn. in Farbendr. enth. gr. 4. (IV, 157 S. m. 56 Chromolith.) Basel 1875, Schwabe.   n. 16. —
—— dasselbe. 1. Folge 1878. Mit weiteren 20 Zeichnungs-Taf. in Farbendr. (Taf. 57 bis u. mit 76). gr. 4. (68 S.) Ebd. 1878.   n. 8. —

Schmidt, Rud., das schweizerische Kadettengewehr [Einlader nach System Vetterli]. Kurze, f. Kadetten u. Private bearb. Anleitg. m. 2 (lith.) Zeichnungstaf. (in qu. gr. 8.). 3. Aufl. 16. (20 S.) Bern 1879, Dalp. cart. n. — 40.

Schmoelzl, Jos., die bayerische Artillerie. Deren selbstständ. Entwicklg. seit dem 30jähr. Kriege bis zur Wiedergeburt d. gegenwärt. deutschen Kaiserreichs. Eine gedrängte Abhandlg. üb. die allmähl. Vervollkommnung dieser Waffe während der 5 Jahrhunderte ihres Daseins. gr. 8. (VI, 49 S.) München 1879, Franz. n. 1. 60.

Schott, J., Grundriss der Waffenlehre. 3. Aufl. Mit vielen Tab., 5 Holzschn. u. c. Atlas, enth. 224 Holzschn. auf 24 Kpfrtaf. gr. 8. (XI, 396 S.) Darmstadt 1876, Zernin. n. 12. —

Schulz, Leop., die Organisation der russischen Artillerie. gr. 8. (69 S.) Wien 1876, (Seidel & Sohn). n. 1. 20.

Schumacher, das metrische Maass u. Gewicht u. seine Vergleichung. Die Decimalrechng. u. die Elemente der Geometrie, Stereometrie u. Physik. Für den Unterricht der Artillerie zusammengestellt. Mit 8 lith. Taf. gr. 16. (III, 46 S.) Frauenfeld 1877, Huber. — 60.

Schuss-Tafel f. die 15cm Kanonen m. Kupferführung der Schiffs-Artillerie. gr. 16. (10 S.) Berlin 1878, Mittler & Sohn. n.n. — 50.

—— für die 12,5cm Ring-Kanone der Schiffs-Artillerie. gr. 16. (6 S.) Ebd. 1878. n.n. — 50.

—— für die kurze 17cm Ring-Kanone der Schiffs-Artillerie. 8. (10 S.) Ebd. 1877. n.n. — 50.

—— für die lange 26cm Ring-Kanone der Schiffs-Artillerie. 8. (10 S.) Ebd. 1877. n.n. — 50.

Schütz, Jul. v., Gruson's Hartguss-Geschosse. Mit 25 Holzschn. gr. 8. (25 S.) Berlin 1878, Militaria. n. 1. —

Semrad, Gust., u. Job. Sterbenz, Handbuch f. Unterofficiere der k. k. Feld-Artillerie. Mit 175 Abbildgn. gr. 16. (XX, 550 S.) Wien 1878, (Seidel & Sohn). n. 5. 20.

—— —— Handbuch f. Unteroffiziere der k. k. Festungs-Artillerie. Mit 184 Abbildgn. u. e. Taf. in Farbendr. 8. (XIII, 531 S.) Ebd. 1879. n. 5. 20.

Siegert u. **Langerhannss,** der Fuss-Artillerist. Ein Handbuch f. den theoret. Unterricht der Fuss-Artillerie. 2. Aufl. Mit ca. 200 Holzschn. gr. 8. (XXIV, 752 S.) Berlin 1879, Voss. n. 6. —

Specht, F. A. K. v., Geschichte der Waffen. Nachgewiesen u. erläutert durch die Kultur-Entwickelg. der Völker u. Beschreibg. ihrer Waffen aus allen Zeiten. 12—19. Lfg. gr. 8. (II. Bd. 2. Abth. XXV, 902 S. m. Steintaf. in qu. Fol.) Berlin 1875—77, Luckhardt's Verl. à n. 3. —

Stein, R., fremde Artillerie. Notizen üb. Organisation u. Material der ausserdeutschen Artillerien, aus der neueren Militair-Literatur zusammengestellt. gr. 8. (106 S. m. 4 Tab. in qu. gr. 4. u. qu. gr. 8.) Berlin 1876, Schneider & Co. n. 2. —

Strassner, Gust., der Fuss-Kanonier. Leitfaden zum Artillerie-Unterricht f. Unteroffiziere u. Mannschaften der Fuss-Artillerie. Mit 30 in den Text gedr. Fig. 2. vollständig umgearb. u. verm. Aufl. 8. (XII, 206 S.) Leipzig 1880, A. Krüger. n. 1. 20; cart. n. 1. 40.

Taschenbuch f. die Fuss-Artillerie, vorzugsweise zum Gebrauch während der Schiessübung. gr. 16. (X, 284 S.) Berlin 1877, Voss. u. 3. —

Thürheim, Herm. Graf, Studien üb. Feld-Artillerie. gr. 8. (VIII, 151 S.) Augsburg 1877, Rieger. n. 3. —

Verwendung der Feld-Artillerie im Vereine m. den anderen Waffen. 8. (19 S.) Wien 1878, k. k. Hof- u. Staatsdruckerei. n. — 20.

Volkmer, Ottomar, üb. Stahl-Bronce. Vortrag. gr. 8. (23 S.) Wien 1875, (Seidel & Sohn). n. 1. —

Vorschrift f. die Verwaltung d. Materials der Feld-Artillerie u. der der Truppe hierzu gewährten Fonds. gr. 8. (64 S.) Berlin 1876, Voss. cart. n. 1. —

Weigand, Herrm., die modernen Ordonnanz-Präcisionswaffen der Infanterie. Ihre Entwicklg., Construction, Leistg. u. ihr Gebrauch, als Leitfaden zur Kenntniss der Handfeuerwaffen f. Offiziere, Kriegs- u. Schiess-Schulen bearb. 3 Thle. gr. 8. Berlin, Luckhardt'sche Verlagsbuchh. n. 19. —

Inhalt: 1. Die technische Entwicklung der modernen Ordonnanz-Präcisionswaffen der Infanterie. 2. Aufl. Mit e. Atlas v. 11 Taf. u. 2 angehängten Tab. (XXII, 216 S.) 1879.

n. 10. —. — 2. **Construction u. Leistg.** der modernen Ordonnanz-Präcisiouswaffen der Infanterie. (IV, 110 S.) 1878. n. 3. —. — 3. **Das Schiessen m. Handfeuerwaffen.** Eine vereinfachte Schiesslehre. Mit besond. Berücksicht. d. deutschen Infanterie-Gewehrs Modell 1871. (XV, 232 S. m. eingedr. Holzschn. u. 2 Steintaf. in qu. gr. Fol.) 1876. n. 6. —

Wille, Anleitung zum kriegsmässigen Schiessen aus Feldgeschützen. Zum Gebrauch der Offiziere der schweizer. Feld-Artillerie, auf dienstl. Veranlassg. zusammengestellt. 8. (36 S.) Thun 1879, Christen.   n. 1. —

Wille, R., die Feld-Artillerien Deutschlands, Englands, Frankreichs, Italiens, Oesterreichs u. Russlands. Uebersicht ihrer materiellen u. ballist. Fortschritte im letzten Jahrzehnt. Imp.-4. (26 S.) Berlin 1878, Voss.   1. 50.

—— das deutsche Feld-Artillerie-Material vom J. 1873. 2. Aufl. Mit 25 Holzschn. u. 14 lith. Abbildgn. auf 3 Taf. gr. 8. (XI, 179 S.) Berlin 1879, Bath. n. 3. 50.

—— Leitfaden der allgemeinen Maschinenlehre u. der artilleristischen Technologie. Zunächst zum Gebrauche in der vereinigten Artillerie- u. Ingenieur-Schule, sowie f. jüngere Offiziere aller Waffen. 4. Hft. gr. 8. Ebd. 1878.   n. 1. 60.
(cplt.: n. 16. 50.)

I n h a l t : 2. Abtb. Artilleristische Technologie. (2. Hft.) Die Anfertigg. der Laffeten u. Fahrzeuge u. der Geschosse. Mit 7 in den Text gedr. Holzschn. (S. 123—198.)

—— über die Bewaffnung der Feld-Artillerie. gr. 8. (XVIII, 330 S.) Ebd. 1880.   n. 6. —

Witte, W., Artillerie-Lehre. 1. Thl. Ballistik. Mit 3 Taf. 2. Aufl. gr. 8. (VIII, 268 S.) Berlin 1875, Mittler & Sohn.   n. 5. —

—— das Ausbildungsjahr bei der Fuss-Artillerie. gr. 8. (V, 83 S.) Ebd. 1878.   n. 1. 50.

Wuich, Nikol., die Theorie der Flugbahn-Parabel u. ihre wichtigsten Anwendungen. Elementar behandelt. Mit 2 Taf. gr. 8. (VIII, 112 S.) Wien 1876, Seidel & Sohn.   n. 4. —

—— die Theorie der Wahrscheinlichkeit u. ihre Anwendung im Gebiete d. Schiesswesens. Gemeinfasslich behandelt. Mit (lith.) Taf. (in qu. Fol.). gr. 8. (III, 392 S.) Ebd. 1877, 79.   n. 10. —

Wurf-Tafeln f. 17 cm u. 21 cm gezogene Hinterlad-Mörser. 2. Aufl. 8. (74 S.) Wien 1876, k. k. Hof- u. Staatsdr. cart.   n. — 60.

Zeibek, Frz., Oesterreichs Feld-Artillerie-Materiale M. 1875. Mit 1 Titelbilde u. 4 lith. Taf. 3. verm. u. verb. Aufl. gr. 8. (83 S.) Prag 1879. (Wien, Seidel & Sohn.)   n. 2. 80; Wandtafeln dazu qu. gr. Fol. (15 Chromolith.) n. 7. —

Zeichnungen zur Waffenlehre, m. besond. Berücksicht. d. Lehrstofts f. den Unterricht in der Waffenlehre zusammengestellt. 6. Aufl. Fol. (32 Steintaf. in qu. gr. Fol. m. 2 S. Text.) Potsdam 1878, Stein.   n. 5. —

Zeit- u. Streitfragen, militärische, f. Offiziere aller Waffen. 30. Hft. gr. 8. Berlin 1878, Luckhardt'sche Verlagsh.   n. 1. —

I n h a l t : Vergleichende Zusammenstellung der neuesten Schiess-Versuche gegen Panzer. Verwerthung dieser Versuche im Interesse der deutschen Land- u. Küsten-Befestiggn. von Otto v. Giese. (32 S.)

Zusammenstellung, tabellarische, der Namen der einzelnen Theile d. Carabiners M/71 m. Bezug auf die Zeichnung Cavallerie-Carabiner M/71. qu. gr. 4. Nebst 1 Chromolith. in gr. Fol. Hannover 1879, Helwing's Verl.   n. 1. —

XIV. Ingenieurwissenschaften. — Feldbefestigung. — Festungskrieg. — Pionierdienst.

Ackermann, H., der Telelog. Electrischer Fernsprech-Apparat f. den Kriegsgebrauch, m. 1 Taf. Zeichngn. gr. 8. (24 S.) Rastatt 1877, Havemann. n. 1. 20.

Bedeutung, die, der detachirten Forts f. die heutige Befestigungskunst u. allgemeine Grundsätze bei Anlage derselben v. H. B. gr. 8. (16 S.) Dessau 1879, Barth.   n. — 40.

Bonin, U. v., Festungen u. Taktik d. Festungskrieges in der Gegenwart. Militärische Betrachtgn. Mit 1 (lith.) Skizze. gr. 8. (III, 80 S.) Berlin 1878, Mittler & Sohn.   n. 1. 60.

Bruhn, v., Feldfortifikatorisches aus alten u. neuen Tagen. Kriegs- u. literaturgeschichtl. Skizzen. gr. 8. (VI, 106 S.) Neisse 1876, Graveur's V. n. 2. —

Brunner, Mor. Ritter v., Leitfaden zum Unterrichte in der Feldbefestigung. 2. Aufl. gr. 8. (1. Hft. 80 S. m. 4 Steintaf. in qu. Fol.) Wien 1876, (Seidel & Sohn). n. 7. —

—— Leitfaden zum Unterrichte in der beständigen Befestigung. Zum Gebrauche f. die k. k. Militär-Bildungs-Anstalten, Kadeten-Schulen, dann f. Einjährig-Freiwillige bearb. [Mit 16 Taf.] 2. Aufl. gr. 8. (X, 115 S.) Ebd. 1877. n. 6. 20.

—— dasselbe. 1. Hft. Mit 16 Taf. in Fol. [4. Aufl. d. Leitfadens zum Unterrichte in der permanenten Fortifikation f. die k. k. Militär-Bildungs-Anstalten, Kadeten-Schulen, dann f. Einjährig-Freiwillige v. Ritter v. Trunkler.] gr. 8. (IV, 160 S.) Ebd. 1875. n. 7. 50.

—— Leitfaden zum Unterrichte im Festungskriege. Zum Gebrauche f. die k. k. Militär-Bildungsanstalten, Kadeten-Schulen, dann f. Einjährig-Freiwillige bearb. [Mit 3 Taf.] 4. Aufl. gr. 8. (VIII, 88 S.) Ebd. 1879. n. 5. —

Buchholtz, F. H., die Kriegstelegraphie. Hauptstadien ihrer Entwickelg. Das Feldtelegraphen-Material. Einrichtung der Kriegstelegraphen-Linien. Organisation der Militärtelegraphie in den grösseren Armeen. Neuere Versuche m. portativen Feldtelegraphen. Bedeutung der Telegraphen f. die Kriegsführg. Ein Beitrag zur Kenntniss der Militärtelegraphie der Gegenwart. Mit 3 Taf in Steindr. n. 2 Beilagen. gr. 8. (VIII, 96 S.) Berlin 1877, Mittler & Sohn. n. 3. —

Budde, H., die französischen Eisenbahnen im Kriege 1870—1871 u. ihre seitherige Entwickelung in militärischer Hinsicht. Mit 2 Karten u. 10 Skizzen im Texte. gr. 8. (V, 99 S. m. 3 Tab.) Berlin 1877, Schneider & Co. n. 3. 60.

Czerlien, Marc. v., fortificatorische Studien. Ein weiterer Beitrag zu den zwei fortificator. Studien: I. „Eisenbahnsperren" u. II. „Lagerfestungen u. fortificirte Lagerstellungen". gr. 8. (26 S.) Wien 1877, (Seidel & Sohn). n. 1. —

Dall' Agata, Justus, üb. Anlage u. Armirung der Gürtelforts moderner grosser Festungen. gr. 8. (23 S.) Wien 1877, Seidel & Sohn. n. — 80.

Detail-Bestimmungen f. das Exerzitium m. der Jägerbüchse M/71. Zum Gebrauch f. die königl. preuss. Pionier-Bataillone. gr. 16. (28 S.) Berlin 1876, Mittler & Sohn. n. — 40.

Dienst-Reglement f. das k. k. Heer. 3. Thl. Genie-Waffe. 8. (80 S.) Wien 1877, k. k. Hof- u. Staatsdruckerei. n. — 60.

—— dasselbe. 3. Thl. Pionier-Reglement. 8. (63 S.) Ebd. 1876. n. — 40.

Fischer-Treuenfeld, R. v., Kriegs-Telegraphie. Geschichtliche Entwickelg., Wirkungskreis u. Organisation derselben. Mit 2 lith. Plänen, 2 lith. Taf. u. 26 (eingedr.) Holzschn. gr. 8. (IX, 375 S.) Stuttgart 1879, Kitzinger. n. 8. —

Grumbkow, Otto v., fortificatorische Figurentafeln, m. Berücksicht. der genet. Skizze d. Lehrstoffs f. den Unterricht in der Fortification auf den königl. Kriegsschulen. 8. Aufl. Fol. (26 Steintaf. in qu. gr. Fol. m. 3 S. Text.) Potsdam 1878, Stein. n. 5. —

Handbuch f. den allgemeinen Pionierdienst. Mit vielen in den Text gedr. Holzschn. 2 Thle. Auf dienstl. Veranlassg. gedr. 2. Aufl. gr. 8. (VIII, 169 u. 279 S.) Berlin 1878, Bath. n. 9. —

Hauger, Ant., die Eisenbahn im Dienste d. Heeres. gr. 8. (24 S.) Wien 1877, (Konegen). n. 1. —

—— Bosnien, die Herzegowina u. das Feldeisenbahnwesen. gr. 8. (111 S.) Klagenfurt 1878, Bertschinger & Heyn. n. 2. 40.

Hellfeld, v., die Cernirung u. Beschiessung von Verdun im J. 1870. Mit 2 Plänen. Lex.-8. (76 S.) Berlin 1875, Voss. n. 3. 50.

Heyde, Ed., u. Adph. Froese, Geschichte der Belagerung v. Paris im J. 1870/71. 2. u. 3. Thl. Mie 10 Beilagen [A—K] u. e. Atlas, enth. 9 Karten u. Pläne. Lex.-8. (XI u. S. 257—678 u. Beilagen 23 S.) Berlin 1874, Schneider & Co n. 25. — (cplt.: n. 39. —)

Instruktion f. die Zerstörung der Eisenbahnen u. Telegraphen durch die Pionnier-Züge der k. k. Kavallerie-Regimenter. Anh. zum Leitfaden f. die Ausbildg. der Pionniere, Linien-Infanterie, Jäger-Truppe u. Kavallerie. 8. (57 S. m. in den Text gedr. Holzschn.) Wien 1878. k. k. Hof- u. Staatsdr. n. — 70.

Kamptz, W. v., die Organisation im Innern e. kriegsbereiten Festung zur Erhaltung u. Schonung der Vertheidiger. 2. Thl. Für Offiziere, Militair-Aerzte u. Beamte aller Grade. gr. 8. (67 S. m. 1 Steintaf. in Fol.) Berlin 1877, Luckhardt's Verl. n. 2. — (1. u. 2.: n. 4. 25.)

Kbuon-Wildegg, v., Antheil der grossherzogl. badischen Festungs-Artillerie an der

Belagerung v. Belfort im J. 1870/71 u. an der Vertheidigung d. Schlosses zu Montbéliard während der Schlacht v. Belfort im J. 1871. Mit dem Plane v. Belfort. gr. 8. (VII, 72 S.) Karlsruhe 1875, Braun. n. 1. 50.

Kottić, J. N., Handbuch der Bau-Oekonomie m. specieller Rücksicht f. militär. Zwecke u. Objekte. 2. Ausg. gr. 8. (VI, 321 S. m. eingedr. Holzschn.) Wien 1875, Dirnböck. n. 4. —

Leitfaden f. den Unterricht in der Dienst-Kenntniss bei den Pionier-Bataillonen. gr. 8. (IV, 64, 25, 29 u. 32 S.) Berlin 1877, Bath. n. — 80.

Lindheim, W. v., die Eisenbahnen u. der Krieg. Rede. gr. 8. (20 S.) Wien 1878, (Gerold & Co.). n. — 70.

May, A., Geschichte der Kriegs-Telegraphie in Preussen 1854—1871. Mit e. Taf. gr. 8. (88 S.) Berlin 1875, Mittler & Sohn. n. 1. 60.

Mollik, Heinr., Angriff u. Vertheidigung fester Plätze. 1. Thl. Angriff fester Plätze. gr. 8. (VIII, 107 S.) Wien 1876, (Seidel & Sohn). n. 3. —

—— dasselbe. 2. Thl. Vertheidigung fester Plätze. gr. 8. (IV, 126 S.) Ebd. 1877. n. 3. —

Müller, H., die Belagerung v. Soissons im J. 1870. Mit 3 Plänen. gr. 8. (V, 75 S.) Berlin 1875, Voss. n. 3. 50.

Neumann, die Eroberung v. Schlettstadt u. Neu-Breisach im J. 1870. Mit 20 Anlagen u. e. Mappe, enth. 14 Blatt Karten, Pläne, Zeichngn., Skizzen etc. gr. 8. (VI, 372 S. m. 3 Tab. in qu. Fol.) Berlin 1876, Voss. n. 20. —

Paulus, G., die Cernirung v. Metz. Auf Befehl der k. General-Inspection d. Ingenieur-Corps u. der Festgn. Mit 2 Plänen, 1 Blatt Profile u. 7 Beilagen. gr. 8. (IV, 304 S.) Berlin 1875, Schneider & Co. n. 8. —

Pfeffer, Max, der Dienst als Festungsbeamter. Eine Zusammenstellg. der bezügl. Bestimmgn. Mit 17 Beilagen. gr. 8. (VI, 81 S.) Berlin 1878, Mittler & Sohn. n. — 80.

Pukl, Adf., Leitfaden f. den Unterricht im Pionierdienste. Zum Gebrauch f. die k. k. Militär-Akademie zu Wiener-Neustadt, die Artillerie-Abtblg. der techn. Militär-Akademie zu Wien, f. die Infanterie-Kadetten-Schulen, die Kavallerie- u. Artillerie-Kadettenschule, dann f. Einjährig-Freiwillige. 1. Thl.: Vorkenntnisse. Mit 247 Fig. auf 7 (lith.) Taf. gr. 8. (XV, 119 S.) Wien 1879, (Seidel & Sohn). n. 3. 60.

Reichsbefestigung, unsere. Betrachtungen üb. dieselbe m. darauf bezügl. Reminiscenzen an die letzt abgelaufenen Dezennien. Aus der Feder e. höheren Offiziers vom Geniestabe. gr. 8. (84 S.) Wien 1875, (Seidel & Sohn). n. 2. —

Roenneberg, die Kriegsbrücken u. ihre Verwendung in der Kriegsgeschichte. gr. 8. (72 S. m. eingedr. Holzschn.) Berlin 1875, Luckhardt's Verl. n. 2. —

Sammlung v. Konstruktions-Details der Kriegsbaukunst. Als Mscr. verf. u. hrsg. vom k. k. techn. u. administrativen Militär-Komité. 1—4. u. 6—14. Lfg. Fol. Wien 1877—79, (Seidel & Sohn). n. 34. —

    1. 2. 4. Abschnitt. (15 u. 10 Steintaf. n. 6. —. — 3. 2. Abschnitt. (11 Steintaf.) n. 3. —. — 4. 3. Abschnitt. (11 Steintaf.) n. 3. —. — 6. Maurer- u. Steinmetz-Arbeiten. 5. Abschn. (11 Steintaf.) n. 3. —. — 7. 1. Abschn. (7 Steintaf.) n. 3. —. — 8. Titel u. Inhalt zum 1. Bd. (2 Bl.) n. 1. —. — 9. Zimmermanns-Arbeiten. (8 Steintaf.) n. 3. —. — 10. Permanente Werke. (8 Steintaf.) n. 3. —. — 11. 12. Permanente Werke. (17 Chromolith.) n. 6. —. — 13. 14. Detail-Anordnungen. [Blätter 1 bis 15.] Chromolith. n. 6. —

Scheibert, der Taschenpionier f. den Infanteristen. Mit 18 lith. Zeichngn. gr. 16. (40 S.) Berlin 1879, C. Feicht. n. 1. —

Schneler, Leitfaden f. den Unterricht in der Befestigungskunst an den königl. Kriegsschulen. Mit 20 Abbildgn. 4. (146 S.) Berlin 1878, Mittler & Sohn. n. 4. —

Schumacher, F., das Kriegsbrückenwesen der Schweiz. Für den militär. Unterricht u. Gebrauch. gr. 8. (122 S.) Bern 1875, Huber & Co. n. 2. —

—— der Pontonnier; sein Fachdienst in Schule u. Feld. 3. Aufl. Mit 12 Fig. im Text. gr. 8. (IV, 114 S.) Brugg 1876, Fisch, Wild & Co. n. 1. 50.

Schütz, Jul. v., Gruson's Hartguss-Panzer. Ein Beitrag zur Geschichte der Fortification in Preussen. Mit 5 Holzschn. gr. 8. (32 S.) Berlin 1878, Militaria. n. 1. —

Spohr, die Cernirung, Belagerung u. Beschiessung v. Thionville im deutsch-französischen Kriege 1870/71. Mit 9 Beilagen u. 3 Plänen u. Karten. gr. 8. (VIII, 160 S.) Berlin 1875, Voss. n. 6. —

—— Geschichte der Beobachtung, Einschliessung, Belagerung u. Beschiessung v. Montmédy im deutsch-französischen Kriege 1870/71. Mit 8 Beilagen, 4 Plänen u. Karten. gr. 8. (IX, 230 S.) Ebd. 1877. n. 7. —

Spohr, Geschichte der Beobachtung, Einschliessung, Belagerung u. Beschiessung v. Mézières im deutsch-französischen Kriege 1870—1871. Im Auftrage der königl. General-Inspection der Artillerie m. Benutzg. dienstl. Quellen bearb. Mit 10 Beilagen, 5 (lith.) Plänen u. Karten. gr. 8. (VIII, 312 S.) Berlin 1879, Voss. n. 10. —

Tlaskal, Ludw., übersichtliche Zusammenstellung der Grundsätze u. der wesentlichen Details aus dem Strassen- u. Eisenbahn-Baue, m. Berücksicht. der Zerstörg. u. der feldmäss. Wiederherstellg. v. Eisenbahnen. Mit 12 Taf. 16. (III. 90 S.) Wien 1877, (Seidel & Sohn). n. 2. —

Ueber Veränderungen im Festungskriege. Aufzählung v. Umständen u. Mitteln, welche wesentl. Umgestaltgn. in der bis 1870 gehandhabten resp. docirten Art u. Weise d. Festungskriegs schon erforderlich gemacht haben u. noch bedingen werden. gr. 8. (67 S.) Berlin 1875, Mittler & Sohn. n. 1. 20.

Uhl, Heinr., Feldbefestigung, zum Selbststudium f. jüngere Offiziere u. als Lernbehelf. Mit 46 Fig. gr. 8. (VI, 59 S.) Bamberg 1875, Buchner. n. 2. —

Ullrich, Ladisl., u. Rud. Leutgeb, der elektrische Telegraph f. die Armee im Felde. Ein Leitfaden zum Unterrichte in den Truppenschulen, bearb. nach den besten Quellen. Mit 27 Fig. im Texte u. 9 Schema's im Anh. gr. 8. (IX, 50 S.) Wien 1872, (Seidel & Sohn). n. 5. —

Unterricht, technischer, f. die k. k. Genie-Truppe. 5. u. 8. Thl. 8. (Mit eingedr. Holzschn.) Wien 1877, k. k. Hof- u. Staatsdruckerei. n. 1. 10.
Inhalt: 5. Zimmermanns-Arbeiten. (XVI, 127 S.) n. — 60. — 8. Eisenbahn- u. Telegrafen-Bau. (XIV, 98 S.) n. — 50.

Vorschlag zur Einführung der Telemetrie in der Kriegskunst, m. besond. Berücksicht. d. Telemeters Paschwitz Modell 1877. gr. 8. (16 S. m. 1 Steintaf.) Kissingen 1877. (Würzburg, Stuber.) n. 1.

Wagner, Rhold., Geschichte der Belagerung v. Strassburg im J. 1870. Auf Befehl der k. General-Inspection d. Ingenieur-Corps u. der Festgn. nach amtl. Quellen bearb. 3. Thl. Mit 3 lith. Ansichten e. Atlas, enth. 10 (lith.) Blatt Pläne u. Zeichngn. [Nr. 6—12] u. 32 Beilagen [Nr. 28—59.] gr. 8. (IX u. S. 317—834 u. Beilagen S. 87—203.) Berlin 1877, 78, Schneider & Co. n. 30. — (cplt.: n. 43. 60.)

Wasserthal Edler v. Zuccari, Konst., technischer Pionier-Dienst im Felde. In 4 Abthlgn. u. 439 in den Text eingedr. Fig. 8. Aufl. gr. 8. (VII, 535 S.) Wien 1878, Gerold's Sohn. n. 9. —

Westphal, Handbuch der Ortsbefestigung im Feldkriege, bearb. f. Offiziere der Infanterie u. Pioniere. 2. Aufl. gr. 8. (VIII, 211 S. m. 22 Steintaf.) Metz 1880, Deutsche Buchhandlung. n. 6. —

Wolf, die Belagerung v. Longwy im J. 1870. Mit 6 Beilagen, 4 Plänen u. Karten. gr. 8. (81 S.) Berlin 1875, Voss. n. 4. 50.

Wolff, Paul, Geschichte der Belagerung v. Belfort im J. 1870/71. Mit 3 Plänen, 5 Zeichngn. u. 13 Anlagen. gr. 8. (VIII, 482 S.) Berlin 1875, Schneider & Co. n. 18. —

Zeleny Adb., der feldmässige Eisenbahn-Oberbau. Instructionsbehelf zur Herstellg. v. Geleisen. Mit e. Fig.-Taf. gr. 8. (43 S.) Prag 1877. (Berlin, Mittler & Sohn. — Wien, Seidel & Sohn.) n. 1. —

XV. Terrainlehre. — Zeichnen. — Aufnehmen. — Mathematik.

Albach, Jul., e. Versuch zur Erzeugung v. Militär-Karten. Vortrag. gr. 8. (28 S. m. 2 chromo-zinkograph. Karten in qu. gr. 4. u. 64.) Wien 1875, (Seidel & Sohn). n. 1. —

Burchardt, Leitfaden f. den Unterricht in der Terrainlehre, im militärischen Planzeichnen u. im militärischen Aufnehmen an den königl. Kriegsschulen. Mit 18 Holzschn. hoch 4. (VI, 71 S.) Berlin 1877, Mittler & Sohn. n. 2. 40.

Choura, Joh., Lehrbuch d. Geometralzeichnens f. die k. k. Infanterie-Kadeten-Schulen. Im Auftrage d. k. k. Reichs-Kriegs-Ministeriums verf. Mit 330 Fig. [(Holzschn.) im Texte u. auf 4 (lith.) Taf.]. gr. 8. (V, 193 S.) Wien 1878, Seidel & Sohn. n. 2. 40.

—— dasselbe, f. die k. k. Militär-Realschulen. Im Auftrage d. k. k. Reichs-Kriegs-

Ministeriums verf. 1. Bd. Geometrische Formen-, Anschauungs- u. Konstruktions-
lehre. 1. u. 2. Thl. gr. 8. Wien 1879, Seidel & Sohn.　　　à n. 3. —
Inhalt: 1. Geometrische Formen- u. Anschauungslehre in Verbindg. m. dem Zeichnen.
Mit 185 Fig. im Texte u. 7 Taf. (IV, 108 S.) — 2. Geometrische Konstruktionslehre in
Verbindung m. der Grössenlehre. Mit 173 Fig. im Texte u. 2 Taf. (II u. S. 109—238.)
Choura, Joh., Lehrbuch d. Geometralzeichneus f. die k. k. Militär-Realschulen.
Im Auftrage d. k. k. Reichs-Kriegs-Ministeriums verf. 2. Bd. Darstellende Geome-
trie. 1. u. 2. Thl. gr. 8. Ebd. 1878.　　　à n. 3. —
Inhalt: 1. Orthogonale Projektionen v. Punkten, Geraden, Ebenen u. Polyedern. Mit
216 Fig. im Texte u. auf 3 Taf. (III, 166 S.) — 2. Orthogonale Projektionen v. krummen
Linien u. krummen Flächen. Mit 156 Fig. im Texte u. auf 2 Taf. (IV u. S. 167—310.)
Frobenius, Herm., Grundriss der Terrainlehre f. Offiziere aller Waffen. 1. Thl.
Die Elemente der Terrainlehre, zugleich als Lehrbuch f. die königl. Kriegsschulen.
gr. 8. (VII, 190 S.) Berlin 1875, Bath.　　　n. 3. —
— dasselbe. 2. Thl. Angewandte Terrainlehre. Eine Studie. gr. 8. (III, 185 S.)
Ebd. 1876.　　　n. 3. —
Haller v. Hallerstein, F. Baron, Lehrbuch der Elementar-Mathematik. Für die
Portepecfähnrichs-Prüfg. in der königl. preuss. Armee u. die Prüfg. zum Eintritt
in die kaiserl. Marine. 2. Thl. Geometrie. 8. Aufl. Hrsg. v. Maier. gr. 8. (IV,
355 S.) Berlin 1877, Nauck & Co.　　　n. 4. 20.
Handbuch üb. die Terrainlehre, das Kartenlesen u. die Recognoscirungen f. den
Gebrauch der Offiziere der Infanterie u. der Cavallerie bearb. Deutsche Ueber-
setzg. 16. (VIII, 158 S. m. Tab. u. Steintaf.) Bern 1876, Wyss. cart.　n. 2. —
Hoffmann, Karl, u. Frz. **Friedl,** Sammlung mathematischer Aufgaben m. besond.
Anpassung auf militärische Verhältnisse f. k. k. Militär-Schulen. gr. 8. (VI, 140
S.) Wien 1876, Seidel & Sohn.　　　n. 2. 40.
Instruction f. die Topographen der topographischen Abtheilung der königl. preuss-
sischen Landes-Aufnahme. 2 Hfte., nebst Atlas v. 17 (lith.) Fig.-Taf. (in 4.). 8.
(VI, 86 u. III, 36 S.) Berlin 1876, (Mittler & Sohn). geb.　　n.n. 3. —
Liebenow, W., Signaturen zum Planzeichnen nach den f. die Aufnahmen d. k.
preuss. Generalstabes geltenden Bestimmungen. Veränd. Aufl. Lith. u. color.
Imp.-Fol. Berlin 1876, Schropp.　　　n. 2. —
Meyer, Musterblätter [nebst Erläuterungen] f. das militairische Situations-Zeichnen.
[Pläne u. Croquis]. qu. 4. (2 S. m. 4 Steintaf.) Neisse 1875, Graveur's Verl. n. 1. —
Reitzner, V. v., das Croquiren m. u. ohne Instrumente. Mit 26 Xilogr. u. 4 Taf.
16. (IV, 108 S.) Kaschau 1876. (Wien, Seidel & Sohn.)　　　n. 1. 60.
— Lehrbuch der Terrainlehre. 3 Thle. gr. 8. Ebd.　　　n. 12. —
1. Mit 137 in den Text gedr. Fig. u. 3 Taf. 3. Aufl. (VII, 186 S.) 1879. n. 6. —. — 2. u.
3. Mit 118 in den Text gedr. Fig. u. 7 Taf. 2. Aufl. (VII, 178 S.) 1878. n. 6. —.
Schlebach, W., Uebungsblätter zum Plan- u. Terrain-Zeichnen. 12 lith. u. color.
Taf. m. kurzer Anleitg. zum Gebrauch. gr. 4. (11 S.) Zürich 1875, Wurster &
Co. In Mappe.　　　n. 5. —
Schmidburg, Rud. Baron, physikalisch-vergleichende Terrainlehre in ihrer Bezieh-
ung auf das Kriegswesen. 4. Aufl. Mit 2 lith. Taf. gr. 8. (VI, 440 S.) Wien 1878,
Gerold's Sohn.　　　n. 7. 20.
Situations-Zeichenschlüssel, neuer. 23 Blätter, m. kurzer Beschreibg. (4 S.)
zum Gebrauche f. alle Militärs. 3. Aufl. 16. Wien 1876, Seidel & Sohn. n. — 80.
Soldat, der, im Terrain. Leitfaden zum Selbstunterricht im Karten-Lesen u. Karten-
Zeichnen. 2. verb. Aufl. Mit 53 (eingedr. Holzschn.-)Abbildgn. 8. (39 S.) München
1879, Oldenbourg.　　　n. — 36.
Streffleur, Valentin Ritter v., allgemeine Terrainlehre, m. Beispielen zu deren
prakt. Verwerthg. f. Ingenieure, Naturforscher, Geographen, Militärs etc. In Verbindg. m. der Lehre der topograph. Zeichng. nach allen Massstäben in Land-
karten u. Plänen. Zu Vorträgen u. zum Selbststudium. Bearb. v. Aug. Neuber.
1. Bd. gr. 8. (197 S. m. eingedr. Holzschn., 1 Tab. u. 20 Steintaf. in gr. 8.,
qu. 4. u. qu. Fol.) Wien 1876, (Seidel & Sohn).　　　n. 6. —
Tanera, Carl, Anleitung u. Schema's zu Terrain-Recognoscirungen u. zum Terrain-
croquiren ohne besondere Hülfsmittel. gr. 8. (IV, 73 S.) Berlin 1877, Luckhardt's
Verl.　　　n. 1. 50.
Terrainlehre, die, Terraindarstellung u. das militairische Aufnehmen. Mit 102 Fig.
in Holzst. 4. Aufl. gr. 8. (VIII, 280 S.) Potsdam 1876, Stein.　　　n. 4. —

Uhl, G., Terrainlehre. Beschreibung, pract. Darstellg. u. Aufnahme, Recognoscirg. u. tact. Benützg. d. Terrains, bearb. als Lernbehelf. Mit 64 Fig. gr. 8. (VI, 90 S.) Bamberg 1878, Buchner. n. 3. —
Unteroffizier, der, im Terrain. Terrainkenntniss, Verständniss e. Planes, Distancenschätzen, Orientiren, Recognosciren, Croquiren, Führg. e. Truppenabtheilg. im Terrain, f. den Unteroffizier bearb. Mit 4 Taf. m. Fig. u. Plänen. 5. Aufl. 8. (79 S.) Berlin 1876, Liebel. n. — 75.
Wandtafeln zum Unterricht in der Terrainlehre. 6 lith. Taf. m. 1 Bl. Text. Imp.-Fol. Teschen 1877, Prochaska. n. 1. 80.
Zaffauk, Edler v. Orion, Jos., populäre Anleitung f. die graphische Darstellung d. Terrains in Plänen u. Karten. Theoretisch-prakt. Schule d. Situationszeichnens. Zum Selbstunterrichte u. f. Schulen bearb. 3., auf Grund d. neuen Zeichenschlüssels bericht. u. verm. Aufl. Mit e. aus 9 (lith.) Taf. (in qu. gr. 4.) besteh. Zeichenschlüssel. gr. 8. (122 S.) Wien 1875, Gerold's Sohn. n. 4. —
—— Signaturen in- u. ausländischer Plan- u. Kartenwerke, nebst Angabe der in Karten u. Plänen am häufigsten vorkomm. Worte in 10 Sprachen u. Wortabkürzgn. Mit 34 (lith.) Taf. 16. (VI, 100 S.) Wien 1880, (Seidel & Sohn). n.3.—

XVI. Marine.

Albrecht, M. F., u. C. S. Vierow, Lehrbuch der Navigation u. ihrer mathematischen Hülfswissenschaften. Für die königl. preuss. Navigations-Schulen bearb. 5. Aufl. Diese, sowie die 2., 3., 4. Aufl. bearb. v. M. F. Albrecht. Hrsg. im Auftrage d. königl. Ministeriums f. Handel, Gewerbe u. öffentl. Arbeiten. gr. 8. (XX, 667 S. m. eingedr. Holzschn. u. 2 lith. Sternkarten.) Berlin 1878, v. Decker. n. 10. 50; geb. n. 12. —
Almanach f. die k. k. Kriegs-Marine 1879. 4. Jahrg. 16. (XL, 228 S.) Pola, (Schmidt). geb. n. 4. —
Anleitung f. die Versorgung der Schiffe m. Trinkwasser. gr. 8. (18 S.) Berlin 1879, (Mittler & Sohn). n.n. — 30.
Annuario marittimo per l'anno 1879, compilato per cura dell' i. r. governo marittimo in Trieste e del r. governo marittimo in Fiume. XXIX. annata. gr. 8. (XI, 97; CXXIX u. 249 S. m. Tab. u. 1 Steintaf.) Triest, Literar-artist. Anstalt. n.n. 6. —
Attlmayr, Ferd., Studien üb. Seetaktik u. den Seekrieg m. den Kriegsmitteln der Neuzeit. Hrsg. v. der Red. der Mittheilgn. aus dem Gebiete d. Seewesens. 1. Thl. Ueber Seetaktik. Mit Holzschn. gr. 8. (XIV, 353 S.) Pola. Wien 1875, (Gerold's Sohn). geb. n. 10. —
—— dasselbe. 2. Thl. Ueber den Seekrieg. Lex.-S. (382 S.) Ebd. 1878. geb. n. 6. —
Becher, Ernst, die österreichische Seeverwaltung 1850—1875. gr. 8. (IV, 304 S. m. Steintaf. u. 1 chromolith. Karte in qu. gr. Fol.) Triest 1875. (Wien, Braumüller & Sohn.) n. 12. —
Beleuchtung, die, der deutschen Seeküsten. Bearb. im Ministerium f. Handel, Gewerbe u. öffentl. Arbeiten. Fol. (VI S. m. 1 chromolith. Karte in qu. gr. Fol.) Berlin 1877, Berliner Lithogr. Institut. n. 1. 50.
—— fachmännische, der Schrift: „Marineminister v. Stosch u. die Katastrophe v. Folkestone, v. Fr. Loss" v. e. ehemal. Seeoffizier. Nebst e. Anh.: Fachmännische Beleuchtg. der Katastrophe d. „Grosser Kurfürst". Fachmännische Antwort auf die Rede d. Ministers v. Stosch im deutschen Reichstage [Sitzg. vom 13. Septbr. 1878]. 8. (61 S.) Berlin 1879, Janke. n. 1. —
Bermpohl, A., englisch-deutsches seemännisches Wörterbuch. 8. (71 S.) Bremen 1878, Heinsius. geb. n. 2. 25.
Bratassević, E., unser neues Mass u. Gewicht f. die Schifffahrt. Praktisches Handbuch f. die Kriegs- u. Handels-Marine. 8. (48 S.) Wien 1875, Hartleben. — 60.
Bremiker, C., nautisches Jahrbuch od. vollständ. Ephemeriden u. Tafeln f. d. J. 1879 zur Bestimmug. der Länge, Breite u. Zeit zur See, nach astronom. Beobachtgn. gr. 8. (XXXII, 220 S.) Berlin 1877, G. Reimer. n. 1. 50.
Breusing, Arth., nautische Hülfstafeln. 4. Aufl. gr. 8. (312 S.) Bremen 1877, Heinsius. n. 6. —; geb. n.n. 8. —

Breusing, Arth., Steuermannskunst. 4. Aufl. gr. 8. (III, 402 u. Hülfstafeln 312 S. m. eingedr. Holzschn. u. 1 lith. Karte.) Bremen 1877, Heinsius.　　　n. 15. —

Brix, A., der Bau eiserner Kriegs- u. Handelsschiffe. Ein Leitfaden zum Vortrage üb. Schiffbaukunde an höheren technischen Lehranstalten u. zum Handgebrauch f. prakt. Schiffbauer. Lex.-8. (VIII, 144 S. m. eingedr. Holzschn.) Nebst (cart.) Atlas v. 33 Kpfrtaf. in Imp.-4. Berlin 1876, Ernst & Korn.　　　n. 20. —

Brix, A., praktischer Schiffbau. Bootsbau. Hrsg. v. dem Vereine „Hütte‟. gr. 4. (III, 28 S. m. 12 Kpfrtaf.) Ebd. 1878.　　　　　　　　　　　　　　　　n.u. 10. —

Brommy, Rud., u. Heinr. v. **Littrow**, die Marine. Eine gemeinfassl. Darstellg. d. gesammten Seewesens f. die Gebildeten aller Stände. 3., neubearb. Aufl. von Ferd. v. Kronenfels. Mit vielen Illustr. (in eingedr. Holzschn. u. Holzschntaf.) 21 Lfgn. gr. 8. (XVI, 623 S.) Wien 1877, 78, Hartleben.　　　　à — 60.

Bülow, die kaiserl. deutsche Marine in Organisation, Kommando u. Verwaltung, m. Genehmigg. Sr. Exc. d. Hrn. Chefs der Admiralität auf Grund d. amtl. Materials bearb. 1—6. Lfg. gr. 8. (IV, 156, XV, 272 u. XVI u. S. 1—337.) Berlin 1878, 79, Mittler & Sohn.　　　　　　　　　　　　　　　　　n. 15. —

Commando-Worte f. Schiffe u. Boote. 16. (32 S.) Berlin 1877, Mittler & Sohn. cart.　　　　　　　　　　　　　　　　　　　　　　　　　　　　n. — 75.

Dabovich, P. E., nautisch-technisches Wörterbuch der Marine. Deutsch, italienisch, französisch u. englisch. Artillerie, Astronomie, Chemie etc. umfassend. Hrsg. v. der Red. der „Mittheilgn. aus dem Gebiete d. Seewesens.‟ 1. u. 2. Lfg. gr. 8. (1. Bd. S. 1—144.) Pola 1879, (Schmidt). — Wien, Gerold & Co.　　à n. 2. —

Dislere, P., die Panzerschiffe. Aus dem Franz. übers. von Carl Frhr. v. Codelli. [Autoris. deutsche Ausg.] gr. 8. (194 S. m. 7 Steintaf.) Wien 1874, (Gerold's Sohn).　　　　　　　　　　　　　　　　　　　　　　　　　　n. 4. 80.

—— die Panzerschiffe der neuesten Zeit. Aus dem Franz. übers. v. Const. Pott. Mit 52 Holzschn. im Texte. [Autor. deutsche Ausg., hrsg. v. der Red. der „Mittheilgn. aus dem Gebiete d. Seewesens‟.] gr. 8. (135 S.) Pola. Ebd. 1877.　　　　　　　　　　　　　　　　　　　　　　　　　　　n. 4. —

Domke, F., nautische, astronomische u. logarithmische Tafeln, nebst Erklärg. u. Gebrauchs-Anweisg. f. die königl. preuss. Navigations-Schulen. Hrsg. im Auftrage d. königl. Ministeriums f. Handel u. Gewerbe. 7. Aufl. gr. 8. (LV, 379 S.) Berlin 1879, v. Decker.　　　　　　　　　　　　　　n. 4. 50; geb. n.n. 5. 25.

Ehrenkrook, F. v., die Fisch-Torpedos. Ihre histor. Entwickelg., Einrichtg., Verwendg. u. Bekämpfg., sowie deren Einfluss auf zukünft. Seekriege. Mit 2 Holzschn. gr. 8. (III, 91 S.) Berlin 1878, Mittler & Sohn.　　　　n. 1. 80.

—— Geschichte der Seeminen u. Torpedos. gr. 8. (77 S.) Ebd. 1878.　n. 1. 80.

Entscheidungen d. Oberseeamts u. der Seeämter d. Deutschen Reichs. Hrsg. vom Reichskanzler-Amt. 1. Bd. 1—3. Hft. gr. 8. Hamburg 1879, Friedrichsen & Co.　　　　　　　　　　　　　　　　　　　　　　　　　　n. 6. 35.

　1. (S. 1—106.) n. 1. 50. — 2. (S. 107—262.) n. 2. 10. — 3. (S. 263—473.) n. 2. 75.

Exerzir-Reglement f. die Schiffs-Geschütze der kaiserl. Marine. Neuer Abdr. 16. (IX, 272 S.) Berlin 1878, Mittler & Sohn. geb.　　　　　　　n. 2. 80.

Fari e fanali del mare mediterraneo compreso il mare adriatico, il mar nero ed il mare d'Azof. Raccolta compilata dietro pubblicazioni ufficiali nel Decembre 1874. gr. 8. (127 S.) Triest 1875, lit.-art. Austalt.　　　　　　　　　n.n. 2. —

Fassel, J., Anleitung zum Betriebe u. zur Instandhaltung der Schiffsdampfkessel u. Schiffsdampfmaschinen. Mit besond. Rücksicht auf den Gebrauch der k. k. Kriegsmarine zusammengestellt. gr. 8. (VII, 158 S.) Pola 1878. (Wien, Gerold's Sohn.)　　　　　　　　　　　　　　　　　　　　　　　　　n. 3. —

Flaggen, die, aller Nationen. Tabelle üb. die Bevölkerg. u. den derzeit. Stand der Kriegs- u. Handelsflotte e. jeden Staates. 16. (4 S. m. chromolith. Flaggenkarte in qu. gr. 8.) Hamburg 1877, Regenhardt. geb.　　　　　　　n. — 60.

Flaggenkarte Hamburgischer Rheder. Nach Maassen etc. entworfen u. hrsg. v. E. A. Szalla. Chromolith. Imp.-Fol. Hamburg 1879, Nestler & Melle.　n. 5. —

Flaggen- u. **Salut-Reglement**, allerhöchst genehmigtes. Mit 12 Taf. in Buntdr. gr. 8. (18 S.) Berlin 1878, Mittler & Sohn.　　　　　　　u. 2. 40.

Fraglehre f. Seefahrtschulen. 3. Aufl. vom Katechismus der Steuermannskunst. 8. (306 S. m. 1 chromolith. Flaggenkarte.) Bremen 1879, Heinsius.　　n. 5. —

Friedrichson, J., Schiffahrts-Lexikon, nebst e. Abriss der Geschichte der Schiffahrt u. ihrer Entwicklg. Hand- u. Nachschlage-Buch f. Behörden, Juristen, Rheder, Schiffer u. Leser naut. Schriften. 8. (XI, 415 S.) Altona 1879, Verlagsbureau.　　　　　　　　　　　　　　　　　　　　　　　　　　n. 10. —

Friedrichson, J., nautisch terminologisches Wörterbuch od. Erklärg. der gebräuchlichsten, in der Schifffahrt vorkomm. Kunstausdrücke u. Redensarten. gr. 16. (67 S.) Altona 1876, Verlagsbureau. 1. 50.

Gelcich, die Theorie d. Schiffsmagnetismus u. ihre Anwendung auf die Praxis. Nach engl. Quellen. gr. S. (VI, 72 S.) Wien 1878, Gerold's Sohn. n. 3. 60.

Gesetz betr. die Untersuchung v. Seeunfällen. Vom 27. Juli 1877. gr. 8. (8 S.) Stettin 1879, v. der Nahmer. n. — 30.

Gessner, Ludw., zur Reform d. Kriegs-Seerechts. gr. 8. (52 S.) Berlin 1875, C. Heymann's Verl. u. 1. 50.

Gezeiten-Tafeln f. d. J. 1880. Kaiserliche Admiralität, hydrograph. Bureau. Mit 13 Blättern in Steindr., enth. Darstellgn. der Strömgn. in der Nordsee u. der Gezeiten-Strömgn. im engl. Kanal. 8. (VIII, 106 S.) Berlin 1879, Mittler & Sohn. cart. n. 1. 25.

Haedicke, H., die muthmasslichen Vorgänge beim Sinken u. Heben d. deutschen Panzers „Grosser Kurfürst". [Mit 9 (lith.) Zeichngn. (auf 1 Taf.).] [Aus: „Allg. Militär-Zeitg."] gr. 8. (15 S.) Darmstadt 1879, Zernin. n. 1. —

Handbuch f. die deutsche Handels-Marine auf d. J. 1878. Hrsg. vom Reichskanzler-Amt. gr. 8. (V, 517 S.) Berlin, G. Reimer. cart. n. 5. —

— der Navigation m. besond. Berücksicht. v. Kompass u. Chronometer, sowie der neuesten Methoden der astronom. Ortsbestimmg. Kaiserliche Admiralität, hydrograph. Bureau. Mit 15 Taf. in Steindr. u. 104 Holzschn. im Text. gr. 8. (X, 342 S.) Berlin 1879, Mittler & Sohn. n. 6. —

— zur Instruktion f. den Unteroffizier der Marine. 8. (VII, 101 S.) Ebd. 1876. n. — 80.

Handwörterbuch f. technische Ausdrücke in der kaiserl. Marine. Hrsg. v. der kaiserl. Admiralität. 8. (IV, 208 S.) Berlin 1879, Mittler & Sohn. n. 3. —

Heineks, W., Berechnung u. Schnitt der Segel. Handbuch f. Schiffer, Steuerleute u. Segelmacher. gr. S. (VI, 134 S. m. eingedr. Holzschn.) Bremen 1877, (Schünemann). cart. n. 3. 50.

Helm, C., Taschenbuch der Marine-Artillerie. 2. Aufl. 16. (IV, 104 S. m. 2 Tab. u. 1 Steintaf.) Kiel 1877, Universitäts-Buchh. n. 2. —

Hildebrandt, Otto, praktisches Lehrbuch f. junge Seeleute der Kriegs- u. Kauffahrtei-Marine. Mit Genehmigg. Sr. königl. Hoh. d. Prinzen Adalbert v. Preussen, General-Inspecteur der Marine etc. hrsg. 4., vollständig umgearb. u. verb. Aufl. Mit 10 lith. Taf. gr. 8. (XVI, 401 S.) Danzig 1879, Gruihn. geb. n. 7. —

Hoffmann, Segel-Anleitung f. die deutsche Küste d. mittleren Theiles der Ostsee. Zusammengestellt auf Grund der Vermessgn. in den J. 1875, 1876, 1877. [Beilage zu den Annalen der Hydrographie u. maritimen Meteorologie.] hoch 4. (63 S.) Berlin 1878, Mittler & Sohn. n.n. — 75.

Holleben, v., Gebrauchs-Tabellen f. Marine-Artilleristen. gr. 8. (VI, 94 S.) Berlin 1879, F. Luckhardt. cart. n. 6. —

Holzhauer, Segel-Anleitung f. die Mündungen der Jade, Weser u. Elbe. Deutsche Küste der Nordsee. Zusammengestellt auf Grund der Vermessgn. in den J. 1876 u. 1877. [Beilage zu den Annalen der Hydrogr. u. maritimen Meteorol.] hoch 4. (64 S.) Berlin 1878, Mittler & Sohn. n.n. — 75.

Hopfgartner, F., u. Mor. Arzberger, neues Tiefloth. [Mit 2 Taf.] Lex.-8. (6 S.) Wien 1876, (Gerold's Sohn). n. — 70.

Jahrbuch der kais. kön. Kriegsmarine 1875. Zusammengestellt u. hrsg. v. der Red. der Mittheilgn. aus dem Gebiete d. Seewesens. gr. 8. (IV, 244 S. m. eingedr. Holzschn.) Pola 1874. (Wien, Gerold's Sohn.) n. 4. —

— nautisches, od. Ephemeriden u. Tafeln f. d. J. 1881 zur Bestimmung der Zeit, Länge u. Breite zur See, nach astronom. Beobachtgn. Hrsg. vom Reichskanzler-Amt. Unter Red. v. Tietgen. gr. 8. (XXIX, 240 S.) Berlin 1879, C. Heymann's Verl. n. 1. 50.

— kleines nautisches, f. d. J. 1879. 8. (36 S.) Bremerhaven, (v. Vangerow). n. — 60.

Instruction f. den Commandanten e. v. S. M. Schiffen od. Fahrzeugen. gr. 8. (XII, 504 S.) Berlin 1877, Mittler & Sohn. n. 6. —

— für den Geschwader-Chef. gr. 8. (41 S.) Ebd. 1879. n.n. — 50.

— für die Marine-Zahlmeister. gr. 8. (22 S.) Ebd. 1876. n. — 35.

— für die kaiserl. Maschinisten- u. Steuermanns-Schule. Lex.-8. (28 S.) Ebd. 1878. — 75.

Instruction üb. die Schiessübungen S. M. Schiffe u. Fahrzeuge m. Geschützen. gr. 8. (28 S.) Berlin 1879, (Mittler & Sohn). n. — 40.

—— für die Deutsche Seewarte, auf Grund d. §. 6 der Verordnung, betr. den Geschäftskreis, die Einrichtg. u. die Verwaltg. der Deutschen Seewarte. gr. 8. (V. 46 S. m. 2 Tab. in Fol.) Ebd. 1875. n. 1. —

—— für die Signalstellen der deutschen Seewarte. gr. 8. (IV, 28 S. m. 2 Steintaf. in Fol. u. 4 Formularen.) Hamburg 1876, (Friederichsen & Co.). n. 1. 20.

Jülfs, J. C., u. F. Ballcer, die Seehäfen u. Seehandelsplätze der Erde, nach ihren hydrograph., naut. u. commerciellen Beziehgn. 3. Bd.: Europa. 1. Thl.: Spanien, Portugal u. Süd-Frankreich. Mit (lith.) Uebersichtskarte. Bearb. v. J. C. Jülfs. gr. 8. (XI, 389 S.) Oldenburg 1878, Schulze. n. 6. — (1. Bd. m. Suppl. u. 2. u. 3. Bd.: n. 26. —)
Bd. 1. (1872.) n. 11. — Bd. 2. (1875.) n. 9. —.

Kalender, nautischer, f. d. J. 1880. Taschenbuch f. Schiffscapitaine. Nach den neuesten, meist amtl., Quellen bearb. v. W. Döring. 8. (121 S.) Papenburg, Rohr. n. — 60.

Kayser, E., Beobachtungen üb. Refraction d. Seehorizontes u. Leuchtthurmes v. Hela, angestellt auf dem Observatorium der naturforschenden Gesellschaft zu Danzig. Mit 2 (lith.) Taf. Lex.-8. (50 S.) (Danzig 1878, Anhuth.) 2. —

Knudsen, J. M., See-Marken-Buch od. Handbuch f. Seefahrende, enth. e. vollständ. Aufklärg. geb. Beschreibg. d. Fahrwassers im Kattegat, dem Öresund, längs der westl. Küste Schwedens, den Belten, längs der Westküste Jütlands u. längs den Küsten der Herzogthümer Schleswig u. Holstein etc. Hrsg. v. L. C. Knudsen. Nach der 8. durchgeseh. u. sehr verb. Orig.-Ausg. aus dem Dän. übers. (2. deutsche ·Aufl.) 8. (VIII, 360 S.) Kopenhagen 1877, Philipsen (Leipzig, Refelshöfer.) n.n. 5. —

Kommando-Worte f. den Dienst auf k. k. Kriegsschiffen. [Normal-Verordng. vom 6. Juli 1877. $\frac{\text{P. K.}}{\text{M. S.}}$ Nr. 944.] 8. (68 S.) Wien 1877. (Pola, Schmidt.) n.n. — 30.

—— für S. M. Kriegs-Marine. [Marine-Normal-Verordng. von 15. Jänner 1876. $\frac{\text{PK.}}{\text{MS.}}$ Nr. 1649 ex 75.] 8. (43 S.) Ebd. 1876. n. — 40.

Kronenfels, Ferd. Reichsritter v., alphabetisches Verzeichniss der am häufigsten vorkommenden Seeausdrücke nebst kurzen Erklärungen. Mit e. Flaggenkarte in Farbendr. gr. 8. (78 S.) Wien 1878, Hartleben. geb. 2. 25.

Leitfaden zur Dienst-Instruktion f. Unteroffiziere u. Matrosen der kaiserl. Marine. 6. Aufl. gr. 16. (IV, 190 S.) Kiel 1879, Universitäts-Buchhandlung. n.n. — 75.

—— für den Unterricht d. unteren Maschinenpersonals an Bord Sr. Maj. Schiffe u. Fahrzeuge. 16. (IV, 104 S.) Ebd. 1877. n. — 80.

Lewis, Will., das deutsche Seerecht. Ein Kommentar zum V. Buch d. allgemeinen deutschen Handels-Gesetzbuches. 1. Bd. gr. 8. (VII, 336 S.) Leipzig 1877, Duncker & Humblot. n. 6. 60.

Liste der europäischen u. amerikanischen Flotten 1879. [Thl. II. „Flottenliste" d. „Almanach f. die k. k. Kriegsmarine 1879", hrsg. v. der Red. der „Mittheilgn. aus dem Gebiete d. Seewesens", Pola.] 16. (S. 81—140.) Wien 1879, (Gerold & Co.). n. — 60.

—— amtliche, der Schiffe der deutschen Kriegs- u. Handels-Marine m. ihren Unterscheidungs-Signalen, als Anh. zum internationalen Signalbuch. Abgeschlossen im Dezbr. 1878. Hrsg. vom Reichskanzler-Amt. gr. 8. (129 S.) Berlin 1879, G. Reimer. cart. n. 1. —

Lloyd, germanischer. Deutsche Gesellschaft zur Classificirung v. Schiffen. Internationales Register. 1879. Mit 1 Nachtrag. Lex.-8. (XL, 298 u. 368 S. u. Nachtrag 17 Bl.) Berlin, (Mitscher & Röstell). geb. n. 40. —

Loss, Fr., Marineminister v. Stosch u. die Katastrophe bei Folkestone. Eine zeitgemässe Betrachtg. gr. 8. (67 S.) Leipzig 1878, O. Wigand. 1. 20.

Ludolph, W., die Leuchtfeuer der Erde 1877, hrsg. nach den neuesten amtl. Quellen. 6. Jahrg. 2. Aufl. gr. 8. (XV, 20 u. 187 S.) Bremerhaven, v. Vangerow. geb. n. 5. —

Lutschaunig, Vict., Lehrbuch der Schiffbaukunde zum Gebrauche an Schiffbauschulen u. anderen höheren technischen Lehranstalten, sowie zum Selbstunterrichte. 1. Thl. A. u. d. T.: Die Theorie d. Schiffes. Mit 84 Holzschn. gr. 8. (XI, 165 S.) Triest 1879, (Schimpff). n. 8. —

Marine-Almanach 1878. 16. (XXIV, 127 S.) Berlin, Mittler & Sohn. geb. n. 3. 20.

Martell, Benj., üb. Freibord. Uebers. v. Emil Padderatz. gr. 4. (26 S. m. 1 Steintaf.) Hamburg 1875, Friederichsen & Co. u. 2. —

Maschinenraum, der, d. Dampfschiffes, u. der Indicator u. seine Anwendung bei Schiffs-Maschinen. Von „e. alten Practicus". Uebers. v. H. Taube. Nebst e. Beschreibg. d. W. v. Essen'schen Dampf-Kesselrohr-Reinigungs-Apparats. gr. 8. (32 S. m. 13 Steintaf. in gr. 8. u. qu. gr. 4.) Hamburg 1875, Friederichsen & Co.
n. 3. —

Mayer, Ernst, die Entwicklung der Seekarten bis zur Gegenwart. Mit 3 (lith.) Taf. gr. 8. (26 S.) Wien 1878, (Gerold's Sohn). n. 1. 60.

— die Geschichte d. ersten Meridians u. die Zählung der geographischen Länge. [Aus: „Mittheilgn. aus d. Gebiete d. Seewesens".] gr. 8. (12 S.) Ebd. 1878. n.— 40.

— die Hilfsmittel der Schiffahrtskunde zur Zeit der grossen Länderentdeckungen. Ein historisch-naut. Bild. Mit 2 lith. Taf. gr. 8. (17 S.) Ebd. 1879. n. 1. —

Monographie d. 8ᶜᵐ· Boots- u. Landungs-Geschützes der Marine, nebst Exerzier-Reglement. 16. (IX, 91 S. m. 1 Tab. in hoch 4.) Berlin 1876, (Mittler & Sohn). cart.
n. 1. 20.

Müller, H., die Entwickelung der preussischen Küsten- u. Schiffs-Artillerie von 1860—1878. Mit 6 Taf. Zeichngn. gr. 8. (X, 346 S.) Berlin 1879, Oppenheim.
n. 8. —

Nachrichten in Betreff d. freiwilligen Eintritts in die Schiffsjungen-Abtheilung. 8. (8 S.) Berlin 1878, Mittler & Sohn. n.n. — 30.

Organisations-Reglement f. die Werft-Divisionen der Kaiserlichen Marine. Bestimmungen üb. die Organisation d. Maschinen-Ingenieur-Korps. 8. (42 S.) Berlin 1878, Mittler & Sohn. n. — 60.

Paradis, Libert de, das Seewesen in Oesterreich-Ungarn, seine Wichtigkeit, Entwicklungsfähigkeit u. Literatur. gr. 8. (103 S.) Wien 1879, Rosner. n. 1. 60.

Peichl, J., Geschichte der Entwicklung d. magnetischen Charakters v. Eisenschiffen S. M. Kriegsflotte u. Entwurf e. aus derselben abgeleiteten Depolarisirungsverfahrens. gr. 8. (64 S.) Pola 1876. (Wien, Gerold's Sohn.) n. 1. 20.

Preuss, W. H., nautische Aufgaben. 1. Hft. Breitenbestimmungen. Zugleich Fortsetzg. der Sammlg. v. Formeln, Beispielen etc. d. Verf. 8. (112 S.) Oldenburg 1878, Schulze. n. 1. 60.

— Sammlung v. Formeln, Beispielen u. Aufgaben aus der rechnenden Nautik u. deren Hülfswissenschaften. 1. Thl. gr. 8. (VI, 136 S.) Ebd. 1877. n. 2. —

Rang- u. Quartier-, sowie Anciennetäts-Liste der kaiserl. Marine f. d. J. 1879. [Abgeschlossen am 1. Decbr. 1878.] Red.: Die kaiserl. Admiralität. gr. 8. (V, 113 S.) Berlin, Mittler & Sohn. n. 2. —

Rangs- u. Eintheilungs-Liste der k. k. Kriegs-Marine. Richtig gestellt bis 15. Mai 1879. 8. (103 S.) Wien. (Pola, Schmidt.) n. 1. 35.

Raspe, Ferd., nautischer Almanach f. d. J. 1878, enth. Angaben üb. Declination der Sonne, üb. Zeitgleichg., Tafeln zur Berechng. der Zeit d. Hochwassers, sowie einige wicht. Schiffahrtsverordnngn. gr. 8. (39 S.) Rostock, Stiller. n. 1. —

Reglement f. die Ausbildung der Mannschaften der Matrosen- u. Werftdivisionen im Infanterie- u. Landungsdienst. 1. Thl. 16. (106 u. musikal. Beilage 8 S.) Berlin 1879, Mittler & Sohn. cart. n. 1. —

— über die Schiffsverpflegung. gr. 8. (67 S.) Ebd. 1879. n. — 80.

Rollen-Buch f. S. M. Schiffe. 8. (182 S.) Berlin 1877, Mittler & Sohn. geb. n. 3. —

Ruder- u. Segel-Almanach, deutscher, f. d. Schaltj. 1876, hrsg. v. W. S. jr. 16. (IV, 239 S. m. 2 Tab. in gr. 8., 2 Photogr. u. 2 chromolith. Flaggentaf. in 8.) Hamburg, Grädener. geb. n. 3. —

Rüffer, Ed., das Mittelmeer u. seine Seestrategie. Aus dem Nachlasse d. Verstorbenen. gr. 8. (86 S.) Prag 1879, Bellmann. n. 2. —

Ruppel, G., manuale pratico di navigazione degli oceani. gr. 8. (XV, 490 S. m. eingedr. Abbildgn. u. Steintaf.) Triest 1878, Dase. n. 14. —

Schaub, F., nautische Astronomie f. den Gebrauch der k. k. Seeofficiere. Neu bearb. v. Eug. Gelcich. 3. Aufl. gr. 8. (190 S. m. eingedr. Holzschn.) Wien 1878, Gerold's Sohn. n. 6. —

Schiffahrtszeichen, die, an der deutschen Küste. Mit 78 (lith.) Taf., enth. Abbildgn. v. Leuchtthürmen, Feuerschiffen, Baken, Tonnen etc. Hrsg. vom Reichskanzler-Amt. gr. 8. (XXXI, 375 S.) Berlin 1878, G. Reimer. geb. n. 27. —

— die, auf Wangeroge. Eine histor. Skizze zur Orientirg. üb. e. Tagesfrage. gr. 8. (48 S.) Bremen 1876, Heyse. n. 1. 20.

Schiffs-Compass, der, die erdmagnetische Kraft u. die Deviation vom praktisch-seemänn. Standpunkte. 8. (30 S. mit eingedr. Holzschn.) Oldenburg 1879, Schulze. geb. n. 1. —

Schiffs- u. Küstengeschütze, die, der deutschen Marine. Mit 203 Holzschn. im Text u. 11 lith. Taf. gr. 8. (IX, 230 S.) Berlin 1876, Mittler & Sohn. n. 7. —

Schiffsrollen (f. Sr. Maj. Kriegsmarine). 8. (IV, 309 S.) Pola 1876, (Schmidt). geb. n. 8. —

Schiffsunfälle, die, an der deutschen Küste in den J. 1673 bis 1677. Mit (lith.) Wrackkarte (in qu. gr. Fol.). Hrsg. vom kaiserl. statist. Amt. [Aus: „Monatshefte zur Statistik d. Deutschen Reichs".] Imp.-4. (21 S.) Berlin 1879, Puttkammer & Mühlbrecht. n. 1. 50.

Schumacher, H., der kleine Steuermannscatechismus od. kurzer Inbegriff der pract. Steuermannskunde, d. h. d. Dienstes, wie ihn der Steuermann e. Schiffes von Anfang bis zu Ende der Reise zu versehen hat. 8. (VIII, 96 S.) Leipzig 1875, Mauke. geb. n. 2. —

Seelhoff, P., Flächen- u. Körperberechnung, nebst Uebungsbeispielen aus der Arithmetik u. Algebra, zum Gebrauche f. Navigationsschulen. 2. Aufl. 8. (VIII, 102 S.) Bremen 1878, Heinsius. n. 2. —; geb. n. 2. 40.

Seemann in Noth. (Hrsg. v. der Deutschen Gesellschaft zur Rettg. Schiffbrüchiger.) 3. unveränd. Aufl. 8. (71 S. m. 2 Holzschntaf., e. chromolith. Flaggenkarte u. 1 lith. u. color. Karte der deutschen Rettungsstationen in qu. Fol.) Bremen 1877, (Heinsius). n.n. — 75.

Seemannsordnung. Vom 27. Dezbr. 1872. Gesetz, betr. die Verpflichtg. deutscher Kauffahrteischiffe zur Mitnahme hülfsbedürft. Seeleute. Vom 27. Dezbr. 1872. 8. (32 S.) Danzig 1876, P. Anhuth. n. — 50.

—— die deutsche, vom 27. Dezbr. 1872 nebst ergänz. Gesetzen. gr. 8. (XI, 124 S.) Berlin 1875, Kortkampf. cart. n. 2. 40.

Segel-Handbuch f. die Ostsee. Hrsg. v. dem hydrograph. Bureau der kaiserl. Admiralität. 1. Thl. A. u. d. T.: Segel-Anweisung f. den westlichen Theil der Ostsee mit der Einsegelung durch das Kattegat, den Sund u. die Belte. Mit 332 in den Text gedr. Holzschn. u. 25 (lith.) Taf. u. Karten. gr. 8. (XIV, 524 S.) Berlin 1878, (D. Reimer). n.n. 10. —

Sirk, Vikt. H., der Betrieb v. Schiffs-Dampfkesseln u. Maschinen. gr. 8. (VI, 232 S.) Wien 1875, (Gerold's Sohn). n. 4. 80.

Steinhaus, C. F., Schiffs- u. Flaggen-Karte. 2. Aufl. (Mit deutschem u. engl. Text.) Imp.-Fol. Hamburg 1877, Friederichsen & Co. 7. 50.

Stevenson, die Illumination der Leuchtthürme. Eine Beschreibg. d. Holophotal-Systems, der azimuthalverdicht. u. anderer neuer Formen v. Leuchtthurm-Apparaten. Nach der 2. Aufl. d. engl. Orig. bearb. u. durch e. Anh. üb. die Berechng. v. Leuchtthurmhöhen u. Leuchtthurm-Apparaten ergänzt v. Chr. Nehls. Mit 16 lith. Taf. gr. 8. (XV, 248 S.) Hannover 1878, Rümpler. n. 8. —

Stilling, J., die Prüfung d. Farbensinnes beim Eisenbahn- u. Marinepersonal. Neue Folge. 1. u. 2. Lfg. gr. 4. Kassel, Fischer. n. 9. —
Inhalt: 1. Tafeln zur Bestimmung der Roth-Grünblindheit. (11 S. m. 6 Chromolith.) 1878. n. 5. — 2. Tafeln zur Bestimmung der herabgesetzten Farbenempfindlichkeit f. Roth-Grün, sowie zur Entdeckung der Simulation der Farbenblindheit. (5 S. m. 4 Chromolith.) 1879. n. 4. —

Straf-Vollstreckungs-Reglement f. die kaiserl. Marine. gr. 8. (XII, 124 S.) Berlin 1876, Mittler & Sohn. n. 1. 20.

Strantz, Vict. v., die kurfürstlich brandenburgische u. die kaiserlich deutsche Kriegsflotte. Ein histor. Gedenkblatt zur Feier d. Stapellaufes der Panzerfregatte „Der grosse Kurfürst" zu Wilhelmshaven am 17. Septbr. 1875. Mit dem Situationsplane d. Marine-Etablissements zu Wilhelmshaven. gr. 8. (66 S.) Berlin 1875, v. Decker. n. 2. 50.

Streble, P., die Kriegsschiffe u. Kriegsfahrzeuge der deutschen Marine im 81. Lebensjahr ihres mächtigen Schöpfers Kaiser Wilhelm I. Genehmigt u. richtiggestellt v. der kaiserl. Admiralität. Tabelle. qu. gr. Fol. Stuttgart 1878, (A. Müller). n.n. — 25.

Strunck, Ferd., die preussische Flotte. Eine geschichtl. Skizze. 8. (57 S.) Elberfeld 1877, Bädeker. n. 1. —

Tagesfragen. Nr. 1. gr. 8. Leipzig 1879, Pfeil. n. — 50.
Inhalt: Unsere Marine unter ihrer gegenwärtigen Verwaltung. Von v. M. [Aus: „Frankfurter Zeitg."] (28 S.)

Taschenbuch, f. Marine-Artillerie. gr. 16. (91 S. m. 2 Tab. in qu. gr. 8. u. 1 Steintaf. in qu. 4.) Kiel 1875, Universitäts-Buchh. n. 1. 50.

Thomson, Will., Tafeln zur Erleichterung der Anwendung der Sumner'schen Methode f. den Seegebrauch. Mit Erläutergn. Auf Veranlassung der kaiserl. Admiralität aus dem Engl. übers. u. durch einige vom Verf. nachgelieferte Zusätze erweitert. Imp.-4. (9 Tabellen nebst VI, 12 S. Text m. eingedr. Holzschn.) Berlin 1877, Mittler & Sohn. n. 2. —

Torpedos, die, u. Seeminen in ihrer historischen Entwickelung bis auf die neueste Zeit. Mit 2 Taf. Abbildgn. gr. 8. (98 S.) Berlin 1878, F. Luckhardt. n. 3. —

Uniformen, die, der deutschen Marine in detaillirten Beschreibungen u. Farbendarstellungen. Nebst Mittheilgn. üb. Organisation, Stärke etc., sowie e. Liste sämmtl. Kriegsfahrzeuge u. den genauen Abbildgn. aller Standarten u. Flaggen. gr. 8. (52 S. m. 24 Chromolith.) Leipzig 1878, Ruhl. n. 2. 50.

Untergang, der, der deutschen Panzer-Fregatte „Grosser Kurfürst" u. das sogenannte „System Stosch". Von e. deutschen Seemann. 3. Aufl. gr. 8. (78 S.) Dresden 1879, v. Zahn. 1. —

Verordnung üb. die Ergänzung d. Offizierkorps der kaiserl. Marine, nebst Allerh. Kabinets-Ordre vom 10. März 1874. Neue Ausg., berichtigt durch Einfügg. der m. Allerh. Kabinets-Ordre vom Jan. 1877 angeordneten Abändergn. gr. 8. (44 S.) Berlin 1878, Mittler & Sohn. n. — 50.

Verzeichniss der Leuchtfeuer aller Meere. Hrsg. v. dem hydrograph. Bureau der kaiserl. Admiralität. 3 Thle. Lex.-8. Berlin, v. Decker. n. 8. 25.
    1. Thl. 3. Aufl. (IV, 367 S.) 1879. n. 3. 55. — 2. Thl. 2. Aufl. (VII, 332 S.) 1877. n. 3.25. — 3. Thl. 2. Aufl. (V, 111 S.) 1878. n. 1. 45.

—— der v. der Weser fahrenden bremischen, oldenburgischen u. preussischen Seeschiffe f. d. J. 1878. gr. 8. (8 S.) Bremen, Heinsius. n. — 75.

Werner, R., das Buch v. der deutschen Flotte. 3. verm. u. fortgeführte Aufl. d. Buches v. der Norddeutschen Flotte. Illustrirt v. Wilh. Diez, Johs. Gehrts u. A. Mit techn. Abbildgn. u. Schiffsporträts. gr. 8. (511 S. m. eingedr. Holzschn.) Bielefeld 1880, Velhagen & Klasing. n. 6. —; geb. n. 8. —

Wetter u. **Wind**. Eine Abhandlg. üb. Wärme [Thermometer]; Dunstspanng. [Psychrometer]; Luftdruck [Barometer]; Luftbewegg. [Passate, Monsune, Stürme, Cyklonen, Teifune], vom praktisch-seemänn. Standpunkte. 8. (V, 88 S.) Oldenburg 1879, Schulze. geb. n. 2. —

Weygand, Herm., das französische Marine-Gewehr. Fusil modèle 1878 marine. [Système Gras-Kropatschek modifié.] Mit e. Fig.-Taf. gr. 8. (33 S.) Berlin 1879, Luckhardt'sche Verlagsh. n. 1. 20.

White, W. H., Handbuch f. Schiffbau. Zum Gebrauche f. Offiziere der Kriegs- u. Handels-Marine, f. Schiffbauer u. Rheder. Mit Genehmigg. d. Verf. aus dem Engl. übers. v. Otto Schlick u. A. van Hüllen. Mit 134 in den Text gedr. Holzschn. gr. 8. (XX, 684 S.) Leipzig 1879, Felix. n. 22. —

Wurzer, das kleine Buch v. der deutschen Flotte. 8. (35 S.) Varel 1874, Bültmann & Gerriets Nachf. — 30.

Ziese, R., üb. neuere Schiffs-Maschinen. gr. 8. (150 S. m. 2 Steintaf. in gr. Fol.) Kiel 1879, Univ.-Buchh. n. 4. —

XVII. Kriegsgeschichte.

Abriss, kurzer, der brandenburgisch-preussischen Geschichte u. der Geschichte d. 7. westfälischen Infanterie-Regiments Nr. 56. Von e. Offizier d. Regiments. Neue Aufl. 8. (12 S.) Wesel 1879, Kühler. n. — 10.

—— kurzer, der Geschichte d. 1. Thüringischen Infanterie-Regiments Nr. 31, auf Veranlassg. d. Regiments zusammengestellt von L. v. O. gr. 8. (12 S. m. 1 Steintaf.) Altona 1878, Harder. n.u. — 40.

Amon v. Treuenfest, Gust. Ritter, Geschichte d. k. k. 11. Huszaren-Regimentes Herzog Alexander v. Württemberg. 1762 bis 1850 Székler Grenz-Huszaren. gr. 8. (432 S. m. c. Tab. u. 8. Chromolith.) Wien 1878, (Braumüller.) n. 10. —

—— Geschichte d. k. k. 12. Huszaren-Regiments. 1800—1850 Palatinal. 1850—1875 Graf Haller. 1875 v. Fratricsevics. gr. 8. (324 S.) Ebd. 1876. n. 7. —

Andenken an die Gefallenen d. Oldenburger Landes im Kampfe f. die Freiheit u. Grösse Deutschlands 1870/71. gr. 8. (98 S.) Oldenburg 1878, (Schulze). 1. 50.

Anleitung zum Studium der Kriegsgeschichte von J. v. H., fortgesetzt von Th. Frhr. v. Troschke. 2. Aufl. d. in 1. Aufl. u. d. T.: „Vorlesungen üb. Kriegsgeschichte" erschienenen Werkes. 13—16. Lfg. gr. 8. (3. Bd. XII u. S. 481—1017 m. eingedr. Holzschn.) Darmstadt 1875—78, Zernin. n. 15. 30. (1—16: n. 45. 30.)

Archenholz, J. W. v., Geschichte d. siebenjährigen Krieges in Deutschland.] 11. Aufl. Mit dem Lebensabriss d. Verf. u. e. Register hrsg. v. Aug. Potthast. Mit Holzschn. u. Karten. 8. (XVI, 424 S.) Leipzig 1879, Amelang. geb. 5. —

Ardenne, v., Bergische Lanziers — westfälische Husaren Nr. 11. gr. 8. (VI, 453 S.) Berlin 1877, Mittler & Sohn. n. 10. —

Baltzer, Mart., zur Geschichte d. deutschen Kriegswesens in der Zeit von den letzten Karolingern bis auf Kaiser Friedrich II. gr. 8. (VIII, 116 S.) Leipzig 1877, Hirzel. n. 1. 60.

Barbarenthum, russisches, im Kriege gegen die Türkei. Geschildert in v. der engl. Regierg. veröffentl. Dokumenten. Aus dem engl. Orig. übers. u. m. e. Vorworte versehen von Otto v. Schaching. gr. 8. (92 S.) Regensburg 1877, Manz. 1. —

Baerensprung, Bernh. v., Geschichte d. westpreussischen Kürassier-Regiments Nr. 5 von seiner Stiftung bis zur Gegenwart. 1717—1877. Mit e. Bildn. u. e. Taf. in Steindr. gr. 8. (XIV, 677 S.) Berlin 1878, Mittler & Sohn. n. 13. —

Baudach, das 8. Pommersche Infanterie-Regiment Nr. 61 seit seiner Entstehung bis Ende 1873. gr. 8. (III, 101 S.) Berlin 1878, Bath. n. 1. 80.

Baumann, Frz. Ludw., zur Geschichte d. deutschen Bauernkrieges aus Oberschwaben. gr. 8. (XII, 444 S.) Freiburg i/Br. 1877, Herder. n. 6. —

Becker, Geschichte d. 2. badischen Grenadier-Regiments Kaiser Wilhelm Nr. 110. Mit Benutzg. amtl. Quellen bearb. Mit 2 Uebersichtskarten u. 8 Plänen. gr. 8. (XI, 359 S.) Berlin 1877, Mittler & Sohn. n. 7. —

Blomberg, Frhr. v., u. **Leszcynski**, Geschichte d. 6. westfälischen Infanterie-Regiments Nr. 55, von seiner Errichtung bis zum 2. Septbr. 1877. Lex.-8. (X, 592 S. m. 3 Steintaf.) Detmold 1877, Meyer. n. 12. —; geb. n. 16. 50.

Bonin, Udo v., Geschichte d. Ingenieurkorps u. der Pioniere in Preussen. 1. Thl. Bis zum Abschluss der Reorganisation von 1108—1812. Mit e. Fcsm. Friedrichs d. Grossen. gr. 8. (V, 329 S.) Berlin 1877, Mittler & Sohn. n. 6. 80.
—— dasselbe. 2. Thl. Von 1812 bis zur Mitte d. 19. Jahrh. Mit e. Stammtaf. d. Pionierkorps u. e. fortifikator. Skizze. gr. 8. (IV, 335 S.) Ebd. 1877. n. 6. 80.

Borcke, Heros v., zwei Jahre im Sattel u. am Feinde. Erinnerungen aus dem Unabhängigkeitskriege der Konföderirten. Aus dem Engl. übers. v. Kaehler. Deutsche Orig.-Ausg. 2 Bde. Mit e. Bildniss d. Generals Stuart u. e. Karte d. Kriegsschauplatzes. gr. 8. (X, 256 u. V, 244 S.) Berlin 1877, Mittler & Sohn. n. 9. —

Bothe u. v. **Ebart**, Geschichte d. Ulanen-Regiments Kaiser Alexander v. Russland [1. Brandenburgisches] Nr. 3. 2. Thl. Vom J. 1859—1879. gr. 8. (V, 166 S.) Berlin 1879, Mittler & Sohn. n. 3. — (1. u. 2.: n. 10. —)
Erster Theil erschien 1867 von Guretzky-Cornitz bearb.

Brendel, Rich., die Schlacht am weissen Berge bei Prag, den 8. Novbr 1620. Eine Quellenuntersuchg. gr. 8. (59 S.) Halle 1875, Gesenius. n. 1. 20.

Briefe u. Acten zur Geschichte d. dreissigjährigen Krieges in den Zeiten d. vorwaltenden Einflusses der Wittelsbacher. Hrsg. durch die histor. Commission bei der königl. Academie der Wissenschaften zu München. 3. u. 4. Bd. gr. 8. München, Rieger. n. 20. 80. (1—4.: n. 42. 80.)
Inhalt: 3. Der Jülicher Erbfolgekrieg. Bearb. v. Mor. Ritter. (IV, 561 S.) 1877. n. 10. —. — 4. Die Politik Baierns 1591—1607. 1. Hälfte. Bearb. v. Fel. Stieve. (XVI, 571 S.) 1878. n. 10. 80.

Brock, L., der Tag v. Fehrbellin. Zur 2. Säcularfeier der Schlacht am 18/28. Juni 1875. gr. 4. (23 S.) (Landsberg a. d. W. 1875, Schaeffer & Co.) n. 1. —

Bürster's, Sebastian, Beschreibung d. schwedischen Krieges 1630—1647. Nach der Original Handschr. im General-Landesarchiv zu Karlsruhe hrsg. von Frdr. v. Weech. gr. 8. (XVI, 270 S.) Leipzig 1875, Hirzel. n. 8. —

Crousaz, A. v., das Offizier-Corps der preussischen Armee nach seiner historischen Entwickelung, seiner Eigenthümlichkeit u. seinen Leistungen. gr. 8. (185 S.) Halle 1876, Hendel. n. 2. 50.

Dalwigk, R. Frhr. v., einige Bemerkungen zu den Denkwürdigkeiten aus dem Leben d. Generals der Infanterie v. Hüser. [Aus: „Allg. Militär-Ztg."] gr. 8. (14 S.) Darmstadt 1878, Zernin. n. — 50.

Dambrowski, v., neuere Geschichte d. Infanterie-Regiments Prinz Friedrich der Niederlande [2. Westfälisches] Nr. 15, nebst e. Abriss aus der Vorgeschichte d.

Regiments. gr. 8. (XII, 202 S. m. 2 lith. Karten.) Hannover 1877, Helwing's Verl.
n. 5. —

Decurtins, Casp., der Krieg d. Bündner Oberlandes gegen die Franzosen. Historische Monographie. gr. 8. (55 S.) Chur 1875, (Gsell). n. 1. 25.

Deines, Adf. v., das Königs-Husaren-Regiment [1. rheinisches] Nr. 7 von der Formation d. Stammregiments bis zur Gegenwart. Mit dem Reiterbild Sr. Maj. d. Königs u. 5 Karten. gr. S. (VIII, 387 S.) Berlin 1876, Mittler & Sohn. n. S. —

Denison, George T., Geschichte der Cavallerie seit den frühesten Zeiten, m. Betrachtgn. üb. ihre Zukunft. Aus dem Engl. übertr. v. Brix. gr. S. (XXXV, 1010 S.) Berlin 1879, Mittler & Sohn. n. 20. —

Deppe, Aug., wo haben wir das Sommerlager d. Varus aus dem J. 9 unserer Zeitrechnung u. das Feld der Hermannsschlacht im Teutoburger Walde zu suchen? Nach den Geschichtsquellen beantwortet. gr. 8. (7 S.) Heidelberg 1879, (Weiss). n. — 30.

Draper, John Will., Geschichte d. amerikanischen Bürgerkriegs. Deutsch v. A. Bartels. 3 Bde. Mit 77 (eingedr.) Karten. gr. 8. (XV, 357; VI, 386 u. VII, 472 S.) Leipzig 1877, O. Wigand. n. 20. —

Drobisch, Thdr., Kriegs-Chronik 1877. Der russisch-türkische Krieg. Chronologisch-historisch nach authent. Quellen dargestellt. (In ca. 30 Hftn.) 1. Hft. gr. S. (48 S. m. eingedr. Holzschn. u. 1 lith. u. color. Kriegskarte in qu. gr. Fol.) Dresden 1877, Münchmeyer. — 50.

Dufour, G. H., der Sonderbunds-Krieg u. die Ereignisse v. 1856. Eingeleitet durch e. biograph. Skizze. Mit Karten u. d. Autors Bildniss. 2. Aufl. gr. 8. (III, 180 S.) Basel 1876, Schwabe. n. 3. 50.

Essellen, M.'F., das römische Kastell Aliso u. Ort der Niederlage d. römischen Heeres unter Q. Varus. Zwei Abhandlgn. 8. (47 S.) Hamm 1878, Grote. n. — 60.

Expeditionen, die holländischen, gegen Atschin. In ihren Hauptumrissen historisch kurz dargestellt v. e. in der holländisch-ostind. Colonial-Armee sich befind. Militär. 8. (31 S.) Leipzig 1875, O. Wigand. — 50.

Fabricius, Geschichte d. 4. Thüringischen Infanterie-Regiments Nr. 72 in den J. 1860 bis 1878. Mit 5 Karten. gr. 8. (X, 767 S.) Berlin 1879, Mittler & Sohn. n. 13. —

Feldzüge d. Prinzen Eugen v. Savoyen. Nach den Feld-Acten u. anderen authent. Quellen hrsg. v. der Abtheilg. f. Kriegsgeschichte d. k. k. Kriegs-Archives. 1. Serie. 1—5. Bd. Lex.-S. Wien, (Gerold's Sohn). n. 130. —

Inhalt: 1. Einleitung zur Darstellung der Feldzüge d. Prinzen Eugen v. Savoyen. Schilderung d. polit., geographisch-statist. u. militär-geograph. Verhältnisse, der Streitmittel der an den Kriegen betheiligten Staaten, Charakteristik der Kriegführg. u. d. Befestigungswesens am Ende des 17. u. zu Beginn des 18. Jahrh., Notizen üb. das Münzwesen u. die Preisverhältnisse d. Verpflegs- u. Kriegsmateriales. [Mit 26 Kartenbeilagen.] (XVI, 744 S. m. 4 Tab. in qu. gr. Fol.) 1876. n. 30. —. — 2. Feldzüge gegen die Türken 1697—1698 u. der Karlowitzer Friede 1699. Bearb. von Mor. Edlen v. Angeli. [Mit 7 Kartenbeilagen.] (IX, 515 u. 105 S.) 1876. n. 20. —. — 3. Spanischer Successions-Krieg. Feldzug 1701. Bearb. v. Leander Heinr. Wetzer. [Mit 6 Kartenbeilagen.] (VII, 531 u. 105 S.) 1876. n. 20. —. — 4. Spanischer Successions-Krieg. Feldzug 1702. Nach den Feld-Acten u. anderen authent. Quellen bearb. in der Abthlg. f. Kriegsgeschichte v. Leander Heinr. Wetzer. [Mit 10 Kartenbeilagen.] (X, 740 u. 302 S.) 1877. n. 30. —. — 5. Spanischer Successions-Krieg. Feldzug 1703. Nach den Feld-Acten u. anderen authent. Quellen bearb. in der Abtheilg. f. Kriegsgeschichte v. Alph. Danzer. [Mit 6 Kartenbeilagen.).] (XXVI, 728 u. 172 S.) 1878. n. 30. —

Fischer, Th., Geschichte d. königl. bayerischen 5. Infanterie-Regiments Grossherzog v. Hessen. Von 1868 m. 1877. 2. Thl. gr. 8. (II, 152 S.) Bamberg 1877, (Schmidt). n. 3. —

Fontane, Th., der Krieg gegen Frankreich 1870—1871. 2. Bd. Der Krieg gegen die Republik. 1. Halbbd. In u. vor Paris bis zum 24. Decbr. Mit 44 Plänen in Holzschn. gr. S. (VII, 427 S.) Berlin 1875, v. Decker. n. 7. 50.

—— dasselbe. 2. Bd. 2. Halbbd.: Orleans bis zum Einzuge in Berlin. Mit 104 Plänen in Holzschn. Lex.-8. (XV, XII u. S. 429—1028.) Ebd. 1876. n. 11. 50.
(cplt.: n. 33. 50.)

Freycinet, Karl v., der Krieg in den Provinzen während der Belagerung v. Paris 1870—71. Geschichtliche Darstellg. 3. Aufl. gr. 8. (X, 298 S.) Gera 1876, Reisewitz' Verl. n. 6. —

Fries, Lor., die Geschichte d. Bauernkrieges in Ostfranken. Hrsg. m. Unterstützg. d. hohen Landrathes v. Unterfranken u. Aschaffenburg im Auftrage d.

hist. Vereins v. Aug. Schäffler u. Thdr. Henner. (In 6 Lfgn.) 1. Lfg. gr. 8. (160 S.) Würzburg 1877, (Stahel). n.n. 5. —

Fritsche, Alwin, zur Geschichte der Kämpfe der Deutschen m. Frankreich in den J. 1673 u. 1674, insbesondere die Teilnahme der kursächs. Truppen an denselben. 4. (43 S.) Plauen 1877, (Hohmann). n. 1. 20.

Galitzin, Fürst N. S., allgemeine Kriegsgeschichte aller Völker u. Zeiten. Aus dem Russ. ins Deutsche übers. v. Streccius u. Eichwald. I, 3—5. Bd. II, 1. Bd. u. III, 3. Bd. gr. 8. Kassel, Kay. n. 58. — (I, 1—5. II, 1 u. III, 1—3.: n. 93. —)
Inhalt: 1. Das Alterthum 3. Vom Beginn des 2. punischen Krieges bis Anfang der Kriege Julius Cäsar's in Gallien [218—58 v. Chr.] Mit 1 Karte u. 8 Plänen. (XII, 372 S.) 1876. n. 10. —. — 4. Vom Beginn der römischen Bürgerkriege bis zu Augustus od. der Gründung d. römischen Kaiserreichs. [133—30 v. Chr.] Mit 22 Plänen. (XXII, 364 S.) 1876. n. 12. —. — 5. Von Augustus bis zum Untergang d. weströmischen Reiches. [30 v. Chr. bis 476 n. Chr.] Mit 2 Portraits u. 10 Taf. Abbildgn. (VIII, 561 S.) 1878. n. 12. —. — II. Das Mittelalter. 1. Von 476 bis zur Erfindung d. Pulvers, 1350. Mit 3 Karten. (VIII, 309 S.) 1880. n. 12. —. — III. Allgemeine Kriegsgeschichte der Neuzeit. 3. Kriege der 2. Hälfte d. 18. Jahrh. in West-Europa 1740—1792. Die Kriege Friedrich's d. Grossen. Mit 1 Karte u. 19 Plänen. (XLIV, 389 S. m. 2 Steintaf.) 1875. n. 12. —

Gaertner, die ersten 15 Jahre d. 3. Magdeburgischen Infanterie-Regiments Nr. 66. Mit 5 Karten. gr. 8. (IV, 271 S.) Berlin 1876, Mittler & Sohn. n. 6. —

Gentz, Geschichte d. 8. Brandenburgischen Infanterie-Regiments Nr. 64. [Prinz Friedrich Karl von Preussen] von Errichtung d. Regiments bis zum J. 1873. Mit 1 Bildniss u. 10 Plänen. gr. 8. (XI, 477 S.) Berlin 1878, Mittler & Sohn. n. 9. —

Geschichte der beiden königl. sächsischen Grenadier-Regimenter: 1. [Leib-]Grenadier-Regiment Nr. 100 u. 2. Grenadier-Regiment Nr. 101, Kaiser Wilhelm, König v. Preussen. Von H. v. S. 2. Aufl. gr. 8. (VII, 244 S.) Dresden 1877, Höckner. n.n. 5. 50.

—— des brandenburgischen Jägerbataillons Nr. 3 während d. Feldzuges 1870/71. gr. 8. (74 S.) Berlin 1877, Mittler & Sohn. n. 2. —

—— der königl. sächs. Jäger-Brigade u. d. daraus hervorgegangenen königl. sächs. Schützen-[Füsilier-]Regiments Prinz Georg Nr. 108 von 1859 bis 1871. gr. 8. (IV, 335 S. m. 1 lith. Plan in qu. 4.) Dresden 1875, Höckner. n. 8. —

—— des 5. rhein. Infanterie-Regiments Nr. 65, in drei Abschnitten dargestellt. gr. 8. (VII, 240 S. m. 3 lith. Karten in gr. Fol.) Köln 1876, Du Mont-Schauberg. n. 6. —

Gindely, Ant., die Berichte üb. die Schlacht auf dem weissen Berge bei Prag. Lex.-8. (179 S.) Wien 1877, (Gerold's Sohn). n. 3. —

—— Geschichte d. dreissigjährigen Krieges. 1. Abth.: Geschichte d. böhmischen Aufstandes v. 1618. 1. u. 2. Bd. gr. 8. (XII, 406 u. XVI, 442 S.) Prag 1878, Tempsky. à n. 8. —

Gisevius, das hohenzollernsche Füsilier-Regiment Nr. 40 im Kriege 1870/71 gegen Frankreich. Mit 7 lith. Karten. gr. 8. (VIII, 435 S.) Berlin 1875, Mittler & Sohn. n. 9. —

Gmelin, Mor., Beiträge zur Geschichte der Schlacht bei Wimpfen. Mit 2 Plänen in Lichtdr. [Aus: „Ztschr. f. d. Gesch. d. Oberrheins".] gr. 8. (III, 173 S.) Karlsruhe 1880, Braun. n. 3. —

Gottschalck, Max, Theilnahme d. 1. Thüringischen Infanterie-Regiments Nr. 31 am Feldzuge 1870—71. gr. 8. (X, 202 S.) Berlin 1875, Mittler & Sohn. n. 6. —

Grabstätten u. Denkmäler mecklenburgischer Krieger aus den J. 1870 u. 1871. gr. 4. (III, 79 S. m. eingedr. Holzschn. u. 1 Chromolith.) Wismar 1874, (Hinstorff.) n. 1. —; feine Ausg. geb. n. 3. —

Graf, M., das sächsische Heer [nunmehr XII. deutsches Armee-Corps]. Chronologische Uebersicht aller Feldzüge u. wichtigsten Ereignisse desselben in dem Zeitraume von 1618—1871. gr. 8. (31 S.) Leipzig 1875, (Winckler). n. — 50.

Graser, Osc., Geschichte d. königl. bayerischen X. Jäger-Bataillons v. seiner Gründung bis zum Schlusse d. J. 1874. Auf Befehl d. königl. Bataillons-Commando's verf. gr. 8. (135 S.) Aschaffenburg 1877, Krebs. n. 2. —

Haardt, Vinz. v., die Occupation Bosniens u. der Herzegovina. Nach verlässl. Quellen geschildert. gr. 8. (144 S. m. 1 chromolith. Karte in qu. gr. Fol.) Wien 1878, Hölzel. 2. 40; ohne Karte 1. 60.

Hassell, W. v., die schlesischen Kriege u. das Kurfürstenth. Hannover. Insbesondere die Katastrophe v. Hastenbeck u. Kloster Zeven. Mit Benutzg. archival. Quellen. Nebst e. (lith.) Plane der Schlacht v. Hastenbeck. gr. 8. (XXIX, 532 S.) Hannover 1879, Hahn. n. 10. —

Herwarth v. Bittenfeld, L., französische Skizzen u. Bilder. 8. (III, 103 S.) Berlin 1877, Levit. n. 3. —

Hessen, die, in der Schlacht v. Gravelotte-St. Privat. Ein Gedenkblatt zur Enthüllungsfeier d. Landes-Krieger-Denkmals am 18. Aug. 1879. (Ausg. m. 1 lith. Karte.) gr. 8. (III, 37 S.) Darmstadt 1879, Zernin. n. 1. 20; ohne Karte n. — 50.

Hiltl, Geo., der französische Krieg v. 1870 u. 1871. Nach den besten Quellen, persönl. Mittheilgn. u. eigenen Erlebnissen geschildert. Illustrirt v. Wold. Friedrich u. A. Mit e. Uebersichtskarte d. Kriegsschauplatzes u. Specialkarten der Schlachten v. Weissenburg, Wörth, Saarbrücken, der 3 Schlachten um Metz etc. 3. durchweg umgearb. u. verb. Aufl. (In 12 Lfgn.) 1. Lfg. Lex.-8. (IV, 64 S.) Bielefeld 1876, Velhagen & Klasing. n. 1. —

Hoffmeister, Edm., Moses u. Josua. Eine kriegshistor. Studie. Nach den Aufzeichngn. der heil. Schrift als Beitrag zur Geschichte d. jüd. Kriegszuges verf. Hiezu 1 Taf. gr. 8. (53 S.) Wien 1878, (v. Waldheim). n. 1. —

Hottenroth, Frdr., Trachten, Haus- u. Kriegsgeräthschaften der Völker alter u. neuer Zeit. Gezeichnet u. beschrieben. (In ca. 16 Lfgn.) 1. u. 2. Lfg. gr. 4. (32 S. m. eingedr. Holzschn. u. 24 Steintaf.) Stuttgart 1878, 79, G. Weise.
à n. 3. 50; Ausg. m. Taf. in Farbendr. à n. 5. —

Hottinger, Chr. G., der deutsch-französische Krieg 1870—71. 2. Aufl. 8. (164 S. m. 49 Holzschntaf. u. Fcsm.) Strassburg 1877. (Leipzig, Gracklauer.) cart. n. 2. —

Hoyer, die Grabstätten der bayrischen Kämpfer aus den J. 1870 u. 1871, welche sich in Norddeutschland befinden. gr. 8. (60 S.) Hannover 1876, Cruse. n. 1. —

—— die Grabstätten der Kämpfer d. Oldenburgischen Infanterie-Regiments Nr. 91, d. Oldenburg. Dragoner-Regiments Nr. 19 u. der 1. Feld-Abtheilg. d. Hannoverschen Feld-Artillerie-Regiments Nr. 10 aus den J. 1870 u. 1871, welche auf deutschem Boden sich befinden. 2. Aufl. gr. 8. (50 S. m. 1 Photogr.) Oldenburg 1879, Schulze. n. 1. —

Jenner, Herm., zur Geschichte d. 6.'königl. sächs. Infanterie-Regiments Nr. 105 vom 9. März. 1867 bis zum 15. Juni 1871. gr. 8. (135 S. m. lith. Karten.) Strassburg 1877, Schultz & Co. 3. —

Johann, Erzherzog, Geschichte d. k. k.,Linien-Infanterie-Regiments Erzherzog Wilhelm No. 12. 1. Thl. gr. 8. (X, 653 u IX S.) Wien 1877, Seidel & Sohn. n. 3. —

Isenburg, das Brandenburgische Füsilier-Regiment Nr. 35 1815—1870. Ein Blatt Armeegeschichte. Mit dem Portr. d.Feldmarschall Grafen v. Wrangel, 5 farb. Uniformbildern vom Maler Ludw. Burger, 1 Steindrucktaf., 4 Plänen u. 4 Beilagen. gr. 8. (VIII, 567 S.) Berlin 1879, Mittler & Sohn. n. 10. —

—— das Brandenburgische Füsilier-Regiment Nr. 35 in Frankreich 1870 bis 1873. Mit 4 Plänen u. 3 Beilagen. gr. 8. (VI, 355 S.) Ebd. 1875. n. 6. —

Kachlig, Thdr., Geschichte der Belagerung v. Querétaro. Nach authent. Quellen u. eigenen Erlebnissen. gr. 8. (VII, 118 S.) Wien 1879, Seidel u. Sohn. n. 3. —

Kampen, v., die Helvetierschlacht bei Bibracte. Nebst 2 (lith.) Karten. gr. 4. (14 S.) Gotha 1878, (Thienemann). n. — 80.

Kanngiesser, Otto, Geschichte der Eroberung der freien Stadt Frankfurt durch Preussen im J. 1866. gr. 8. (VIII, 472 S.) Frankfurt a/M. 1877, Keller. 6. —; geb. 7. 35.

Kocks, W., der deutsch-französische Krieg 1870—71. Mit Genehmigg. d. Grossen Generalstabes nach dessen Darstellg. erzählt. 1. Thl. Geschichte d. Krieges bis zum Sturze d. Kaiserreichs. 1. Hft. Vom Beginn der Feindseligkeiten bis zu den Schlachten bei Metz. Mit 3 (lith.) Karten. gr. 8. (VII, 87 S.) Berlin 1877, Mittler & Sohn. n. 1. 20.

—— dasselbe. 2. Hft. Die Schlachten v. Colombey — Nouilly, Vionville — Mars la Tour u. Gravelotte — St. Privat. Mit e. (chromolith.) Karte. gr. 8. (S. 89—188.) Ebd. 1877. u. 1. 20.

—— dasselbe. 3. Hft. Von der Einschliessg. der französ. Rheinarmee bis zum Sturze des Kaiserreichs. Mit 3 Karten. gr. 8. (S. 189—392.) Ebd. 1878. n. 2. 80.

Kottwitz, Baron v., das königl. preussische Garde-Husaren-Regiment im Feldzug gegen Frankreich 1870—71. Ein Beitrag zur Geschichte d. Regiments. gr. 8. (IV, 141 S.) Berlin 1878, Mittler & Sohn. n. 2. —

Kraatz-Koschlau, M. T. v., Geschichte d. 1. Brandenburg. Dragoner-Regiments Nr. 2. Mit 2 Bildnissen u. 1 Uniformbild. gr. 8. (VIII, 355 S.) Berlin 1878, Mittler & Sohn. n. 6. 50.

Kraetzig, Geschichte d. 1. rheinischen Feld-Artillerie-Regiments Nr. 8. Mit 6 Karten. gr. 8. (VI, 131 S.) Berlin 1877, Mittler & Sohn. n. 4. 50.

Krebs, J., die Schlacht am weissen Berge bei Prag [8. Novbr. 1620] im Zusammenhange der Kriegs - Ereignisse. Mit e. (lith.) Plan. gr. 8. (V, 217 S.) Breslau 1879, Koebner. n. 5. 60.

Kretschmar, A. v., Geschichte der kurfürstl. u. königl. sächsischen Feld-Artillerie von 1620—1820. gr. 8. (IX, 146 S.) Berlin 1876, Mittler & Sohn. n. 4. 50.

Krieg, der, zwischen Russland u. der Türkei 1877. Gesammelte Kriegsberichte der „Daily News" v. A. Forbes, Mac Gahan u. A. Aus dem Engl. übers. v. A. Helms. gr. 8 (XV, 543 S. m. 1 Lichtdr.-Taf.) Berlin 1878, Bebr. n. 12. —

Kühne, die Geschichte der braunschweigischen Artillerie von ihrer Entstehung bis auf die heutige Zeit. gr. 8. (48 S) Berlin 1875, Mittler & Sohn. n. — 80.

Lang, Geo., die Schlachten am 14., 16. u. 18. Aug. 1870. Mit e. chromolith. Karte im Massstab 1:50,000. 5. Aufl. 8. (28 S) Metz 1875, deutsche Buchh. 2. 40.

—— the battles around Metz on the 14., 16. and 18. August 1870. Compiled from the best sources. Translated by A. R. Purves. 8. (30 S. m. 1 chromolith. Karte in Imp.-Fol.) Ebd. 1875. n. 3. —

Lehfeldt, R., Geschichte d. ostpreussischen Füsilier-Regiments Nr. 33. Mit 7 Karten. gr. 8. (IX, 548 S. m. 2 Tab.) Berlin 1877, Mittler & Sohn. n. 10. —

Lenz, Max, die Schlacht bei Mühlberg. Mit neuen Quellen. gr. 8. (148 S) Gotha 1879, F. A. Perthes. n. 3. —

Lessel I., v., das 2. Magdeburgische Infanterie-Regiment Nr. 27 im Kriege gegen Frankreich 1870—71. gr. 8. (VI, 278 S. m. 4 lith. Karten in gr. 4. u. Fol.) Berlin 1875, Mittler & Sohn. n. 6. —

Loos, H. v., zur Geschichte d. 1. Rheinischen Infanterie-Regiments Nr. 25. 1) Gefecht bei Villersexel, den 9/10. Jan., 2) Gefecht bei Arcey-Ste.-Marie u. Aibre, den 13. Jan. 1871. Mit 2 Plänen u. e. Uebersichtskarte. g.r 8. (66 S.) Düsseldorf 1875, Bagel. 1. 20.

Mackensen, das 2. Leib-Husaren-Regiment Nr. 2 im Kriege gegen Frankreich 1870/71. Ein Beitrag zur Geschichte d. Regiments. gr. 8. (VII, 388 S. m. 2 Tab.) Berlin 1877, Mittler & Sohn. n. 7. —

Mayers, Carl, der serbisch-türkische Krieg im J. 1876. Mit e. Karte d. Kriegsschauplatzes 1:300,000. gr. 8. (VIII, 104 S) Wien 1877, Bloch & Hasbach. n. 3.20.

Mehnert, Const., Rathenow u. Febrbellin. Der Krieg d. grossen Kurfürsten gegen die Schweden in der Mark im J. 1675. Aus den Quellen u. quellenmäss. Bearbeitgn. dargestellt. Mit e. (lith.) Karte (in gr. 4.) hoch 4. (78 S.) Rathenow 1875, Haase. 1. 50.

Minckwitz, A. v., die Brigade Thielmann in dem Feldzuge v. 1812 in Russland. gr. 8. (48 S.) Dresden 1879, Burdach. n. 1. 50.

Mirbach, v., in St. Denis während d. Waffenstillstandes 1871. 2. Ausg. gr. 8. (III, 93 S.) Berlin 1878, (Peiser's Sort.). n. 1. —

Molitor, Karl, der Verrath v. Breisach 1639. Ein Beitrag zur Geschichte d. Verlustes der Landgrafschaft im Elsass nebst Breisach u. Sundgau an Frankreich im 30jähr. Kriege. gr. 8. (VIII, 85 S.) Jena 1875, Fischer. n. 2. —

Mülbe, v. d., das Garde-Füsilier Regiment. Mit 2 Uebersichtskarten. gr. 8. (IV, 464 S.) Berlin 1876, Mittler & Sohn. n. 9. —

Mueller, v., Geschichte d. Grenadier-Regiments Prinz Carl v. Preussen [2. Brandenburgisches] Nr. 12. 1813—1875. Mit 14 lith. Karten. gr. 8. (VII, 657 S.) Berlin 1875, Mittler & Sohn. n. 11. —

Müller, Frz., einige Berichtigungen u. Ergänzungen zur Geschichte d. Kronprinz Ferdinand 4. Kürassier Regimentes in den Schlachten bei Regensburg, Aspern u. Wagram. gr. 8. (36 S.) Reichenberg 1877, (Jannasch). n. — 80.

Müller, Wilh., der russisch-türkische Krieg 1877. gr. 8. (VIII, 320 S.) Stuttgart 1877,78, Krabbe. n. 5. —

Niemann, Aug., das 6. thüringische Infanterie-Regiment Nr. 95 im Feldzuge gegen Frankreich 1870—71. gr. 8. (XXXI, 289 S.) Gotha 1875, Thienemann. n. 4. 60.

Niemann, Wilfr., Geschichte d. 2. hanseatischen Infanterie-Regiments Nr. 76. Mit 2 Karten. gr. 8. (VI, 235 S.) Hamburg 1876, Mauke Söhne. n. 6. —; geb. n.n. 7.50.

Nitschke, das westfälische Füsilier-Regiment Nr. 37 im Kriege 1870/71. Mit 2 Karten. gr. 8. (XVI, 157 S.) Berlin 1879, Mittler & Sohn. n. 3. —

Notizen, historische, üb. die kriegerischen Ereignisse im Isonzo-Gebiet. Als Mscr. gedr. Mit e. Skizze. 8. (30 S.) Wien 1879, Seidel & Sohn. n. 1. —

Ochsenbein, Gottl. Frdr., die Kriegsgründe u. Kriegsbilder d. Burgunderkrieges. Auf die 4. Säcularfeier. 2 Abthlgn. 8. (1. Abth. IV, 158 S.) Bern 1876, Jent & Reinert. n. 3. —

Ollech, v., Geschichte d. Feldzuges v. 1815 nach archivalischen Quellen. Mit 4 lith. Karten u. 1 Fcsm. gr. 8. (III, 408 S.) Berlin 1876, Mittler & Sohn. n. 10. —

Opel, Jul. Otto, der niedersächsisch-dänische Krieg. 2. Bd. Der dän. Krieg 1624 – 1626. gr. 8. (VIII, 616 S.) Magdeburg 1878, Faber. n. 9. 75. (1. u. 2.: n. 18. 75.)

Oesfeld, Max v., Geschichte der Okkupation der freien deutschen Reichsstadt Nürnberg u. deren Vorstädte durch Preussen im J. 1796. Ein staatsrechtl. Beitrag zur preussisch-deutschen Vaterlandskunde, sowie insbesondere zur Geschichte der Stadt Nürnberg u. der Hardenberg-preuss. Politik in den Fürstenthümern Ansbach u. Bayreuth. Aus neuerlich aufgefundenen dokumentar. Quellen aktenmässig dargestellt. gr. 8. (114 S.) Berlin 1876, Hempel. n. 2. 40.

Oesterreichs Kriege seit 1495. Chronologische Zusammenstellg. der Schlachten, Gefechte, Belagergn. etc. an welchen kaiserl. Truppen auf den verschiedenen Kriegsschauplätzen entweder allein od. m. ihren Aliirten theilgenommen haben. Von der Zeit Kaiser Maximilians I. 1495 bis auf die neueste Zeit. 2. Aufl. gr. 8. (202 S. m. 1 chromolith. Karte in Imp.-Fol.) Wien 1878, (Seidel & Sohn). n. 6. —

Ottmann, Mor., deutsches Heldenbuch. Hervorragende Kriegsthaten deutscher Offiziere u. Soldaten in dem Kriege 1870 u. 1871. Aus Berichten der einzelnen Truppentheile zusammengestellt. Mit 34 Illustr. u. e. Karte d. Kriegsschauplatzes. gr. 8. (VII, 727 S.) Breslau 1877, Morgenstern. geb. n. 12. —

Otto, Werner, Geschichte d. herzogl. Braunschweigischen Infanterie-Regiments Nr. 92 seit dem Eintritt in den Norddeutschen Bund bis zur Jetztzeit [1867 – 1877]. Mit 2 Karten. gr. 8. (IX, 437 S.) Braunschweig 1878, Hafferburg. n. 5. 25.

Pelchrzim, Thdr. v., Charaeterzüge u. Einzelthaten preussischer Krieger während der glorreichen Feldzüge 1864, 1866, 1870–1871, nach Mittheilgn. v. Vorgesetzten gesammelt u. nebst der Autographie e. eigenhänd. Schreibens Sr. Maj. d. Kaisers u. Königs lt. Allerhöchster Genehmigg. wiedergegeben. gr. 8. (44 S.) Schweidnitz 1877, (Kaiser). n. — 60.

Plüster, Alb., Geschichte d. Grenadierregiments Königin Olga [1. württembergisches] Nr. 119. Populär dargestellt f. den Unteroffizier u. Soldaten. 2. Aufl. 8. (IV, 52 S.) Stuttgart 1875, Ullrich. n. — 40.

Poten, B., braune Husaren in Frankreich. Dem 1. schles. Husaren-Regiment Nr. 4. zur Erinnerg. an den Feldzug 1870–71 gewidmet. 2. Aufl. gr. 8. (88 S.) Gera 1876, Reisewitz. n. 1. —

Preussens Heer. Seine Laufbahn in histor. Skizze entrollt v. Geo. Hiltl. Mit zahlreichen Illustr. nach Skizzen v. L. Burger, Mentzel u. A. — Seine heut. Uniformirg. u. Bewaffng. gezeichnet v. F. Schindler. Auf 50 lith. u. m. der Hand sorgfältigst color. Taf. Pracht-Ausg. 10 Lfgn. gr. Fol. (VIII, 32 S.) Berlin 1875/76, H. J. Meidinger. à n. 15. —

Prielmayer, Frhr. v., das kgl. bayer. 1. Infanterie-Regiment „König" im Feldzuge gegen Frankreich 1870/71. Nach den Acten bearb. gr. 8. (IV, 192 S.) München 1877, Fritsch. n. 4. —

Rau, Ferd., Geschichte d. 1. Badischen Leib-Dragoner-Regiments Nr. 20 u. dessen Stamm-Regiments, des Badischen Dragoner-Regiments v. Freystadt von 1803 bis zur Gegenwart. Nebst Uebersichtskarten, Skizzen u. Plänen. gr. 8. (VII, 298 S.) Berlin 1878, Mittler & Sohn. n. 6. —

Reuss, Rud., die Beschreibung d. bischöflichen Krieges anno 1592. Eine Strassburger Chronik, m. Anmerkgn. u. ungedr. Beilagen zum ersten Male hrsg. gr. 8. (XIV, 161 S.) Strassburg 1878, Treuttel & Würtz. n. 3. 50.

Rocholl, Heinr., der Feldzug d. Grossen Kurfürsten gegen Frankreich 1674–1675. Sammlung der in den elsäss. Archiven beruh., die brandenburg. Kampagne betreff. handschriftl. Dokumente. [Aus: „Zeitschr. f. preuss. Geschichte".] gr. 8. (64 S.) Berlin 1879, Mittler & Sohn. n. 1. 20.

Rothenbücher, Karl, der Kurmainzer Landsturm in den J. 1799 u. 1800. Ein Beitrag zur Geschichte der französ. Revolutionskriege u. d. Unterganges d. alten deutschen Reiches. gr. 8. (III, 108 S.) Augsburg 1878, Lampart & Co. n. 2. —

Rüffer, Ed., Plevno. Ein Denkstein der modernen Kriegs-Geschichte. Nach den bestvorhandenen Quellen dargestellt u. m. krit. Bemerkgn., sowie e. vorzügl. Karte d. Umgebungsterrains v. Plevno versehen. gr. 8. (108 S.) Prag 1878, Bellmann. n. 1. 60.

Sander's, Constantin, Geschichte d. Bürgerkrieges in den Vereinigten Staaten v. Amerika 1861–1865. 2. Aufl., vervollständigt u. nach den neuesten Quellen umgearb. v. F. Mangold. 1. Bd. Mit Uebersichtskarten u. Operationsplänen in Farbendr. gr. 8. (XII, 792 S.) Frankfurt a/M. 1876, Sauerländer. n. 12. —

Schiller, Frdr., Geschichte d. dreissigjährigen Krieges. Nach den vorzüglichsten Quellen rev. Ausg. Hrsg. von Wendelin v. Maltzahn. 2 Thle. gr. 16. (175 u. 196 S.) Berlin 1879, Hempel. In 1 Bd. geb.   n. 1. 80.

Schilling v. Cannstadt, Frhr., das grossherzogl. badische 5. Infanterie-Regiment, jetzt königl. preussische 5. badische Infanterie-Regiment Nr. 113 im Feldzuge 1870—71. gr. 8. (V, 204 S. m. 7 lith. Karten in 4. u. Fol.) Berlin 1876, Mittler & Sohn.   n. 5. —

Schkopp, v., Geschichte d. Königs-Grenadier-Regiments [2. Westpreussischen] Nr. 7, als Fortsetzung zur Geschichte d. 7. Infanterie-Regiments. Mit 20 Beilagen u. 2 Marschkarten. gr. 8. (248 S. m. lith. Portr. d. Kaisers Wilhelm.) Berlin 1877, Mittler & Sohn.   n. 5. —

Schmidt, Emil, die Expedition gegen Chiwa im J. 1873 nach den Quellen bearb. gr. 8. (IV, 200 S.) St. Petersburg 1875, Röttger.   n. 5. —

Schmidt v. Knobelsdorf, H., Geschichte d. 3. Hannoverischen Infanterie-Regiments Nr. 79. Im Auftrage d. Regiments zusammengestellt. Mit e. Bildniss u. 5 Karten in Steindr. gr. 8. (IV, 280 S.) Berlin 1879, Mittler & Sohn.   n. 6. —

Schmidt, Heinr., das grossherzogl. badische 2. Dragoner-Regiment Markgraf Maximilian [jetzt 2. bad. Dragoner-Regiment Markgraf Maximilian Nr. 21] im Feldzuge 1870/71. gr. 8. (VII, 87 S.) Karlsruhe 1876, (Braun).   n.n. 2. —

Schmidt, Rud., die Schlacht bei Wittstock. Ein Beitrag zur Geschichte d. 30jähr. Krieges. gr. 8. (85 S.) Halle 1876, Gesenius.   n. 1. 80.

Schneider, L., der Krieg der Triple-Allianz [Kaiserth. Brasilien, Argentin. Conföderation u. Republik Banda oriental del Uruguay] gegen die Regierung der Republik Paraguay. 3. (Schluss-)Bd. Mit 3 (lith. u. chromolith.) Karten (in gr. 8., gr. 4. u. gr. Fol.). Lex.-8. (260 S. u. Schriftstücke S. 119—189.) Berlin 1875, Behr's Buchh.   n. 9. —

Schober, Karl, die Eroberung Niederösterreichs durch Mathias Corvinus in den J. 1482—1490. Mit Benützg. bisher unedierter Quellen im k. u. k. Staats-Archiv, im Wiener Stadt-Archiv u. n. ö. Landes-Archiv. gr. 8. (223 S.) Wien 1879, (Hölder).   n. 5. 20.

Schönhals, Carl Ritter v., der Krieg 1805 in Deutschland. Nach österreich. Orig.-Quellen. Mit e. Uebersichtskarte u. dem Plan v. Ulm. gr. 8. (180 S.) Wien 1874, (v. Waldheim).   n. 4. —

Schönlein, M., Geschichte der Belagerungen Colbergs in den J. 1758, 1760, 1761 u. 1807. Für den preuss. Soldaten u. Bürger bearb. Mit c. (lith.) Plane der Belagerg. v. 1807. 2. Aufl. 8. (III, 75 S.) Colberg 1878, Post.   n. 1. —

Schweppe, Geschichte d. oldenburgischen Dragoner-Regiments Nr. 19, ehemalig grossherzogl. oldenburg. Reiter-Regiments. Mit 5 farb. Uniformbildern. gr. 8. (VIII, 244 S.) Berlin 1879, Mittler & Sohn.   n. 5. —

Seubert, A. v., die Württemberger im Schwarzwald im Aug. 1870. 8. (54 S.) Berlin 1879, Mittler & Sohn.   n. — 80.

Springer, Ant., die Kosaken. Deren histor. Entwicklg., gegenwärt. Organisation, Kriegstüchtigkeit u. numer. Stärke, nebst e. Vergleich der gesammten russ. u. österreich. Cavallerie m. Bezug auf e. eventuellen Krieg Oesterreichs gegen Russland. gr. 8. (128 S.) Leitmeritz 1877. (Wien Seidel & Sohn.)   n. 2. 80.

Stähler, Geschichte d. Fuss-Artillerie-Regiments Nr. 15 u. seiner Stamm-Truppentheile. Mit 4 Skizzen. gr. 8. (VI, 199 S.) Berlin 1877, Mittler & Sohn.   n. 4. —

Stern, P., die ersten fünf Jahre d. holsteinischen Infanterie-Regiments Nr. 85. Mit 5 Plänen. gr. 8. (V, 172 S.) Berlin 1878, Mittler & Sohn.   n. 3. —

Stieve, Felix, der Ursprung d. dreissigjährigen Krieges 1607—1619. 1. Buch. Der Kampf um Donauwörth im Zusammenhange der Reichsgeschichte dargestellt. gr. 8. (XV, 636 S.) München 1875, Rieger.   n. 12. —

Stommel, Cuno, die Balkan-Halbinsel 1877/78. Skizzen u. Correspondenzen aus dem russisch-türk. Kriege u. dem Berliner Congress. Nebst diplomat. Actenstücken. gr. 8. (VI, 279 S.) Berlin 1878, Behr.   n. 4. —

Strantz, Vict. v., illustrirte Kriegs-Chronik. Gedenkbuch an den russisch-türk. Feldzug von 1876—78. Gezeichnet v. den artist. Mitarbeitern der Illustrirten Zeitung. Neueste Folge der Illustrirten Kriegs-Chronik u. 1864, 1866 u. 1870/71. 20 Lfgn. Fol. (X, 344 S. m. eingedr. Holzschn. u. 1 lith. u. color. Karte in qu. gr. Fol.) Leipzig 1878, Weber.   à n. — 50.

Stuckrad, v., der russisch-türkische Krieg 1877—78, nach den bisher veröffentlich-

ten Nachrichten bearb. Mit 13 (lith.) Taf. gr. 8. (VII, 501 S.) Hannover 1878,
Helwing's Verl.   n. 9. —
Stumm, Hugo, der russische Feldzug nach Chiwa. 1. Thl. Historische u. militair-
statist. Uebersicht d. russ. Operationsfeldes in Mittelasien. Mit 3 lith. Karten in
Buntdr. gr. 8. (XVI, 376 S.) Berlin 1875, Mittler & Sohn.   n. 12. —
Sunkel, W., Geschichte d. 2. hessischen Infanterie-Regiments Nr. 82, in Verbindg.
m. der Geschichte d. kurhess. Stamm-Regiments von seiner Errichtg. bis zu sei-
ner Einverleibg. in die preuss. Armee. Mit 2 Plänen. gr. 8. (165 S.) Berlin 1876,
Schneider & Co.   n. 3. —
Süss, O., Geschichte der königl. Schloss-Garde-Kompagnie zur Feier ihres 50jähr.
Bestehens. Mit e. Uniformtaf. gr. 8. (14 S.) Berlin 1879, Mittler & Sohn. n. — 50.
Suttner, Gust. Frhr. v., der Helm von seinem Ursprunge bis gegen die Mitte des
17. Jahrh., namentlich dessen Hauptformen in Deutschland, Frankreich u. Eng-
land. Imp.-4. (48 lith. u. chromolith. Taf. u. Text 52 S.) Wien 1878, (Gerold's
Sohn).   n. 64. —
Tadra, Ferd., Beiträge zur Geschichte d. Feldzuges Bethlen Gabors gegen Kaiser
Ferdinand II. im J. 1623. Nebst Orig.-Briefen Albrechts v. Waldstein. [Aus: „Arch.
f. österr. Gesch."] Lex.-8. (64 S.) Wien 1877, (Gerold's Sohn).   n.n. — 90.
Taysen, A. v., das militärische Testament Friedrichs d. Grossen. Hrsg. u. erläu-
tert. gr. 8. (VIII, 46 S.) Berlin 1879, Mittler & Sohn.   n. 2. —
Theile, Frdr., die Kämpfe vor Dresden u. in den umliegenden Ortschaften im J.
1813, dargestellt in ihrem geschichtl. Zusammenhange m. den europ. Kriegen
Napoleon's I., nebst Schilderg. der damal. Kriegsdrangsale u. zahlreicher inter-
essanter Lokal- u. anderer Erinnergn. an jene denkwürd. Ereignisse. 2. verm. Aufl.
gr. 8. (IV, 68 S.) Dresden 1879, (Axt).   n. 1. —
Thieme, Geschichte d. Pommer'schen Füsilier-Regiments Nr. 34, nebst geschichtl.
Mittheilgn. üb. das königl. schwedische Leibregiment „Königin". Mit e. Portr.,
2 Uniformbildern, 5 Karten u. 1 Skizze. gr. 8. (V, 247 S.) Berlin 1879, Mittler &
Sohn.   n. 6. —
Thürheim, A. Graf, Gedenkblätter aus der Kriegs-Geschichte d. k. k. österreichischen Armee. (In ca. 15 Lfgn.) 1—6. Lfg. gr. 8. (S. 1—348.) Teschen 1879, Pro-
chaska.   à n. 1. 60.
Trapp-Ehrenschild, v., das 1. grossherzogl. badische Leib-Grenadier-Regiment
[jetzt königl. preussisches 1. badisches Leib-Grenadier-Regiment Nr. 109] im Feldzuge 1870/71. 2. Aufl. gr. 8. (196 S.) Karlsruhe 1875, Braun.   n.n. 2. —
Troschke, Th. Frhr. v., der preussische Feldzug in Holland 1787. Mit e. Karte.
gr. 8. (IV, 90 S.) Berlin 1875, Mittler & Sohn.   n. 1. 60.
Untersuchungen zur deutschen Staats- u. Rechtsgeschichte, hrsg. v. Otto Gierke.
4. Hft. gr. 8. Breslau 1879, Koebner.   n. 2. 40.
    Inhalt: Das Heerwesen unter den späteren Karolingern v. Alfr. Baldamus. (94 S.)
Wengen, Frdr. v. der, Geschichte d. k. k. österreichischen Dragoner-Regiments
Prinz Eugen v. Savoyen seit seiner Errichtung 1682 bis zur Gegenwart. gr. 8.
(XI, 1116 S.) Wien 1879, (Hölder).   n. 16. —
Wenzel, Max, Kriegswesen u. Heeres-Organisation der Römer. Eine kriegsgeschichtl.
Studie. gr. 8. (VIII, 124 S.) Berlin 1877, Luckhardt's Verl.   n. 2. —
Wertheimer, Ed., zur Geschichte d. Türkenkrieges Maximilians II. 1565 u. 1566.
Nach bisher ungedr. Quellen. Lex.-8. (59 S.) Wien 1875, (Gerold's Sohn). n. — 80.
Wieland, Joh., die Kriegsgeschichte der schweizerischen Eidgenossenschaft bis zum
Wiener Congress. Der 3. Aufl. 2. Ausg. 2 Bde. gr. 8. (VII, 554 u. VIII, 410 S.)
Basel 1879, Schweighauser.   n. 8. —
Wille, Jac., Stadt u. Festung Frankenthal während d. 30jährigen Krieges, nebst e.
Vorgeschichte ihrer Entstehg. u. Entwicklg. gr. 8. (VII, 127 S.) Heidelberg 1877,
C. Winter.   n. 2. 40.
Winterfeld, C. v., Geschichte der drei glorreichen Kriege v. 1864, 1866 u. 1870/1871.
2. Aufl. 8. (IV, 247 S.) Potsdam 1879, Döring.   n. 1. —
Witzleben, v., u. **Hassel,** Fehrbellin. 18. Juni 1675. Zum 200jähr. Gedenktage. Mit
2 lith. Fcsm. [Schlachtplan u. Brief d. grossen Kurfürsten] (in Fol. u. qu. gr.
Fol.) u. e. (lith.) Uebersichtskarte (in qu. gr. 4.). gr. 8. (105 u. Beilagen 75 S.)
Berlin 1875, Mittler & Sohn.   n. 3. —
Wulffen, Emil Frhr. v., die kurpfalzbayerischen Truppen während der französischen
Revolutionszeit. Ein Beitrag zur bayer. Geschichte. gr. 8. (IV, 68 S.) München
1875, Stahl.   n. 1. 60.
Wüst, F., Gedenkblätter v. den Schlachtfeldern um Metz, nach Federzeichngn. Den

Gefallenen zum Gedächtniss, den Lebenden zur Erinnerg. qu. gr. 4. (12 Bl. in
Zinkogr.) Metz 1879, Scriba.   n. 3. 60.
Zepelin, C. v., Geschichte d. königl. preussischen Grenadier-Regiments König Fried-
rich Wilhelm IV. [1. Pommersches] Nr. 2 1855 bis 1877, im Anschluss an die
Geschichte von 1677 bis 1840 von v. Mach u. d. Nachtrags zu derselben von 1840
bis 1855 von v. Gayl bearb. Mit 3 Plänen, 1 Uebersichtskarte u. 2 Kroquis. gr. 8.
(V, 151 u. 72 S.) Berlin 1879, Mittler & Sohn.   n. 5. —
Zernin, aus der Geschichte der Allgemeinen Militär-Zeitung 1826—1876. gr. 8. (31
S.) Darmstadt 1877, Zernin.   n. 1. —
Zimmermann, Mor. B., illustrirte Geschichte d. orientalischen Krieges von 1876—
77. Für das Volk bearb. 40 Lfgn. hoch 4. (VIII, 475 S. m. eingedr. Holzschn.)
Wien 1877, 78, Hartleben.   à — 40.

XVIII. Biographien. — Memoiren. — Briefwechsel.

Arendt, K., Heinrich, Prinz der Niederlande, Grossadmiral der niederländ. Flotte,
Feldmarschall d. Königr. der Niederlande, Chef der 2. Division der russ. Flotte,
Inhaber d. 65. preuss. Infanterie-Regiments; Statthalter Sr. Maj. d. Königs-Gross-
herzogs im Grossherzogth. Luxemburg. Eine biograph. Skizze. gr. 8. (55 S. m.
lith. Portr.) Luxemburg 1879, Bück.   n. 1. 60.
Aus dem deutsch-französischen Kriege 1870—1871. Tagebuch e. Dreiundachtzigers.
gr. 16. (226 S.) Marburg 1879, Elwert's Verl.   — 75.
—— dem literarischen Nachlasse v. Johann Ludwig Mosle, grossherzogl. oldenburg. Generalmajor. Mit e. kurzen Lebensabrisse. Hrsg. in Anlass der 100jähr.
Stiftungsfeier der Literar. Gesellschaft in Oldenburg. gr. 8. (IV, 253 S.) Oldenburg 1879, Schulze.   n. 5. 40; geb. n. 7. —
Barth, E. [E. Clarus], Kriegserinnerungen e. deutschen Officiers. Nach Tagebuch-
blättern. gr. 8. (310 S.) Bromberg 1878, Fischer.   n. 2. 50.
Becker, Th., aus unseren Tagebüchern. Geschichte d. 2. Nassauischen Infanterie-
Regiments Nr. 88 während d. Feldzuges 1870/71. 2. Aufl. gr. 8. (III, 120 S)
Berlin 1875, Militaria.   n. 2. 40.
Berlit, Bruno. vor Paris u. an der Loire 1870 u. 1871. Feldpostbriefe d. Res.-Lieu-
tenants im 83. Reg. Alfr. Berlit u. d. einjährig Freiwilligen im 88. Reg. Georg
Berlit theils vollständig, theils auszugsweise mitgetheilt. Mit e. (lith.) Karte der
Loire-Gegend (in 4.). 8. (XVI, 212 S.) Kassel 1872, Fischer.   1. 50.
Blätter aus dem Tagebuche e. hannoverschen Officiers aus den J. 1848 u. 1849.
gr. 8. (104 S.) Hannover 1876, Helwing's Verl.   n. 1. 50.
Bock v. Wülfingen, Jul., Tagebuch vom 11. Juni bis 3. Juli 1866. gr. 8. (62 S.)
Hannover 1876, Schulbuchh.   n. 1. —
Boguslawski, A. v., das Leben d. Generals Dumouriez. 1. u. 2. Bd. Mit 2 (lith.)
Karten u. 3 (lith)Skizzen. gr. 8. (X, 167 u. VIII, 312 S.) Berlin 1879, F. Luck-
hardt.   n. 12. —
Bruck, Baron, Memoiren aus der Zeit d. Krimkriegs. Hrsg. v. Isidor Heller.
gr. 8. (IV, 155 S.) Wien 1877, Hartleben.   2. 70.
Brunckow, Osk., Generalfeldmarschall Graf Wrangel. Biographische Skizze. gr. 8.
(55 S. m. Portr. in Lichtdr.) Berlin 1876, Chun.   n. — 75.
Buchner, W., Graf Moltke. Ein Lebensbild. gr. 16. (159 S. m. Portr. in Holzschn.
u. 1 lith. Kärtchen.) Lahr 1878, Schauenburg.   — 75
Colomb, v., aus dem Tagebuche während d. Feldzugs 1870—71. Mit 2 Karten.
gr. 8. (III, 233 S.) Berlin 1876, Mittler & Sohn.   n. 4. 60.
—— Blücher in Briefen aus den Feldzügen 1813—1815. Mit e. Holzschn.(-Taf.),
unveränderl. Lichtdr. u. 2 Fcsm. (in Fol.). gr. 8. (185 S.) Stuttgart 1876, Cotta.
                                                                           n. 5. —
Crousaz, A. v., Prinz Heinrich, der Bruder Friedrich d. Grossen. Historisches Gedenkblatt. Mit e. Portr. (Holzschntaf.). 8. (51 S.) Berlin 1876, Weile.   — 60.
Denkschrift zum 81. Geburtstage Sr. Majestät d. Kaisers u. Königs Wilhelm, allerhöchsten Kriegsherrn der deutschen Armee u. Marine. 71 Dienstjahre Sr. Maj.
Mit e. photogr. Portr. gr. 8. (IV, 40 S.) Berlin 1878, Militaria.   n. — 80.
—— zum 82jährigen Geburtstage Sr. Maj. d. Kaisers u. Königs Wilhelm. 72 Dienst-

jahre Sr. Majestät. 9. Aufl. Mit e. photograph. Portr. Sr. Maj. d. Kaisers u. Königs. gr. 8. (53 S.) Berlin 1879, Militaria. n. — 80.
Denkwürdigkeiten aus dem Leben d. Generals der Infanterie v. Hüser, grösstentheils nach dessen hinterlassenen Papieren zusammengestellt u. hrsg. v. M. Q Mit e. Vorwort v. Maurenbrecher. gr. 8. (XVI, 318 S.) Berlin 1877, G. Reimer.
n. 5. —
Dienstjahre, 70, Sr. Maj. d. Kaisers u. Königs Wilhelm, Allerhöchsten Kriegsherrn der Deutschen Armee u. Marine. Zum 70jähr. Dienstjubiläum Sr. Majestät am 1. Jan. 1877. Mit e. photogr. Portr. Sr. Maj. d. Kaisers u. Königs. 10. Aufl. gr. S. (40 S.) Berlin 1877, Militaria. n. 1. —
Droysen, Joh. Gust., das Leben d. Feldmarschalls Grafen York v. Wartenburg. 8., durchgesch. Aufl. Mit York's Portr., (in Stahl) gestochen v. L. Jacoby, u. 8 lith. Plünen. 2 Thle. in 1 Bde. gr. 8. (XIII, 467 S.) Leipzig 1878, Veit & Co.
n. 7. —; geb. n. 8. —
Ende, Ch. G. Ernst am, Feldmarschall-Lieutenant Carl Friedrich am Ende, besonders sein Feldzug in Sachsen 1809. Kriegsgeschichtliche Denkwürdigkeiten nach Familien-Papieren u. archival. Quellen. gr. 8. (IX, 99 S.) Wien 1878, Braumüller.
n. 2. —
Erinnerungen aus dem Leben d. kaiserl. russischen General-Lieutenant Johann v. Blaramberg. Nach dessen Tagebüchern von 1811—1871. 3. Bd., in. dem (lith.) Portr. d. Verf. u. 2 (chromolith.) Ansichten (in 8. u. qu. 4.). 8. (X, 430 S.) Berlin 1875. Schröder. n. 8. —
—— aus dem Dienstleben e. alten pensionirten Officiers der königl. preussischen Armee. 8. (III, 123 S.) Görlitz 1875, (Remer). n. 2. —
Erlebtes in Bosnien. Aus dem Tagebuche e. k. k. Officiers. [Juli u. Aug. 1878.] 2. Aufl. gr. 8. (31 S.) Wien 1878, Manz. n. — 60.
Fircks, A. Frhr. v., Feldmarschall Graf Moltke u. der preussische Generalstab gr. S. (92 S. m. Portr. in Lichtdr.) Berlin 1879, Militaria. n. 2. —
Glasenapp, G. v., Bayern's Generale. gr. Fol. (42 Bl. m. Photogr., Fcsm. u. Text, nebst 7 Bl. Text.) Berlin 1876, Militaria. In Mappe. n. 50. —
—— die Generale der deutschen Armee. Zehn Jahre deutscher Heeres-Geschichte, [1864—1874. 67 Lfgn. Fol. (392 Taf. m. eingeklebten Phototypien, Fcsm. u. Text). Ebd. 1875—78. Subscr.-Pr. à n. 6. —
—— Sachsen's Generale. gr. Fol. (26 Bl. m. 20 Photogr. u. Text.) Ebd. 1876.
n. 20. —; m. Mappe n.n. 30. —
—— Ergänzung zum Generalstabswerk 1866 u. 1870—71. Biographien, Portraits u. Facsimiles der Führer der deutschen Heere bis einschliesslich der Führer e. Division in den Feldzügen v. 1848, 1849, 1864, 1866 u. 1870—71. (In 14 Lfgn.) 1. Lfg. Lex.-S. (VIII, 39 Bl. m. 10 Bl. in Lichtdr.) Ebd. 1879. cart. n. 5. —
Gonzenbach, Aug. v., der General Hans Ludwig v. Erlach v. Castelen. Ein Lebensu. Charakterbild aus den Zeiten d. 30jähr. Kriegs. Bearb. nach zeitgenöss. Quellen. 1. Thl. Mit e. Bildniss d. Generals v. Erlach u. e. Bd. Urkunden. gr. 8. (X, 671 u. VII, 265 S.) Bern 1880, Wyss. n. 13. —
Gossler, v., Graf Albrecht v. Roon, königl. preussischer General-Feldmarschall. Mit dem Bildniss d. General-Feldmarschalls. gr. 8 (40 S.) Berlin 1879, Mittler & Sohn. n. — 80.
Hahn, Werner, Hans Joachim v. Zieten, königl. preuss. General der Kavallerie. 5. Aufl. Mit 5 (Holzschn.-)Illustr. 8. (VIII, 147 S.) Berlin 1878, v. Decker. cart. 1. 20.
Helden, russische, d. Krieges v. 1877. Eine Schilderg. d. russisch-türk. Krieges m. 15 Portraits in Stahlst. 2., verm. Aufl. 4. (54 S.) Leipzig 1878, Dürr'sche Buchh. cart. n. 5. —; Prachtbd. 9. —
Henckel Donnersmarck, Leo Amadeus Graf, Briefe der Brüder Friedrichs d. Grossen. Mit Portr. u. Fcsm. (in Lichtdr.) e. Briefes d. Prinzen Heinrich v. Preussen. gr. 8. (120 S.) Berlin 1877, Schneider & Co. n. 3. 60.
Hirth, Geo., u. Jul. v. Gosen, Tagebuch d. deutsch-französischen Krieges 1870—71. Register. 4. (90 Sp.) Leipzig 1876, Hirth. (Gera, Griesbach.) 1. 20. (cplt.: 37. 20.)
Herabges. Prs. n. 7. 50.
Homann, Karl, Kriegstagebuch e. deutschen Reservemannes. Neue, ergänzte Ausg. 8. (VI, 273 S.) Nürnberg 1879, v. Ebner. n. 2. —
Janko, Wilh. Edler v., Rudolf v. Habsburg u. die Schlacht bei Dürnkrut am Marchfelde. Zur 600jähr. Gedenkfeier d. 26. Aug. 1278. Mit dem (phototyp.) Bildnisse Rudolf's v. Habsburg u. e. (photolith.) Karte d. Schlachtfeldes. gr. 8. (VI, 69 S.) Wien 1878, Braumüller. n. 3. —

Kachler, der grosse Kurfürst. Ein geschichtl. Versuch zur Gedächtnissfeier d. Tages v. Fehrbellin. Mit e. (lith.) Karte (in gr. Fol.). [Aus: „Jahrb. f. d. deut. Armee u. Marine".) gr. 8. (224 S.) Berlin 1875, Schneider & Co.   n. 4. —

Lange, F., meine Erlebnisse im serbisch-türkischen Kriege v. 1876. Eine kriegschirurg. Skizze. Mit e. Vorworte v. F. Esmarch. Mit e. lith. Taf. u. 2 (eingedr. Holzschn.-)Illustr. 8. (XI, 156 S.) Hannover 1880, Rümpler.   n. 3. —

Lebens-Abriss, kurzer, d. weil. königl. preussischen General's Ernst Ludw. v. Aster. Nach Aufsätzen, Briefen, Aufzeichngn. etc. d. General's zusammengestellt u. hrsg. v. e. Sohn desselben. Nebst e. Anh., bestehnde aus drei in neuerer Zeit von E. L. v. Aster verfassten Aufsätzen polit. Inhalts. gr. 8. (VII, 139 S.) Berlin 1878, Voss.   n. 2. —

Lehmann, Max, Knesebeck u. Schön. Beiträge zur Geschichte der Freiheitskriege. gr. 8. (XIII, 347 S.) Leipzig 1875, Hirzel.   n. 7. —

Licht- u. **Schattenbilder** aus dem Soldatenleben u. der Gesellschaft. Tagebuch-Fragmente u. Rückblicke e. ehemal. Militärs. gr. 8. (IV, 356 S.) Prag 1876, Dominicus.   n. 6. —

Meerheimb, F. v., Carl v. Clausewitz. Vortrag. gr. 8. (31 S.) Berlin 1875, Schneider & Co.   n. — 60.

—— Graf v. Wrangel, königl. preuss. General-Feldmarschall. [Aus: „Militair. Wochenbl. 1877. 7. Beihft."] Lex.-8. (66 S.) Berlin 1877, Mittler & Sohn.   n. 1. 20.

Müller, Wilh., Generalfeldmarschall Graf Moltke. Mit dem (Holzschn.-)Portr. Moltke's. 2. Aufl. 8. (VII, 277 S.) Stuttgart 1879, Krabbe.   n. 3. 60.

—— Kaiser Wilhelm 1797—1877. Mit dem (lith.) Portr. d. Kaisers. gr. 8. (VII, 235 S.) Berlin 1877, Springer's Verl.   n. 3. 60; geb. n. 5. —

Natzmer, Gneomar Ernst v., aus dem Leben d. Generals Oldwig v. Natzmer. Ein Beitrag zur preuss. Geschichte. 1. Thl. Mit e. Einleitg. von Thdr. v. Bernhardi, dem (phototyp.) Bildniss d. Generals u. e. kleinen (lith.) Karte (in 4.). gr. 8. (XIX, 309 S. m. 1 genealog. Tab. in qu. Fol.) Berlin 1876, Mittler & Sohn.   n. 6. —

Ollech, v., Carl Friedrich Wilhelm v. Reyher, General der Kavallerie u. Chef d. Generalstabes der Armee. Ein Beitrag zur Geschichte der Armee. 4. Thl. Mit dem Brustbilde d. Generals. gr. 8. (90 S.) Berlin 1879, Mittler & Sohn.   n. 1. 60.

Pupikofer, J. A., der Freiherr Ulrich v. Hohen-Sax, Herr zu Bürglen im Thurgau, Mitkämpfer in der Schlacht bei Murten u. im Schwabenkriege, Heerführer der Eidgenossen im Herzogth. Mailand. gr. 8. (33 S.) Frauenfeld 1876, Huber.   — 60.

Rodowicz v. Oświęciński, Chevalier Th., aus dem Leben u. Treiben d. königl. preussischen berühmten u. berüchtigten General Staff. Humoristisch-histor. Reminiscenzen. 8. (237 S. m. e. Steintaf. in qu. gr. 4.) Stuttgart 1875, Cotta.   n. 4. —

Schaumburg, E. v., General-Lieutenant z. D. Frhr. Wilhelm v. der Horst. Ein militair. Lebensbild. gr. 8. (78 S.) Berlin 1875, Mittler & Sohn.   n. 1. 60.

Scherer, Graf Jos. v., aus dem Tornister e. Soldaten der Revolutionsarmee. Charakter- u. Sittengemälde aus der französ. Schreckenszeit. Nach dem Tagebuch e. Zeitgenossen bearb. 3 Bdchn. 5., verb. Aufl. 8. (276, 292 u. 295 S.) Leipzig 1877, Kirchheim.   4. 50.

Schlözer, Kurd v., General Graf Chasot. Zur Geschichte Friedrichs d. Grossen u. seiner Zeit. 2. umgearb. u. verm. Aufl. gr. 8. (VI, 240 S.) Berlin 1878, Hertz.   n. 4. —

Schmidt, Ferd., Kaiser Wilhelm, der Siegreiche, der Wiederhersteller d. Deutschen Reiches. Ein Gedenkbuch f. das deutsche Volk. 2. verb., gänzlich umgestaltete Aufl. Pracht-Ausg. Mit üb. 200 Illustr. (darunter 8 Tonbilder u. das Portr. d. Kaisers in Stahlst.) Nach Zeichngn. v. Ludw. Burger, H. Lüders, F. W. Heine u. A. 28 Hfte. gr. 8. (I. 472 u. II. XII, 644 S.) Leipzig 1877/78, Spamer.   n. — 50.

Schneider, L., Kaiser Wilhelm. Militärische Lebensbeschreibg. 1867—1871. Fortsetzg. der 1869 in demselben Verlage erschienenen beiden Hefte: „König Wilhelm", welche die J. 1864 u. 1867 umfassen. gr. 8. (III, 300 S.) Berlin 1875, Mittler & Sohn.   n. 2. 40.

Schönhals, Karl v., Biografie d. k. k. Feldzeugmeisters Julius Frbrn. v. Haynau

3. unveränd. Aufl. Neue Ausg. gr. 8. (132 S.) Wien 1875, Braumüller.
n. 2. —

Schwartz, Karl, Leben d. Generals Carl v. Clausewitz u. der Frau Maria v. Clausewitz, geb. Gräfin v. Brühl. Mit Briefen, Aufsätzen, Tagebüchern u. andern Schriftstücken. Mit 2 (phototyp.) Portraits. 2 Bde. gr. 8. (XV, 543 u. V, 543 S.) Berlin 1878, Dümmler's Verl. n. 20. —

Teicher, Frdr., Johann Frhr. v. Werth, kaiserl. u. churbayerischer General der Cavalerie. gr. 8. (83 S.) München 1877, Jaumann. n. 1. 50.

Thürheim, A. Graf, Feldmarschall Otto Ferdinand Graf v. Abensperg u. Traun. 1677—1748. Eine militär-histor. Lebensskizze. gr. 8. (IX, 420 S.) Wien 1877, Braumüller. n. 8. —

—— Feldmarschall Ludwig Andreas Graf v. Khevenhüller-Frankenburg, seiner grossen Herrscherin „treuer Vasall u. Beschützer" 1683—1744. Eine Lebensskizze. gr. 8. (VIII, 352 S.) Ebd. 1878. n. 7. —

Welden, Ludw. Frhr. v., militärische Memoiren. Der Krieg der Oesterreicher in Italien gegen die Franzosen in den J. 1813 u. 1814. — Geschichte der Feldzüge der österreich. Armee in den J. 1848 u. 1849. Neue Ausg. gr. 8. (XX, 159 u. XII, 274 S. m. 8 Tab. in gr. 4. u. 1 lith. Karte in qu. Fol.) Wien 1875, Braumüller. n. 8. —

Wigger, Frdr., Feldmarschall Fürst Blücher v. Wahlstatt. Lex.-8. (VIII, 311 S.) Schwerin 1878, Stiller. n. 6. —

Winterfeld, C. v., Wilhelm, deutscher Kaiser, König v. Preussen. Dem kaiserl. Kriegsheere u. allen deutschen Patrioten gewidmet. 9. Aufl. 8. (152 S.) Potsdam 1878, Döring. n. — 75.

Wülcker, Rich. Paul, 50 Feldpostbriefe e. Frankfurters, aus den J. 1870 u. 1871. 2. Aufl. gr. 8. (VIII, 91 S.) Halle 1876, Niemeyer. n. 2. —

Zwichem, d. Viglius van, Tagebuch d. Schmalkaldischen Donaukrieges. Nach dem Autograph d. Brüsseler Staatsarchivs hrsg. u. erläutert von Aug. v. Druffel. Mit e. (lith.) Skizze der Truppenaufstellg. vor Ingolstadt, entworfen von Ludw. v. Langlois. gr. 8. (48 u. 296 S.) München 1878, Rieger. n. 10. —

XIX. Geographie. — Statistik. — Reisen.

Bischoff, O. v., der Kaukasus u. seine Bedeutung f. Russland, m. Bezug auf seine europ. u. asiat. Verhältnisse. Politisch, geographisch u. militärisch beleuchtet. gr. 8. (40 S.) Leipzig 1877, Mutze. n. 1. —

Hoffmeister, das europäische Russland: Militairische Landes- u. Volks-Studie. gr. 8. (VIII, 54 S.) Berlin 1876, Mittler & Sohn. n. 1. 20.

Jahrbuch, statistisches, f. d. J. 1871. 11. Hft. Hrsg. v. der k. k. statist. Central-Commission. Lex.-8. Wien 1876, (Gerold's Sohn). n. — 80.
　　Inhalt: Armee u. Kriegs-Marine. (24 S.)

—— dasselbe, f. d. J. 1875. 11. Hft. Lex.-8. Ebd. 1876. n. — 80.
　　Inhalt: Armee u. Kriegs-Marine. (24 S.)

—— dasselbe, f. d. J. 1876. 11. Hft. Lex.-8. Ebd. 1878. n. — 80.
　　Inhalt: Bewaffnete Macht u. Kriegs-Marine. (24 S.)

—— dasselbe, f. d. J. 1877. 11. Hft. Lex.-8. Ebd. 1879. n. — 80.
　　Inhalt: Bewaffnete Macht u. Kriegs-Marine. (24 S.)

Janke, A., Skizzen aus dem Europäischen Russland. Mit besond. Berücksicht. militair. Verhältnisse. 1. u. 2. Hft. gr. 8. Berlin 1879, F. Luckhardt. à n. 2. 40.
　　Inhalt: 1. Warschau u. Polen. 2. Aufl. (129 S.) — 2. St. Petersburg u. Finnland. (IV, 124 S.)

Jireček, Const. Jos., die Heerstrasse von Belgrad nach Constantinopel u. die Balkanpässe. Eine historisch-geograph. Studie. gr. 8. (VI, 172 S.) Prag 1877, Tempsky. n. 3. —

Kirchhammer, Alex., Deutschland's Nordost-Grenze. Eine militär-geograph. Skizze. [Aus: „Oesterr. militär. Zeitschr."] gr. 8. (11 S.) Wien 1879, (Seidel & Sohn). n. — 80.

Laaba, Menrad v., das Land Tirol u. Vorarlberg vom militärischen Gesichtspunkte betrachtet. 8. (XV, 426 S.) Innsbruck 1878, Wagner. n. 5. 60.

Mittheilungen aus Justus Perthes' geographischer Anstalt üb. wichtige neue Er-
forschungen auf dem Gesammtgebiete der Geographie v. A. Petermann. Ergänzungsheft Nr. 53. gr. 4. Gotha 1878, J. Perthes.   n. 2. —
    Inhalt: Reise d. russischen Generalstabs-Obersten N. M. Przewalsky von Kuldscha üb.
    den Tbian-Schau an den Lob Nor u. Altyn-Tag 1876 u. 1877. Uebersetzung d. an die k.
    russ. Geograph. Gesellschaft in St. Petersburg gerichteten offiziellen Berichtes v. Przewalsky,
    d. d. Kuldscha 18. Aug. 1877. Mit 2 (lith. u. color.) Karten. (IV, 31 S.)
Registrande der geographisch-statistischen Abtheilung d. Grossen Generalstabes.
9. Jahrg. A. u. d. T.: Neues aus der Geographie, Kartographie u. Statistik
Europa's u. seiner Kolonien. 9. Jahrg. Quellennachweise, Auszüge u. Besprechgn.,
zur lauf. Orientirg. bearb. vom Grossen Generalstabe, geographisch-statist. Ab-
thlg. gr. 8. (XIV, 574 S.) Berlin 1879, Mittler & Sohn.   n. 12. —
Souklar Edler v. Innstädten, Carl, Lehrbuch der Geographie f. die k. k. Militär-
Real- u. Kadetenschulen. 1. Thl., f. die Militär-Unterreal- u. den 1. Jahrg. der
Kadetenschulen. Mit 31 Fig. erläutert. gr. 8. (XXIV, 335 S.) Wien 1878, Seidel &
Sohn.   n. 4. 40.
—— dasselbe. 2. Thl., f. die Militär-Oberreal- u. den 2., 3. u. 4. Jahrg. der Kade-
tenschulen. 3. Aufl. gr. 8. (XX, 366 S. m. 11 Tab.) Ebd. 1877.   n. 5. —
Streitkräfte, die, der europäischen Staaten übersichtlich dargestellt nach den
neuesten Quellen. gr. 16. (IV, 276 S.) Wien 1876, (v. Waldheim).   n. 3. 20.
Tabellen, militair-statistische, aller souveränen Länder der Erde. Bearb. v. T. 8.
(III, 52 S.) Leipzig 1878, Ruhl.   n. 1. —
Weber, Lotar, Preussen vor 500 Jahren in culturhistorischer, statistischer u. mili-
tairischer Beziehung nebst Special-Geographie. gr. 8. (VIII, 692 S. m. 1 Tab.)
Danzig 1878, (Bertling).   n.n. 8. —
Wessely, Jos., das Karstgebiet Militär-Kroatiens u. seine Rettung, dann die Karst-
frage überhaupt. Hrsg. vom k. k. General-Commando in Agram als Landes-Ver-
waltungsbehörde der kroat.-slavon. Militärgrenze. Lex.-8. (IX, 366 S. m. 1 chromolith. Karte in gr. Fol.) Agram 1876, (Suppan).   n. 9. 60.

XX. Schriften vermischten Inhalts. — Broschüren.

Armee-Kalender, deutscher illustrirter. 1880. gr. 16. (223 S. m. eingedr. Holzschn.) Minden. (Leipzig, Siegismund & Volkening.)   n. — 70.
Armee-Taschen-Kalender, k. k., 1878. 16. (126 S.) Teschen, Prochaska. n. — 40;
                                                               geb. n. 1. 60.
Chronika, d. deutsch-französischen Riesenkampfes in d. J. 1870 u. 1871, in humo-
ristischen Reimen erzählt v. Versifex. 2. Ausg. 8. (164 S.) Leipzig 1877, Siegismund & Volkening.   1. 20.
Crousaz, A. v., vom militärischen Verdienste u. Glück. gr. 8. (45 S.) Halle 1876,
Hendel.   n. 1. —
Debelak, Jul., die central-asiatische Frage. gr. 8. (105 S.) Wien 1875, v. Waldheim.   n. 2. —
—— die orientalische Frage vom militärischen Standpunkte. gr. 8. (80 S.) Ebd.
1874.   n. 1. 80.
Dienst-Notiz-Buch f. den Kompagnie-Chef f. das Dienstj. 1879/80. 2. Jahrg. 16.
(95 S. m. 4 Anlageheften 96, 104, 88 u. 72 lith. S.) Potsdam, Döring. geb.
                                                                  n. 4. —
Dienst- u. Notiz-Kalender f. Offiziere aller Waffen, Sanitäts-Offiziere u. Militair-
Beamte, bearb. F. A. Paris. 1880. 20. Jahrg. gr. 16. (138 u. 375 S.) Magdeburg,
Baensch jun. geb.   n. 4. —
Dupanloup, Fel., üb. die Verpflichtung der katholischen Theologen zum Militär-
dienst. gr. 8. (47 S.) Berlin 1876, Verl. der Germania.   — 75.
Entgegnung auf die Brochüre: Ist das „Du" im oesterreichischen Officiers-Corps
zeitgemäss? gr. 8. (31 S.) Budapest 1877, Grill.   n. — 80.
Forstner, Frhr. v., die Ursachen u. der Verlauf d. russisch-türkischen Krieges in
Europa in den J. 1877/78. Bis zum Abschlusse d. russisch-türk. Friedens im Febr.
1879. 2. Aufl. Mit e. Uebersichtskarte u. e. Plane v. Plewna. gr. 8. (IV, 74 S.)
Berlin 1879, Schleiermacher.   n. 1. 60.
Gauvain, Herrm. v., wegen d. Krieges v. 1866. Hrsg. v. Jul. Bärens. 8. (16 S.)
Hannover 1875, Schulbuchh.   n. — 50.

Goltz, Colmar Frhr. v. der, Léon Gambetta u. seine Armeen. Mit e. Karte. gr. 8. (VIII, 296 S.) Berlin 1877, Schneider & Co. n. 6. —
Hausner, Jos., Darstellung der Textil-, Kautschuk- u. Leder-Industrie m. Rücksicht auf Militärzwecke. 2. Aufl. Mit 527 Holzschn. u. 4 lith. Taf. Lex.-8. (XV, 570 S. m. 1 Tab. in qu. Fol.) Wien 1876, Manz. n. 16. —
Haymerle, Alois Ritter v., italicae res. Mit 2 (lith.) Kartenskizzen. [Aus: „Streffleur's österr. militär. Ztschr."] 2. Aufl. gr. 8. (144 S.) Wien 1879, (Seidel & Sohn). n. 4. —
Hellwald, F. v., die Türkei im Kampfe m. Russland. gr. 8. (115 S.) Augsburg 1877, Lampart & Co. n. 2. —
Herrig, Ludw., die Haupt-Cadetten-Anstalt zu Lichterfelde. Skizzen. Nebst 2 lith. Taf. gr. 8. (80 S.) Berlin 1878, Enslin. n. 2. —
Heydebrand u. **der Lasa,** L. v., die Schleppjagd u. ihre Bedeutung f. die Armee. Eine Anleitg. zur Haltg. u. Führg. e. Schleppmeute. 2. Aufl. gr. 8. (44 S.) Berlin 1877, Exped. d. „Sporn". n. 2. —
de l'Homme de Courbière, offenes Wort an die Staats-, Finanz- u. Kriegs-Wissenschaft üb. Beifügung v. Ackerbau-Truppen zum deutschen Heere auf den Staatsdomainen d. Reichs, ähnlich den Einrichtgn. in den grossen Nachbarstaaten Russland u. Oesterreich. gr. 8. (132 S.) Düsseldorf 1879, Bagel. 1. 80.
Hoenig, Fritz, die politische u. militärische Lage Belgiens u. Hollands in Rücksicht auf Frankreich-Deutschland. Eine Studie. Mit 2 Plänen. gr. 8. (X, 117 S.) Berlin 1878, Luckhardt'sche Verlagsh. n. 3. 50.
Janus. Notiz-Kalender f. das k. k. Heer u. Sr. Maj. Kriegs-Marine, m. vollständ. Pensonisten-Schema pro 1878. 9. Jahrg. 16. (193 u. 128 S.) Wien, Perles. geb. in Leinw. n. 3. 20; in Ldr. n. 4. —
Infanterie-Gewehr, das, M/71. In Verse gebracht v. MIR. 2. Aufl. 16. (48 S.) Potsdam 1878, Döring. n. — 25.
Kamerad, der. Oesterreichischer Militär-Kalender f. d. J. 1879. 17. Jahrg. 8. (XVI, 346 S.) Wien, (Seidel & Sohn). n. 3. 20.
Kernlieder d. deutschen Soldaten. Eine Liedersammlg. f. alle Waffengattgn. der deutschen Heere. Mit Melodien zusammengestellt v. e. alten Soldaten. 16. (64 S.) Bielefeld 1876, Gülker & Co. — 30.
Kirchhammer, Alex., der englisch-afghanische Krieg. Zwei Vorträge. gr. 8. (34 S.) Wien 1879, (Seidel & Sohn). n. 1. —
Krieger-Kalender, württembergischer, f. d. J. 1880. Von G. Th. Kettner. 8. (144 S.) Stuttgart 1879, Kohlhammer. — 30.
Lähm up! Wat de Trängsaldote Mattiges Pappstoffel, dei mett synem Pasteoer im Fransseosenlanne wässen is anplatz Köster, vam grauten Kryge to vertellen weit. Erlebnisse im Feldzuge 1870 bis 1871 im Paderborner Dialekt mitgetheilt v. e. Sohne der rothen Erde. [Neue Folge d. „Niu lustert mol!"] 8. (158 S.) Celle 1877, Literar. Anstalt. 1. 20.
Lattorff, A. v., die Unteroffizierfrage u. die Sozialdemokratie in der Armee. gr. 8. (15 S.) Hannover 1878, Helwing's Verl. n. — 50.
Liederbuch f. die deutsche Reichs-Armee. Von C. v. W. 3. Aufl. 16. (143 S.) Potsdam 1878, Döring. — 30.
—— für brave u. fröhliche Soldaten. Eine Sammlg. der schönsten bis auf die neueste Zeit fortgeführten Lieder. Grosse Ausg. 7. Aufl. 16. (416 S.) Harburg 1876, Elkan. cart. 1. —
Manöver-Notiz-Buch f. den Kampagnie-Chef der Infanterie. 2. Jahrg. 1879. 24. (36 S. m. lith. Formularen.) Potsdam 1879, Döring. geb. n. 1. 50.
Mars. Oesterreichischer Militär-Kalender f. 1879 12. Jahrg. Hrsg..: Rud. Leutgeb. 16. (293 S.) Wien, Perles. geb. n. 3. 20.
Militärpflicht, die, der Theologen im deutschen Reiche. Ein Wort gegen dieselbe. Von e. deutschen Theologen. gr. 8. (20 S.) Leipzig 1875, J. Naumann. n. — 40.
Notiz- u. Manöver-Kalender f. Cavallerie-Unteroffiziere u. gebildete junge Leute dieser Waffe pro 1876. 5. Jahrg. 16. (44 S.) Burg, Hopfer. geb. n. — 60.
—— —— für Infanterie-Unteroffiziere u. gebildete junge Leute dieser Waffe pro 1876. 9. Jahrg. 16. (46 S.) Ebd. geb. n. — 60.
Ochsenbein, U., der Sonntag in seinen Beziehungen zum Militärdienste. Vortrag, 8. (15 S.) Bern 1879, Haller. n. — 20.
Orientkrieg, der, 1877—78 im Lapidarstyle. Der Russen Siegeszug üb. Donau u. Balkan u. die Zerhaug. d. oriental. Knotens durch Alexander II. gr. 8. (43 S.) Erfurt 1878, Bartholomäus. — 60.

Otto, Carl, der schlesische Clerus im Kriegsjahre 1813 u. die Errichtg. d. **Land-sturms.** gr. 4. (VII, 42 S.) Breslau 1875, Aderholz. n. 1. 20.
Pelet-Narbonne, v., die Haupt-Kadetten-Anstalt zu Lichterfelde bei Berlin, nebst e. Rückblick auf die Entwickelg. d. königl. preuss. Kadettenkorps. Mit 1 Ansicht u. 1 Grundriss. gr. 8. (22 S.) Berlin 187ʰ, Mittler & Sohn. n. 1. —
Reserve- u. Landwehr-Kalender f. 1878. Hrsg. v. der Red. der „Unteroffizier-Zeitg." Mit vielen Holzschn. 8. (160 S.) Berlin 1877, Militaria. . n. — 60.
Reuter, Hugo, zu den Friedensbedingungen im Orientkrieg. 1. Abth. aus der Ab-handlg: Woher? u. wohin? der Orientkrieg u. Europas Orientpolitik. gr. 8. (128 S.) Berlin 1878, Peiser's Verl. n. 2. 50.
Sammlung gemeinnütziger populär-wissenschaftlicher Vorträge. 17. Hft. gr. 8. Wien 1877, Hartleben. — 60.
    Inhalt: Die politische Strategie od. Kriegspolitik. Ein Schlüssel zur Völkergeschichte aller Zeiten. Vortrag v. Ed. Rüffer. (72 S.)
Scheibert, J., Offizier-Brevier. Ein Festgeschenk f. den jungen Kameraden v. e. alten Soldaten. 8. (VIII, 165 S.) Berlin 1879, F. Luckhardt. n. 3. —;
              geb. n. 5. —
Schlächterei, die türkisch-serbische, od. Krieg, Pest u. Bankrott. Politisch-militär. Wahrnehmngn. üb. den serbisch-türk. Krieg u. seine Folgen, v. e. ehemal. Militär u. Politiker. 8. (85 S.) Leipzig 1876, Walther. 1. —
Schreib- u. Notiz-Kalender f. Offiziere d. Heeres. 3. Jahrg. 16. (278 S.) Han-nover 1878, Helwing's Verl. geb. n. 2. 80; durchschosseu n. 3. —
Selle, A., die Krieger- u. Landwehr-Vereine in Preussen. Enth. die Bestimmgn. üb. die Bildg. v. Vereinen zur Bestattg. v. Leichen ehemal. Krieger, üb. die zuläss. Begräbniss-Feierlichkeiten, üb. die Uniformirg. der Vereins-Mitglieder, sowie üb. die v. den Vereinen errichteten Kranken-, Begräbniss- u. Unterstützungs-Kassen, nebst genehmigten Statuten derart. Vereine. gr. 8. (63 S.) Lüdenscheid 1879, Becker & Co. n. 1. —
Soldatenfreund, deutscher. Kalender f. d. J. 1880. 16. (64 S. m. eingedr. Holzschn.) Stuttgart 1879, Buchh. der Evangel. Gesellschaft. n. — 20.
Soldaten-Kalender, bayerischer, f. d. Schaltj. 1880. 16. (40 S. m. 1 Flaggenkarte in Holzschn.) Sulzbach, v. Seidel. — 12.
—— österreichischer, f. d. J. 1879. Zusammengestellt von Frdr. Geitler v. Ar-mingen. 4..Jahrg. gr. 16. (109 S.) Wien, Perles. n. — 50; durchsch. n. — 80.
Soldaten-Liederbuch, neues, f. Cavalleristen. Eine Sammlg. der schönsten u. der neueste Zeit fortgeführten Lieder. Grosse Ausg. 7. Aufl. 16. (416 S.) Harburg 1876, Elkan. cart. 1. —; kleine Ausg. (VIII, 207 S.) — 50.
Streitenfels, Emerich, ist das „Du" im österreichischen Officiers-Corps zeitgemäss? Ein Beitrag zur Lösg. dieser Frage. gr. 8. (16 S.) Wien 1877, v. Waldheim.n. — 50.
Ströbel, Frdr. Ritter v., Liederbuch f. Soldaten d. deutschen Heeres. 5. Aufl. gr. 16. (X, 171 S.) Speyer 1878, (Neidhard). cart. n. 1. —
Taschen-Kalender 1879 f. Beamte der Militär-Verwaltung. Hrsg. v. H. Siekmann. 2. Jahrg. 16. (XXIII, 396 S.) Berlin, Bath. geb. n. 4. —
—— für das Heer, hrsg. von W. Frhrn. v. Fircks. 3. Jahrg. Dienstjahr 1880. [1. Oktbr. 1879—30. Septbr. 1880.] gr. 16. (442 S.) Ebd. geb. n. 4. —
—— für Officiere. Mit militärstatist. Notizen. Bearb. v. H. Reinhard u. A. Frbr. v. Fircks. 1876. 3. Jahrg 2 Thle. 16. (IV, 430 u. IV, 122 S.) Berlin, Schneider & Co. geb. u. geh. n. 3. 50; 1. Thl. geb. ap. n. 3. —; 2. Thl. ap. n. 1. —
—— für schweizerische Wehrmänner 1879. 3. Jahrg. gr. 16. (192 S. m. 1 Lichtdr., 4 Chromolith u. 1 chromolith. Karte.) Frauenfeld, (Huber). geb. n. 1. 60.
Veteran, der. Jahrbuch f. die Militär-Veteranen Oesterreich-Ungarns. Für d. J. 1876. 1. Jahrg. [Mit 1 Stahlst.] 8. (273 S.) Wien, (Seidel & Sohn). n. 2. 40.
Wagner, Mor., Betrachtungen üb. die militärische Lage unseres Vaterlandes. — 75. (48 S.) Aarau 1878, Sauerländer.
Wiede, F., der Militarismus. Social-philosoph. Untersuchgn. in gemeinverständl. Form. gr. 8. (IV, 156 S.) Zürich 1877, Verlags-Magazin. n. 2. —
Zeit- u. Streit-Fragen, deutsche. Flugschriften zur Kenntniss der Gegenwart. In Verbindg. m. Kluckhohn, A. Lammers, J. B. Meyer u. Paul Schmidt hrsg. von Frz. v. Holtzendorff. 116. Hft. gr. 8. Berlin 1879, Habel. n. 1. 20.
    Inhalt: Wehrpflicht u. Erziehung. Von Heinr. Stürenburg. (47 S.)
—— militärische, f. Offiziere aller Waffen. 29. Hft. gr. 8. Berlin 1878, Luckhardt's Verl. (á) n. 1. —
    Inhalt: Ewiger Frieden u. Abrüstung. Vortrag, geh. in der militär. Gesellschaft zu Berlin am 25. Febr. 1878 von v. Reichenau. (32 S.)

Zustände, die militärischen, in der Türkei. Eine Beleuchtung ihrer Defensivkraft. Von e. preuss. Artillerie-Offizier nach dessen eigenen Erlebnissen. gr. 8. (IV, 32 S.) Meissen 1877, Mosche. n. 1. —

XXI. Militärische Belletristik.

Anekdoten v. Friedrich dem Grossen, dem „Alten Fritz". 8 (64 S.) Bielefeld 1876, Gülker & Co. n. — 50.
Dewall, Johs. van, aus meinen Kadettenjahren. Lose Blätter. Mit (eingedr. Holzschn.-)Illustr. v. Othello. 8. (128 S.) Stuttgart 1877, Hallberger. n. 3. —
Drygalski, A. v., Bilder aus dem russischen Soldatenleben. Nach den Skizzen D. Iwanow's. 8. (VIII, 167 S.) Stuttgart 1878, Auerbach. n. 1. 80.
—— dasselbe. Neue Folge. 8. (136 S.) Ebd. 1878. n. 1. 80.
—— Scenen aus dem jüngsten Orientkrieg, erzählt v. russ. Soldaten. Ein Vortrag. gr. 8. (44 S.) Berlin 1877, Mittler & Sohn. n. 1. —
Feldpostbriefe aus Bosnien u. der Herzegowina v. Sebast. Stöpsel, Reservist d. 28. Jägerbataillons, früher als Kellner bedienstet, an seinen Freund u. Collegen Ant. Kletzenbauer, Kellner in Linz. gr. 16. (47 S.) Urfahr-Linz 1879, Krausslich. — 20.
Flir, Alois, Bilder aus den Kriegszeiten Tirols. Geschichtliche u. poetische Erzählgn. 2. verm. Aufl. 8. (VIII, 328 S.) Innsbruck 1878, Wagner. n. 2. 40.
Hackländer, F. W., das Soldatenleben im Frieden. Illustrirt v. Emil Rumpf. 2. Aufl. 8. (III, 201 S. m. eingedr. Illustr.) Stuttgart 1879, Krabbe. n. 3. —;
geb. n. 4. —
—— Wachtstubenabenteuer. 3 Thle. in 1 Bd. 12. Ebd. 1879. n. 4. 50; geb. 6. —
1. 6. Aufl. (152 S.) — 2 u. 3. 5. Aufl. (140 u. 151 S.)
Horn, Osk., aus zwei Feldzügen. Drei bair. Geschichten. 2 Bde. gr. 8. (194 u. 169 S.) Leipzig 1876, Dege. n. 9. —
Kiessling, Frdr., unter deutschen Fahnen. Bilder aus dem Soldatenleben. gr. 8. (79 S.) Leipzig 1876, Wölfert. n. 1. —
Klein, Karl, Fröschweiler Chronik. Kriegs- u. Friedensbilder aus dem J. 1870. 3. Aufl. [Mit (chromolith.) Kärtchen.] 8. (VI, 242 S.) Nördlingen 1878, Beck. n. 2. 25;
geb. n. 2. 80.
Krais, Jul., den Kämpfern im Krieg u. Sieg der dentschen Einheit 1870 u. 71. Vaterländische Gedichte. 8. (VIII, 230 S.) Tübingen 1877, Fues. n. 3. —
Krane, Fr. v., aus der Säbeltasche e. alten Kavalleristen. Erzählungen. 2. Aufl. 8. (356 S.) Berlin 1875, Trewendt. 6. —
Lenz, Ph., Soldaten-Freud' u. Leid. Neue Militär-Humoresken. gr. 8. (104 S.) Leipzig 1876, Wölfert. n. 1. —
Lothar, D., Marine-Novellen. [Der Marine-Onkel. — Kadettenliebe.] 4. Aufl. 8. (154 S.) Leipzig 1880, Baldamus. n. 2. —; Ausg. auf Kpfrdr.-Pap. geb. n. 3. —
Moser, Otto, Soldatengeschichten. gr. 16. (IV, 202 S.) Leipzig 1875, Dyk. — 90.
Mühlfeld, Jul., 1864, 1866, 1870/71. Deutschlands Einheitskämpfe. Für das Volk dargestellt. gr. 8. (576 S.) Berlin 1878, Donny & Sohn. n. 9. —
Rambaud, Camille, sechs Monate kriegsgefangen in Königsberg i. Pr. Aus dem Franz. v. Anna Herbst. gr. 8. (IX, 245 S.) Königsberg 1874, Hausbrand. n. 3. —
Reichsheer, das, auf mobilem Fuss, vorgeführt vom Pegasus. 2. Aufl. Mit 9 Illustr. v. Lüders. gr. 8. (48 S.) Berlin 1877, Mittler & Sohn. n. 1. —
Rustige, H., Reime u. Träume im Dunkelarrest. 8. (107 S.) Stuttgart 1876, Levy & Müller. n. 2. —; cart. m. Goldschn. n. 2. 40.
Streckfuss, A., auf Urlaub. Novelle. 2 Bde. 8. (186 u. 202 S.) Berlin 1876, Brigl. n. 5. —
Unger, J. v., aus meinem Garnison-, Feld- u. Reiseleben. Erinnerungen e. norddeutschen Offiziers. 3 Bde. 8. (253, 236 u. 206 S.) Leipzig 1878, Dürr'sche Buchh. 12. —
Wachtstube, die. Anekdoten u. Schnurren aus dem Soldatenleben. 1. Bdchn. 8. (64 S.) Bielefeld 1876, Gülker & Co. n. — 50.
Wapf, A., ernste u. heitere Bilder aus dem Soldatenleben zur Zeit der Freischaarenzüge u. d. Sonderbundes. Erinnerungen u. Erlebnisse e. alten luzerner Milizsoldaten. gr. 8. (99 S.) Luzern 1878, (Prell). n. — 80.

Wenzel, Max, Humor u. Ernst aus dem Soldatenleben. Mit einleit. Vorwort von
A. v. Winterfeld. 1. u. Bd. gr. 16. Jena 1879, Costenoble.   à 1. —
    Inhalt: 1. Aus der Wachtstube. Eine Tigerjagd in Pommern. Eine böse Nacht. (XIII,
    173 S.) — 2. Eine Brautwerbung Blücher's. Verloren. (175 S.)

Werner, R., Seebilder. 8. (VI, 359 S.) Bielefeld 1876, Velhagen & Klasing. n. 5. —;
                                    in Halbfrzbd. n 7. 50.

Wickede, Jul. v., was Alles aus e. deutschen Lieutenant werden kann. Roman
aus der Gegenwart. 3 Bde. 8. (319, 285 u. 290 S.) Leipzig 1878, Dürr'sche Buchh.
                                         15. —

Winterfeld, A. v., Garnison-Geschichten. Ein Bilderbuch4. . Aufl. Mit Illustr. (in
eingedr. Holzschn.) v. Ludw. Löffler. 8. (115 S.) Berlin 1877, Janke. n. 1. —
—— neue Garnisongeschichten. Soldatenhumor. 1—9. Bd. gr. 16. Jena 1877—79,
Costenoble.   à n. 1. —
    Inhalt: 1. Reservist u. Reservisten. — Der Premierlieutenant v. Drenkenberg. (158 S.)
    — 2. Die Flöte d. Grafen Schwülenberg. (137 S.) — 3. Die dicke Trompete. Mein Vetter
    aus Stettin. (210 S.) — 4. Excellenz will heirathen. (166 S.) — 5. Ein geheimnissvoller
    Grenadier. (133 S.) — 6. Der alte Major Knollen. Ein eingebildeter Lieutenant. Zu Be-
    fehl, Herr Rittmeister! (150 S.) — 7. Wie mein Freund Dumbart sein Examen machte.
    Die preussischen Farben. Ein rasender Roland. (163 S.) — 8. Ein Wettrennen. Der ver-
    wechselte Graf. Der doppelte Regiments-Commandeur. (167 S.) — 9. Der grosse Weisse u.
    die kleine Braut. Der Marsch gegen den Feind. Zwei Perrücken. (155 S.)
—— humoristische Soldaten-Novellen f. Sopha u. Wachstube. 3. Bd. 3. Aufl. gr. 16.
(166 S.) Berlin 1876, Behr's Buchh.   n. 1. 50.
—— dasselbe. 14. Bd. gr. 16. (VII, 145 S.) Ebd. 1877.   n. 1. 50.
—— Soldaten-Leid — Soldaten-Lust. Federzeichnungen. 3. Ausg. 8. (VII, 133 S.)
Leipzig 1878, Baldamus.   1. 20.

Wolkowa, Adf. v., auf der Kriegsschule. Novellette. gr. 8. (220 S.) Leipzig 1878,
Reissner & Ganz.   n. 3. —

Zander, D., de Franzosenkrieg v. anno 70un 71, för Jung un Old vertellt. 8. (16
S.) Neustrelitz 1878, Barnewitz.   n. — 20.

Zimmermann, A., Erlebnisse u. Eindrücke e. deutschen Feldsoldaten in Frankreich
1870 u. 1871. Freud' u. Leid aus denkwürd. Tagen, nach Aufzeichngn. u. Erinnergn. e. Betheiligten bearb. 8. (VII, 115 S.) Hannover 1877, Meyer. n. 1. 50.

Zimmermann, K., bei der Infanterie. Heitere Manövergeschichten. 8. (48 S.) Elberfeld 1877, Püttmann.   — 30.

Zimmermann, Ludw. Rich., lose Skizzen aus dem österreichischen Soldatenleben.
2. umgeänd. u. illustr. Aufl. gr. 8. (147 S. m. chemityp. Illustr.) Graz 1879, Ley-
kam-Josefsthal.   n. 3. —

B.

Auswahl von Karten und Plänen.

1875—1879.

I. Europa im Allgemeinen.

Barthol's Eisenbahn-Karte v. Mittel-Europa. Mit Benutzg. der officiellen Materialien der Eisenbahn-Directionen hrsg. Entworfen u. gezeichnet v. Jul. Straube. 1:2,702,700. Lith. u. color. Imp.-Fol. Berlin 1876, Barthol & Co. 1. 50.

Baur, C. F., neue Karte v. Europa, dem Mittelländischen Meer, Nord-Afrika, Egypten, Syrien, Kleinasien, Kaukasien u. dem Schwarzen Meere. 1:3,000,000. 5. Aufl. 6 Blatt. Chromolith. Imp.-Fol. Stuttgart 1879, Maier. n. 8. —

Franz, J., Eisenbahn- u. Dampfschiffrouten-Karte v. Europa. 1:3,000,000. 6 Blatt. Ausg. 1878. Lith. u. color. Imp.-Fol. Glogau, Flemming. 6. —; auf Leinw. in Mappe n. 13. —; m. rohen Holzrollen n. 15. —; m. polirten Holzrollen n. 16. —

—— Post- u. Eisenbahn-Reise-Karte v. Central-Europa, nach F. Handtke's Post- u. Reise-Karte reducirt. 1:2,000,000. Ausg. 1877. Lith. u. color. Imp.-Fol. Ebd. 1. 50; auf Leinw. in Carton n. 3. —

General-Karte v. Central-Europa. Hrsg. vom k. u. k. militär-geograf. Institute in Wien. 1:300,000. Heliogravure in Kpfr. Imp.-Fol. Wien 1876—79, (Artaria & Co.). à Blatt n.n. — 60. bis 1. 20.

Hauser, G., Post- u. Eisenbahn-Reisekarte. Deutschland, Holland, Belgien, die Schweiz, Italien bis zum Aetna, der grösste Theil v. Frankreich, Ungarn, Polen etc. Mit besond. Rücksicht auf Eisenbahnen u. Seedampfschiffahrt. Neue gänzlich umgearb., verb. u. verm. Ausg. Stahlst. u. color. Imp.-Fol. Nürnberg 1876, Serz & Co. n. 2. 40; auf Leinw. in Carton n. 4. 50.

Hendschel, U., neueste Eisenbahn-Karte v. Central-Europa m. genauer Angabe der Stationen u. den influir. Post-Verbindgn. 1:1,900,000. 4 Blatt. Ausg. 1879. Lith. u. color. qu. gr. Fol. Frankfurt a/M., Jügel's Verl. Zusammengesetzt in Etui. 3. 30; auf Leinw. in Etui 5. —

Kiepert, H., General-Karte v. Europa in 9 Blättern. 1:4,000,000. 2. Aufl. Lith. u. color. Imp.-Fol. Berlin 1878, D. Reimer. n. 12. —; auf Leinw. in Mappe n.n. 18. 75; auf Leinw. m. Stäben n.n. 21. —

König, Theophil, allgemeine Comptoir-, Post- u. Eisenbahnkarte v. Mittel-Europa. 13. rev. Aufl. 1878. 4 Blatt. Lith. qu. gr. Fol. Berlin, H. Schindler. n. 1. 50; color. n. 3. —

—— Geschäfts- u. Reise-Karte v. Europa, m. Angabe aller Eisenbahnen, Dampfschiffslinien u. Hauptpoststrassen. 19. Aufl. 4 Blatt. Lith. u. color. qu. gr. Fol. Berlin 1878, Mitscher & Röstell. n. 3. 50; zusammengesetzt u. cart. n. 4. —; auf Leinw. u. cart. n. 6. —

Lange, Henry, Eisenbahn-, Post- u. Dampfschiffs-Karte v. Europa. 2 Blatt. 14. bericht. Aufl. Lith. u. color. Imp.-Fol. Berlin 1879, Barthol & Co. In Carton. n. 4. 50; auf Leinw. in Carton n. 6. —

Liebenow, W., Karte v. Central-Europa zur Uebersicht der Eisenbahnen, einschliesslich der projectirten Linien, der Gewässer u. hauptsächlichsten Strassen. Nach amtl. Quellen bearb. 1:1,250,000. Ausg. 1879. 6 Blatt. Chromolith. u color. Imp.-Fol. Berlin, Lith. Inst. 6. —; auf Leinw. m. Stäben n. 12. —

Liebenow, W., Eisenbahn- u. Reise-Karte v. Mittel-Europa. 1:2,000,000. Ausg. 1879. Lith. u. color. Imp.-Fol. Berlin, Lith. Inst. In Carton. 2. —
—— Specialkarte v. Mittel-Europa, nach den neuesten u. besten amtl. Quellen bearb. 1:300,000. qu. gr. Fol. Hannover 1875—79, Oppermann. à Blatt n. 1. —
Müller, H., Karte der Eisenbahnen Mittel-Europa's m. Angabe sämmtl. Bahnstationen, Hauptpost- u. Dampfschifffahrts-Verbindgn. Ausg. 1876. Chromolith. Imp.-Fol. Glogau, Flemming.   n. 2. 10; auf Leinw. in Carton n. 4. 80.
Ottersky, F., Specialkarte der Eisenbahn- u. Post-Verbindungen Mittel-Europa's. 3. Aufl. 4 Blatt. Chromolith. u. color. Imp.-Fol. Wesel 1879, Düms.   4. 50; zusammengesetzt u. gefalzt in Mappe 5. —; m. leinener Randeinfassg. u. Holzstäben 5. 50; auf Leinw. in Mappe 7. 50; in 2 Leinw.-Etuis 8. —
Raab, C. J. C., Special-Karte der Eisenbahn-, Post- u. Dampfschiff-Verbindungen Mittel-Europa's m. Angabe aller Eisenbahn-, Post- u. Dampfschiffstationen, Speditionsorte, Bäder u. Mineralquellen. Vollständig neu gezeichnet u. erweitert v. H. Müller. Die Eisenbahnlinien rev. v. A. Koch. 1:1,250,000. 16. Aufl. 1879. 4 Blatt. Lith. u. color. Imp.-Fol. Glogau 1879, Flemming. 4. 80; auf Leinw. in Mappe n. 8. 60; m. Ortschaftsverzeichniss. 8. (48 S.) 5. 10; auf Leinw. n. 9. —; m. rohen Holzrollen n. 11. 50; m. polirten Holzrollen n. 12. 50.
—— dasselbe. Oestliche Anschlussblätter, enth. das osteurop. Eisenbahnnetz bis Orel, Krementschug, Odessa, Warna u. Konstantinopel. Rev. v. A. Koch. Ausg. 1879. 2 Blatt. Lith. u. color. Imp.-Fol. Mit e. Ortweiser. 8. (12 S.) Ebd. 1879. n. 3. —; auf Leinw. in Mappe n. 6. —; m. rohen Holzrollen 7. 50; m. polirten Holzrollen 9. —
Schlacher, Jos., General-Karte v. Mittel-Europa. 12 Blätter. 1:1,200,000. Blatt 1—10. Chromolith. Imp.-Fol. Wien 1877, 78, (Lechner's Verl.). à Blatt n. 2. 60.
Sohr, K., Eisenbahn- u. Dampfschiffrouten-Karte v. Europa. 1:5,000,000. Ausg. 1877. Lith. u. color. Imp.-Fol. Glogau, Flemming.   2. 40; auf Leinw. in Carton n. 4. 80.
Straube, Jul., Eisenbahn-Karte v. Mittel-Europa. Mit Benutzg. der officiellen Materialien der Eisenbahn-Directionen. 1:2,702,700. Ausg. 1877. Lith. u. color. Imp.-Fol. Berlin, Barthol & Co.   1. 50.
Stülpnagel, F. v., u. J. C. Bär, Karte v. Europa u. dem mittelländischen Meere. Mit 5 Nebenkarten: Die Dichtigkeit der Bevölkerg. Europa's. — Die ethnograph. Verhältnisse Europa's. — Die kirchl. Verhältnisse Europa's. — Die Telegraphenlinien v. Europa. — Specialkarte d. Sues-Canals. 1:1,000,000. 8. Aufl. durch A. Petermann. 4 Blatt. Lith. u. color. qu. gr. Fol. Gotha 1877, J. Perthes. n. 6. —; auf Leinw. in Mappe n. 7. 60; m. Stäben u. Ringen n. 10. 60; lackirt u. m. Stäben n. 12. —

II. Deutschland im Allgemeinen.

Baur, C. F. u. E. Serth, neueste Karte vom Deutschen Reich, der oesterreichischungarischen Monarchie, der Schweiz, den Niederlanden, Belgien, Rumänien, nebst Theilen der angrenz. Länder. Mit besond. Rücksicht auf Handel u. Verkehrs-Interessen, sowie zum Hand- u. Comptoir-Gebrauch. 1:1,250,000. 3. Aufl. 6 Blatt. Lith. u. color. Imp.-Fol. Stuttgart 1879, Maier.   n. 8. —
Busch, J. C., statistische Karte d. Deutschen Reiches zur Uebersicht aller Orte üb. 3000 Einwohner. Mit Angabe ihrer Bevölkerungszahlen nach der Volkszählg. vom 1. Dec. 1875 im Vergleich zu denen vom 1. Dec. 1871. Mit Berücksicht. der Amts- u. Kreishauptorte, auch derjenigen unter 3000 Einw. Zugleich Uebersichtskarte der Eisenbahnen. Nach amtl. Material zusammengestellt. 4. ergänzte u. bericht. Aufl. 1:2,200,000. Chromolith .Imp.-Fol. Leipzig 1878, (Hinrichs' Verl.). n. 1. —
Gross, Rud., neueste Post- u. Eisenbahnkarte d. Deutschen Reichs, der Niederlande, Belgien, Schweiz, Oesterreich, Nord-Italien, nebst angrenz. Ländern. Mit Datum-Angabe bei den durch Schlachten u. sonst historisch berühmt gewordenen Orten. Ausg 1879. 2 Blatt. Chromolith. Imp.-Fol. Stuttgart 1879, Nitzschke.   u. 1. 80; in Carton n. 2. 75; auf Leinw. in Leinw.-Decke n. 4. 50.
Handtke, F., Post- u. Reise-Karte v. Deutschland u. den Nachbarstaaten. 1879. Chromolith. Imp.-Fol. Glogau, Flemming. Auf Leinw. in Carton n. 6. —; m. lackirten Rollstäben n. 7. 50.
Kiepert, Heinr., Special-Karte v. West-Deutschland. 1:666,666. 2 Blatt. 5. Aufl.

Kpfrst. u. color. gr. Fol. Berlin 1875, D. Reimer.   n. 2. 40 ; auf Leinw. in Etui
n.n. 4. 65.
Kunsch, H., Post- u. Reise-Karte v. Deutschland u. den Nachbarstaaten, nach F.
Handtke's Post- u. Reise-Karte reducirt. Ausg. 1879. Chromolith. Imp.-Fol.
Glogau, Flemming.   n. 1. —; auf Leinw. in Carton n. 3. —
Liebenow, W., Eisenbahnkarte v. Deutschland. 1:1,250,000. Ausg. 1879. 4 Blatt.
Chromolith. u. color. Imp.-Fol. Berlin, lithograph. Institut.   4. —;
auf Leinw. m. Stäben n. 9. —
—— Specialkarte vom nordwestlichen Deutschland, nach amtl. Quellen bearb. 1:300,000.
6 Blatt. 3. Aufl. 1875. Lith. u. color. qu. gr. Fol. Hannover, Oppermann.n. 13. —
Mayr, J. G., neueste Uebersichts- u. Eisenbahn-Karte d. Deutschen Reiches nebst
den angrenz. Ländern, ausgedehnt bis Paris, London. Kopenhagen, Warschau, Pest,
Venedig u. Genua in besond. Rücksicht auf Eisenbahn-, Dampfschiff-, Post- u.
Telegraphen-Verbindgn., m. statist., Distanz-Tabellen u. Zeitgebrauchs-Angaben
nach den neuesten Ergebnissen bearb. Ausg. 1879. 1:2,000,000. Lith. u. color.
Imp.-Fol. München, Rieger. 1. 50; Ausg. in Kpfrst. u. color. In Sarsenet-Etui
n. 4. 50.
Moehl, Hch., Wand-Karte v. Süd-West-Deutschland, umfassend die Königreiche
Bayern u. Württemberg, die Grossherzogthümer Baden u. Hessen, das Fürstenth.
Hohenzollern u. das Reichsland Elsass-Lothringen. In 9 Sektionen. 1:400,000.
Chromolith. gr. Fol. Kaiserslautern 1877, Tascher. Auf Schreibpap.   n. 20. —;
auf Kpfrdr.-Pap. n. 22. —; auf Leinw. in Mappe n.n. 26. 40. u. n.n. 28. 40.
Post- u. Eisenbahn-Karte v. Deutschland, den Niederlanden, Belgien u. der Schweiz,
bearb. nach L. Friedrich's Post-, Eisenbahn- u. Reise-Karte v. Mittel-Europa.
Red. v. C. Vogel. 1:1,800,000. Lith. u. color. Imp.-Fol. Gotha 1879, J. Perthes.
n. 1. 60.
—— des deutschen Reiches in 12 Blättern. 1:600,000. Bearb. im Cours-Bureau d.
kaiserl. General-Postamts. Lith. u. color. Imp.-Fol. Berlin 1876, 76, Schropp.
baar à n.n. 2. —
Ravenstein, Ludw., Special-Karte v. Deutschland, der Schweiz u. benachbarten Ländern, von Königsberg bis Turin u. von Amsterdam bis Pest. 1:850,000. 12 Blatt
u. 1 Suppl. Ausg. 1875. Kpfrst. u. color. qu. gr. Fol. Leipzig, bibliograph. Institut.
n. 12. —
Stieler's, Ad., Karte d. Deutschen Reiches u. der Nachbarländer. 1:740,000. 25 color.
Blätter in Kpfrst. Neue Aufl. 1876. [Rev. u. ergänzt v. Herm. Berghaus.]
5 Lfgn. qu. gr. Fol. (25 Bl.) Gotha 1876, J. Perthes.   à n. 3. 60.
Uebersichts-Karte der Eisenbahnen Deutschlands, bearb. im Reichs-Eisenbahn-Amt.
1:1,000,000. 4 Blätter. Chromolith. Imp.-Fol. Berlin 1879, (Mittler & Sohn). n.n.5. —
Walseck, Geo., neueste Eisenbahn-Karte v. Deutschland u. den angrenzenden Ländern, m. numerirter Band-Vorrichtg. zur schnellen Auffindg. der Stationen. 19.
Jahrg. Ausg. pro Jan. 1879. 4 Blatt. Lith. u. color. Imp.-Fol. Nebst Verzeichniss
der Stationen u. Betriebs-Reglement f. die Eisenbahnen Deutschlands. 8. (IV, 101
u. 44 S. m. 2 Frachtbriefformularen.) Köln. (Berlin, A. Abelsdorff.)   n. 6. —
Weiland, C. F., u. H. Kiepert, grosse Comptoir-Eisenbahnkarte v. Deutschland,
Oesterreich u. der Schweiz. Berichtigt v. Gräf. 1:1,050,000. 9 Sectionen in Kpfrst.
m. Farbendr. u. Color. qu. gr. Fol. Weimar 1876, Geograph. Institut.u. 9. —; auf
Leinw. in Etui n.n. 13. 50; m. Stäben n.n. 15. 50.

III. Deutschland. Einzelstaaten.

a. Baden.

Karte, neue topographische, d. Grossherzogth. Baden, bearb. vom grossh. topograph. Bureau. 1 : 25,000. 3. Lfg. Kpfrst. u. Farbendr. Imp.-Fol. Karlsruhe 1879,
Braun.   n.n. 9. 90.
Blatt 72. n.n. 2. 40. — Blatt 63. 65. 68. 74. 78. à n.n. 1. 50.
—— dasselbe. 4. Lfg. [Bl. 45. 47. 54. 58. 69. 71.] Kpfrst. Imp.-Fol. Ebd. 1879.
n.n. 11. 70.
Blatt 45. 54. 69. à n.n. 1. 50. — Blatt 47. 58. 71. à n.n. 2. 40.

b. Bayern.

Generalstabskarte v. Bayern. Bearb. im topograph. Bureau d. k. b. Generalstabes. 1 : 25,000. Photolith. Imp.-Fol. München 1875—79, (Mey & Widmayer).
à Blatt n.n. 1. —; u. n. 1. 20.

Lampert, J., Karte d. königl. bayerischen Reg.-Bez. Unterfranken u. Aschaffenburg. 2. Aufl. 4 Blatt. Chromolith. qu. gr. Fol. Würzburg 1877, (Woerl). n. 4. —; auf Leinw. n. 6. 50; m. Stäben n. 7. —
Positionskarte vom Königr. Bayern. Bearb. im topograph. Bureau d. k. b. Generalstabes. 1 : 50,000. Photolith. qu. gr. Fol. München 1875—79, (Mey & Widmayer). à Blatt n.n. — 75.

Pläne von Städten und ihren Umgebungen.

Kaiser, A., Plan der kgl. Kreishauptstadt Augsburg. Neu bearb. u. hrsg. v. C. G. Wenng. 1 : 5000. 2. Aufl. 2 Blatt. Lith. u. color. Imp.-Fol. Augsburg 1876, Rieger. n. 5. —
Plan, neuester, v. München u. Umgebungskärtchen. Chromolith. gr. Fol. Nebst kleinem Wegweiser zu den Sehenswürdigkeiten. 11. Aufl. gr. 16. (39 S.) München 1879, Kaiser. n. 1. —
—— neuester, der kgl. bayer. Kreishaupt- u. Universitätsstadt Würzburg. Nach den Katasterplänen photographisch verkleinert u. auf Grund amtl. Materialien ergänzt v. Wilh. Kretschmann. Lith. Imp.-Fol. Würzburg 1879, Stuber. n.n. 2. —; color. n.n. 3. —

c. Bremen.

Gelbrecht, H., Situations-Plan v. Bremerhaven. 1 : 2800. 2 Blatt. Lith. u. color. Imp.-Fol. Bremen 1878, v. Halem. n. 5. —
Gette, O., Karte der Stadt Bremen u. der angrenzenden Theile d. Landgebietes. 1 : 15,000. Chromolith. Imp.-Fol. Bremen 1875, (v. Halem). n. 6. —

d. Elsass-Lothringen.

Algermissen, Joh. Ludw., topographische Generalkarte ·v. Elsass-Lothringen. Verkleinerte Ausg. der Specialkarte. 1 : 400,000. Ausg. 1879. Chromolith. (m. Terrain.) Imp.-Fol. Metz, Deutsche Buchhandlung. n. 2. —; auf Leinw. in Etui n. 3. 60.
—— topographische Karte d. Kreises Metz. Nach den neuesten Quellen entworfen, sowie erweitert u. rev. im April 1877. 1 : 50,000. 2 Blatt. Chromolith. Imp.-Fol. Ebd. n. 4. —; auf Leinw. in Etui n.n. 6. —; m. Stäben n.n. 6. 50; lackirt n.n. 7. —
—— topographische Karte der Umgegend v. Metz. 1 : 50,000. Nach den neuesten Quellen entworfen u. gezeichnet. 3. Aufl. Chromolith. Imp.-Fol. Ebd. 1878. n.n. 2. 50; auf Leinw. in Etui n.n. 4. 20.
—— Specialkarte der Reichslande Elsass-Lothringen nach amtl. Quellen bearb. 1: 200,000. 2 Blatt. Chromolith. Imp.-Fol. Ebd. 1878. n. 6. —; auf Leinw. in Etui n.n. 10. 50; m. Stäben n.n. 10. 50.
—— u. **Westphal**, topographische Karte der Umgebung v. Metz. Die Kriegsoperationen um Metz im J. 1870. 1 : 50,000. Rev. im April 1877. Chromolith. Imp.-Fol. Ebd. n. 3. —
Caspary, N., u. **Denis**, Special-Karte der Umgebungen v. Metz. 1 : 50,000. 3. Aufl. Chromolith. Imp.-Fol. Metz 1876, Deutsche Buchh. 1. 20.
Karte v. Elsass-Lothringen. 1 : 80,000. Auf Grund besonderer Recognoscirgn. unter Benutzg. der „Carte de France" bearb. v. der geographisch-statist. Abtheilg. d. Grossen Generalstabes. 38 Blatt. Phototyp. qu. gr. Fol. Berlin 1879, (Exped. der Reymann'schen Karte). n.n. 20. —; einzelne Blätter à n.n. — 60.
Reuter, C., Karte d. Bez. Ober-Elsass, m. Angabe der Entferng. von Ort zu Ort nach den kürzesten fahrbaren Strassen u. der Entferugn. per Eisenbahn, von e. Station zur andern, nach dem neuesten Eisenbahn-Coursbuch hrsg. im März 1878. 1 : 150,000. Chromolith. Imp.-Fol. Colmar 1878, Lang & Rasch. n. 2. —
—— Karte d. Bez. Unter-Elsass m. Angabe der Entfernungen v. Ort zu Ort nach den kürzesten fahrbaren Strassen u. den Entfernuugen der Eisenbahn, v. e. Station zur andern, nach dem neuesten Eisenbahn-Coursbuch hrsg. 1 : 150,000. 2 Blatt. Chromolith. qu. gr. Fol. Strassburg 1880, Schmidt. n. 2. —
Rothenberger, Heinr., Karte v. Lothringen. Im Auftrage d. kaiserl. Bezirks-Präsidenten v. Lothringen nach amtl. Quellen bearb. 1 : 200,000. (3. Aufl.) Chromolith. Imp.-Fol. Metz 1877, Deutsche Buchh. n. 2. —
Woerl, neueste Specialkarte vom Elsas. 1 : 200,000. 2 Blatt. Ausg. 1879. Chromolith. Imp.-Fol. Freiburg i/Br., Herder. n. 3. —

Pläne etc.

Plan von Metz. Mit Angabe der Befestigungs-Werke, wichtigeren öffentl. Gebäude, Hotels u. Cafés u. alphabet. Verzeichniss der Strassen u. Plätze. 1 : 8333⅓. 3. Aufl. Lith. u. color. qu. Fol. Metz 1875, Deutsche Buchh. — 80.
—— der Stadt Strassburg u. ihrer Erweiterung. 1 : 5000. 2 Blatt. Chromolith. Imp.-Fol. Strassburg 1877, Schultz & Co. n.n. 5. —
—— der Stadt Strassburg. Mit Eintheilg. der Reviere u. Bezeichng. der öffentl. Gebäude, nebst Karte der Umgebg. v. Strassburg. (Lith. u.) color. u. m. Einzeichng. der neuen Enceinte. qu. Fol. Mit Strassenverzeichniss. gr. 16. (4 S.) Strassburg 1877, Bensheimer. n. 1. —
Poellnitz, v., Plan v. Strassburg, zur Geschichte seiner Befestigungen von den ältesten Zeiten bis zum Ende d. 16. Jahrh. entworfen u. m. erläut. histor. Text versehen. 1 : 5000. Chromolith. qu. gr. Fol. Mit Text. gr. 8. (8 S.) Strassburg 1877, Schultz & Co. 1. 50.
Specialkarte der Umgebungen v. Metz, m. eingedr. Abbildgn. der Denkmäler u. Kriegergräber auf den Schlachtfeldern. 1 : 50,000. Chromolith. Imp.-Fol. Metz 1876, Deutsche Buchh. n. 1. 60.

e. Hamburg.

Beneke, Wilh., Plan der 4 Städte Hamburg, Altona, Ottensen u. Wandsbeck in der Ausdehnung von Horn bis Neumühlen u. von den Elbinseln bis Winterhude. 1 : 10,000. Lith. v. Ed. Ritter. Rev. 1877. (3. Aufl.) Imp.-Fol. Hamburg, O. Meissner. n. 7. 20; auf Leinw. n.n. 12. —
—— von Hamburg n. Altona. 1:10,000. (Kleine Ausg.) Lith. Imp.-Fol. Mit Strassenverzeichniss. 8. (4 S.) Ebd. 1877. In Carton. 1. 50.
Karte (amtliche), v. Hamburg u. Umgebung. Nach der Landesvermessg. in den J. 1855—1866 unter Leitg. v. H. Stück ausgeführt bis 1874. Gezeichnet v. G. Gramm. 1 : 20,000. Sect. I u. II. Hamburg u. Langenhorn. Kpfrst. Imp.-Fol. Hamburg 1875, Meissner & Behre. à n. 6. —
—— dasselbe. 1 : 50,000. (In 6 Blättern.) Sect. I. Hamburg. Kpfrst. qu. gr. Fol. Ebd. 1875. n. 1. 50.

f. Hessen.

Frommann, Max, Karte vom Grossherzogth. Hessen. Neu bearb. nach den besten Quellen. 1 : 280,943. 18. Aufl. Lith. u. color. Imp.-Fol. Giessen 1879, Roth. n. 2. 80; auf Leinw. m. Holzrollen n. 5. —

Pläne etc.

Happersberger, K., u. H. Schmirmund, Plan der Stadt Mainz. Ausg. 1878 1 : 4000. Chromolith. Imp.-Fol. Mainz 1878, Diemer. n.n. 5. —
Rühl, O., Plan der Stadt Worms. 1 : 5000. Chromolith. Imp.-Fol. Worms 1879, Kräuter. n. 3. 50; auf Pappe gespannt n. 4. —
Wittich, A. v., Plan der Umgegend v. Mainz. 1 : 25,000. Bedeutend erweit. u. bis auf die neueste Zeit rev. Ausg. Lith. Imp.-Fol. Mainz 1876, v. Zabern. n. 4. 60; auf Leinw. n. 6. —
Zulauf, G. H., Plan der Stadt Mainz. Alt- u. Neustadt, nach den officiellen Materialien u. eigener Aufnahme. 1 : 4000. 2 Blatt. Chromolith. Imp.-Fol. Mainz 1877, v. Zabern. n.n. 5. —

g. Mecklenburg.

Engel, B. F., Karte der Grossherzogthümer Meklenburg-Schwerin u. Meklenburg-Strelitz. In Grundlage der grossen v. Schmettau'schen Karten u. unter Berücksicht. der im Laufe der Zeit eingetretenen Verändergn. 1 : 350,000. Chromolith. Imp.-Fol. Rostock 1879. (Stavenhagen, Beholtz.) n. 1. —

h. Preussen.

Algermissen, J. L., Uebersichtskarte der Provinzen Rheinland u. Westfalen nebst den angrenz. Landestheilen, bis Cassel, Bruchsal, Metz etc. reichend. 1 : 400,000. Chromolith. Imp.-Fol. Köln 1878, Warnitz & Co. n. 2. 50; auf Leinw. n. 4. —; m. Stäben u. lackirt n. 5. —
Brecher, A., historische Wandkarte v. Preussen zur Uebersicht der territorialen Entwickelung d. Brandenburg-Preussischen Staates von 1415 bis jetzt. Mit Zu-

grundelegg. der H. Kiepert'schen Wandkarte v. Deutschland bearb. 1 : 750,000.
2. Aufl. 9 Blatt. Lith. n. color. Imp.-Fol. Berlin 1878, D. Reimer. n. 12. —;
auf Leinw. in Mappe n.n. 18. —; auf Leinw. m. Stäben n.n. 19. 50.
Brockhusen, v., Karte v. Harburg u. Umgegend. 1 : 25,000. Chromolith. Imp.-Fol.
Harburg 1879, Danckwerts. n. 1. 80.
Freudenfeldt, H., u. C. L. **Ohmann,** der preussische Staat in seiner territorialen
Entwickelung unter den Hohenzollern. 8. Aufl. Neue Ausg. Lith. u. color. qu. gr.
Fol. Berlin 1878, Friedberg & Mode. n. — 80.
Generalstabskarte v. Preussen. 1:100,000. Kpfrst. u. color. qu. Fol. Berlin 1875—
79, (Schropp). à Nr. n.n. 1. — bis 2. —
Ausführliche Prospecte sind durch die Verlagshandlung zu beziehen.
Gräf, A., Special-, Hand- u. Reisekarte der preussischen Prov. Schleswig-Holstein
m. Lauenburg u. den freien u. Hansestädten Hamburg u. Lübeck. 1 : 445,000.
11. Aufl. 1878. Rev. v. Herm. Müller. Kpfrst. u. color. Imp.-Fol. Weimar, Geo-
graph. Institut. n. 1. 60; auf Leinw. in Etui n. 3. 10; m. Rollstäben n. 3. 50.
Hagenow, Fr. v., Karte v. Neu-Vorpommern u. der Insel Rügen. 1 : 200,000. 13.
Aufl. Chromolith. Imp.-Fol. Greifswald 1876, Scharff. n. 4. —
Karte vom preussischen Staate m. besond. Berücksicht. der Communicationen, nach
amtl. Quellen bearb. u. hrsg. auf Anordng. Sr. Exc. d. Hrn. Ministers f. Handel,
Gewerbe u. öffentl. Arbeiten vom kartograph. Büreau dieses Ministeriums. 12 Blatt.
1 : 600,000. 6. Aufl. Lith. Imp.-Fol. Berlin 1876, (D. Reimer). n.n. 24. —;
color. n.n. 28. —
—— der königl. Saarbrücker u. Rhein-Nahe-Eisenbahn, nebst Nachbarbahnen.
1 : 240,000. Chromolith. Imp.-Fol. Trier 1879, Lintz. n. 2. 50.
—— des Kriegshafens u. der Stadt Wilhelmshaven. 1 : 10,000. Ausg. 1875. Lith.
qu. Fol. Wilhelmshaven. (Oldenburg, Schulze.) n. — 80.
—— der nordwestlichen Umgegend v. Berlin. Nach den Generalstabskarten vervollständigt u. gezeichnet v. Einj. Freiwill. Gefreiten d. Garde-Füsilier-Regiments
im Winter 1874/75. 1 : 25000. Chromolith. Imp.-Fol. Berlin 1875, D. Reimer.
n. 1. 50.
Kreiskarten. Aufgenommen vom königl. Generalstab 1873—1874. 1 : 100,000. qu.
gr. Fol. Berlin 1875—79, (Schropp). à n.n. 2. —
Liebenow, W., neue Special-Karte der Grafsch. Glatz, nebst angrenz. Theilen v.
Böhmen u. Mähren. 1 : 150,000. Chromolith. Imp.-Fol. Breslau 1879, Trewendt.
n. 3. —; auf Leinw. in Carton n. 4. —
—— Karte der Prov. Hessen-Nassau excl. der Kreise Schmalkalden u. Rinteln u.
d. Grossherzogth. Hessen, als besond. Abdr. aus der Karte v. Mittel-Europa.
1 : 300,000. Lith. Imp.-Fol. Hannover 1878, Oppermann. n. 2. 50; color. n. 3. —;
cart. n. 3. 40; auf Leinw. n. 5. —
—— Karte der Rhein-Provinz u. der Provinz Westfalen. 1:240,000. 3. Aufl. 6 Blatt.
Lith. Imp.-Fol. Berlin 1878, Lith. Inst. à Blatt 1. 50; cplt. auf Leinw. m. Stäben
n. 15. —; lackirt n. 18. —
—— Special-Karte v. Schleswig, Holstein, Lauenburg, Hamburg, Lübeck u. den
angrenzenden Landestheilen. 1 : 300,000. 2 Blatt. Aufl. v. 1875. Lith. qu. gr. Fol.
Hannover 1876, Oppermann. n. 3. —; politisch color. n. 4. —; nach Aemtern
color. n. 4. 50.
Messtisch-Blätter d. preuss. Staates. Königl. preuss. Landes-Aufnahme 1875—1877.
1 : 25,000. Lith. qu. gr. Fol. Berlin 1875—79, Schropp. à n.n. 1. —
Ausführliche Prospecte sind durch die Verlagshandlung zu beziehen.
Schneider, F. J., Special-Karte v. Schlesien u. der Grafsch. Glatz. 1:300,000. Neue
Ausg., rev. u. vervollständigt v. Sadebeck. Mit color. Landes-, Regierungsbe-
zirks- u. Kreisgrenzen. 4 Blatt. Lith. gr. Fol. Breslau 1878, Korn. Auf Leinw.
in Futteral. n. 11. —

Pläne etc.

Aigner, Hans v., Plan der Umgegend v. Breslau. Nach den neuesten Verändergn.
gezeichnet. 1 : 50,000. Lith. v. R. Flender. Neue verb. Aufl. Rev. v. R. Kreusch-
ner. qu. gr. Fol. Breslau 1879, Kern's Verl. n. 1. 15; auf Leinw. gedr. n. 2. —
Beusch, Th., Plan v. Stettin. Nach amtl. Material zusammengestellt. Lith. u. Farbendr. v. A. Hochstetter. 1 : 9000. Imp.-Fol. Stettin 1879, Dannenberg. n. 1. 50.
Driesemann, C., Plan v. der Stadt Halle u. ihrer Umgebung, im J. 1875 zusammengestellt. 1 : 5000. Lith. u. color. Imp.-Fol. Mit Strassenverzeichniss. (2 S.
in 4.) Halle 1876, Pfeffer. n. 6. —

Evert, E., Plan der Stadt Posen. 1 : 5000. Lith. Imp.-Fol. Posen 1878, Jolowicz.
n.n. 5. —; color. n.n. 6. 75.
Jüttnig, C., u. L. **Krantz,** topographische Karte der Umgegend v. Berlin. 1:90,000.
Lith. Imp.-Fol. Berlin 1875, Imme. n. 2. 50; color. n. 3. —
Karte v. Kiel u. Umgegend. Lith. u. color. qu. gr. Fol. Kiel 1879, Haeseler. n. 1. 20.
Leydecker, W., Plan der Stadt Elberfeld u. deren nächster Umgebung. 1 : 2500.
6 Blatt. Lith. u. color. Imp.-Fol. Elberfeld 1875, Löwenstein & Co. n. 24. —
—— dasselbe. Im Auftrage der Stadtverwaltg. nach örtl. Aufnahme angefertigt.
1 : 5000. Lith. u. color. Imp.-Fol. Ebd. 1876. n. 4. 50.
Plan der Städte Aachen u. Burtscheid. 1:10,000. Lith. u. color. qu. gr. Fol. Nebst
kurzem Texte u. Strassenverzeichnisse. gr. 16. (15 S.) Aachen 1877, Barth. cart.
n. 1. —
—— der Stadt Magdeburg m. dem Strassenplan d. Stadterweiterungs-Terrains, nebst
Werder u. Friedrichstadt. (Revision 1877.) Chromolith. qu. gr. 4. Magdeburg 1878,
Creutz. In Carton. n. — 80.
—— der königl. Haupt- u. Residenzstadt Königsberg. 4. Aufl. Lith. Imp.-Fol.
Nebst Wegweiser, Tarif f. das Königsberger Droschken-Fuhrwerk, Dienstmanns-
Tarif u. Tarifbestimmg. f. die Miethgondeln u. Böte auf dem Schlossteich. Hrsg.
v. Laudien. 8. (6 S.) Königsberg 1879, Laudien. — 75.
—— der königl. Residenzstadt Hannover. 3. Ausg. 1 : 5000. 4 Blatt. Lith. Imp.-Fol.
Hannover 1877, Klindworth. 6. —
—— dasselbe. 1 : 15000. Lith. u. color. gr. Fol. Mit kleinem Führer. 8. (7 S.) Ebd.
1876. cart. 1. —
—— der Stadt Kiel u. Umgegend. 1 : 10,000. Chromolith. qu. gr. Fol. Kiel 1876,
Schwers. n. 1. 60.
—— der Stadt Stettin auf dem linken Oderufer. 1 : 4500. Chromolith. Imp.-Fol.
Stettin 1877, v. der Nahmer. n. 3. —
Roos, Plan v. Cöln u. Umgebung. 1 : 25,000. Aubeldr. Imp.-Fol. Cöln 1877. Leip-
zig, Reissner & Ganz. n. 2. 50.
Siedamgrotzky, Plan der Städte Aachen u. Burtscheid. 1:5000. Chromolith. Imp.-
Fol. Aachen 1877, M. Jacobi. 3. —
Sineck, Situations-Plan v. Berlin m. dem Weichbilde u. Charlottenburg. 1:10,000.
Neue vollständ. bericht. Ausg. 4 Blatt. Lith. Imp.-Fol. Berlin 1875, D. Reimer.
n. 5. —; Ausg. m. Bebauungsplan n. 6. —; color. Ausg. n. 7. —; color. Ausg.
m. Polizei-Revieren u. Stadt-Bezirken n. 8. —

i. Sachsen.

Bomsdorff, Th. v., Karte d. Königr. Sachsen. 1 : 260,000. 3. Abdr. 4 Blatt. Chromolith. qu. Fol. Leipzig 1879, Hinrichs' Verl. n. 4. —; auf Leinw. in Carton
n. 6. —
Handtke, F., Eisenbahnkarte vom Königr. Sachsen. 1 : 160,000. 9 Blätter in Farbendr. gr. Fol. Glogau 1877, Flemming. n. 6. —; auf Leinw. in Mappe n. 10. 50;
m. rohen Holzrollen n. 12. — ; m. polirten Holzrollen n. 13. 50.
Karte, topographische, d. Königr. Sachsen in 1 : 25,000. Hrsg. durch das königl.
Finanzministerium. 1. u. 2. Lfg. Kpfrst. u. Chromolith. qu. gr. Fol. m. Aus-
zügen aus den Höhenmanualen. 8. (à ¼—1 B.) Leipzig 1875, (Engelmann). à Blatt
n.n. 1. 50; m. getuschten Böschgn. à n.n. 2. —; Uebersichtsblatt. 1 : 500,000.
n.n. — 50.
Inhalt: 1. Rochlitz, Penig, Mittweida, Frankenberg, Glauchau, Hohenstein, Chemnitz,
Schellenberg. — 2. Leisnig, Frohburg, Geringswalde, Waldheim, Rosswein, Langenleuba u.
Zwickau.
Wagner, F., Post- u. Eisenbahn-Karte d. Königr. Sachsen, bearb. nach der Post-
u. Eisenbahnkarte vom Deutschen Reiche. 1 : 400,000. Lith. Imp.-Fol. Dresden
1876. (Leipzig, Hinrichs' Sort.) n. 1. 75; color. n. 2. —

Pläne etc.

Behrisch, Plan v. Dresden. 1 : 11,000. Kpfrst. Imp.-Fol. Dresden 1878, (Kaufmann's
Sort.). n. 1. 65
Hetzel, G., u. W. **Rentsch,** Plan v. Leipzig. 1 : 7000. Ausg. 1879. Kpfrst. qu. gr.
Fol. Mit Strassenverzeichniss u. Führer auf der Rückseite. Leipzig, Hinrichs'
Verl. — 75.
—— —— dasselbe, nebst den angrenzenden Dörfern. 1 : 7000. Mit Uebersicht der

Neubauten in der Stadt Leipzig 1866 bis 1877, eingetragen im statist. Bureau der Stadt Leipzig. Kpfrst. u. Farbendr. Imp.-Fol. Leipzig, Hinrichs' Verl.n. 2. —
Kiesling, A., u. J. F. **Winckler,** neuer Plan der königl. Residenz- u. Hauptstadt Dresden. 1 : 15,090. Ausg. 1879. Kpfrst. u. chromolith. Imp.-Fol. Dresden 1879, Jaenicke.   — 75; kleine Ausg. gr. Fol. — 25.
Kunsch, H., topographische Karte der Umgegend v. Leipzig. 1 : 24,000. Rev. u. bis 1878 ergänzt v. A. R. Franke u. J. W. Leusmann. Chromolith. Imp.-Fol. Leipzig. Hinrichs' Verl.   n. 1. 20.
Rosenmüller, C. O., topographische Karte der Umgegend v. Leipzig im Maassstabe 1 : 25,000. 4 Blatt. Kpfrst. gr. Fol. Leipzig 1876, Giesecke & Devrient. geb.
                                                        n. 7. —; Blatt IV apart n. 1. 20.
Rühle, Plan v. Dresden m. Umgebung. 1 : 25,000. 4 Blatt. Chromolith. qu. Fol. Dresden 1875, Höckner.   à n. 1. —

k. Württemberg.

Baur, C. F., neueste Karte v. Württemberg, Baden, Hohenzollern, die Rheinpfalz, nebst den deutschen Reichslanden Elsass u. Lothringen. Zum Hand- u. Comptoir-Gebrauch bearb. u. namentlich m. Rücksicht auf Eisenbahnen als Reise- u. Verkehrskarte angelegt. 1 : 450,000. Ausg. 1879. Chromolith. Imp.-Fol. Stuttgart, Wittwer. In Leinw.-Carton.   n. 3. —; auf Leinw. gedr. n. 4. —
Rachel, L., Karte v. Württemberg, Baden u. Hohenzollern nach den neuesten Materialien bearb. 1 : 450,000. 9. Aufl. Lith. u. color. Imp.-Fol. Stuttgart 1876, A. Müller.   n. 1. —
Weiland, C. F., u. H. **Kiepert,** Special-, Hand- u. Reisekarte v. Württemberg, Baden u. Hohenzollern. 1 : 450,000. (11. Aufl.) Lith. u. color. Imp.-Fol. Weimar 1878, Geogr. Institut.   n. 1. 60; auf Leinw. in Carton n. 3. 10.

IV. Grossbritannien.

Map of the United Kingdom of Great-Britain a. Ireland. Photo-lithographed from reliefs and ed. by Sydney B. J. Skertchly. 9 Blatt. gr. Fol. Leipzig 1875, Eckerlein.   n. 8. —; auf Leinw. in Mappe n.n. 13. 50; auf Leinw. m. Stäben
                                                                    n.n. 14. —

V. Italien.

Bohnert, Frdr., Karte v. Italien. 1 : 2,000,000. Lith. u. color. Imp.-Fol. Stuttgart 1879, Engelhorn.   . n. 4. —

VI. Niederlande u. Belgien.

Hennigs, C., u. J. **Nikerk,** Eisenbahn-Karte v. Niederland u. Belgien. 2 Blatt. Lith. u. color. qu. gr. Fol. Utrecht 1875. (Neuwied, Heuser.)   4. —

VII. Oesterreich-Ungarn.

Bayer, Mich., Karte d. Herzogth. Kärnten. Neue Aufl. 1 : 230,000. Lith. Imp.-Fol. Klagenfurt 1879, v. Kleinmayr.   n. 3. 20; color. n. 4. —; auf Leinw. n. 4. 80;
                                                                    color. n. 60.
Bomsdorff, Th. v., Eisenbahnkarte v. Oesterreich-Ungarn. 1 : 1,900,000. 46. Aufl. 10. Jahrg. 1879. Nach dem Stande vom Jan. 1879 bericht. u. wesentlich bereich. Ausg. Chromolith. Imp.-Fol. Teschen, Prochaska. cart.   n. 2. —
—— neueste Reisekarte der österreichisch-ungarischen Monarchie u. der angrenzenden Länder m. Angabe sämmtl. Eisenbahn- u. Dampfschiff-Stationen. 1 : 2,250,000. Ausg. 1879. Chromolith. Imp.-Fol. Ebd. 1879.   n. 1. 20.
Eisenbahnen, die oesterreichischen u. ungarischen, der Gegenwart u. der Zukunft. Karte zur Uebersicht der befahrenen, im Bau befindl., concessionirten u. projectirten Eisenbahnen, m. den Namen der besteh. Gesellschaften, im Anschlusse an

die Bahnen d. Auslandes. Ausg. 1879. Chromolith. Imp.-Fol. Wien, Artaria & Co.
1. 50.
General-Strassen- u. Ortskarte d. oesterreichisch-ungarischen Reiches, nebst ganz
Süd-West-Deutschland u. e. grossen Theile v. Nord-Italien, der Schweiz, der Türkei
u. der übrigen angrenz. Länder. 4 Blatt. Lith. u. color. Mit chromolith. Terrain.
Imp.-Fol. Wien 1877, Artaria & Co. 12. —
Karte d. Salzkammergutes. 1 : 100,000. Zusammengestellt u. gedr. im k. k. militär-
geograph. Institute. 2. Aufl. Chromolith. Imp.-Fol. Wien 1879, Lechner's Sort.
In Carton. n. 4. —
Khoss v. Sternegg, Militär-Karte v. Oesterreich-Ungarn. Administration — Na-
tionalitäten, Eisenbahnen. 5., m. Schema, Kilometerzeiger, Militär- u. Normal-
Tarifen u. mehreren Plänen bereich., vollständig neubearb. Aufl. Lith. u. color.
Imp.-Fol. Mit Text. 8. (29 S.) Teschen 1876, Prochaska. cart. n. 2. 40;
auf Leinw. in 8. n. 4. 40; auf Leinw. in Mappe n. 4. 40.
Kořistka, Carl, General-Karte d. Königr. Böhmen entworfen u. nach den neuesten
Aufnahmen sowie nach eigenen Messgn. rev. u. berichtigt. 1 : 432,000. Voll-
ständig neu gezeichnete Aufl. Chromolith. Imp.-Fol. Wien 1875, Hölzel. 4. —
Mayr, Geo., Reise- u. Gebirgs-Karte vom Lande Salzburg u. Berchtesgaden u. dem
Salzkammergute nebst den anderen angränz. oesterreich. u. bayer. Landestheilen.
Chromolith. Fol. Regensburg 1878, Coppenrath. In Carton. n. 1. 80; auf Leinw.
in Carton 2. 50.
Militär-Karte v. Oesterreich-Ungarn, enth.: das Eisenbahnnetz der Monarchie, die
Vertheilg. der Nationalitäten, die Bezeichng. der Ergänzungs-Rayons sämmtl.
Truppenkörper, dann die Dislokation der Territorial-Behörden. höheren Comman-
den u. Heeres-Anstalten. Chromlith. Imp.-Fol. Wien 1879, Seidel & Sohn. n. 1. 40.
Militär-Marschrouten-Karte der oesterreichisch-ungarischen Monarchie. Hrsg. vom
k. k. militär-geograf. Institut. Imp.-Fol. Wien 1875—79. (Artaria & Co.) à Blatt
n.n. — 20. bis 2. 50.
Németh, Emerich v., Landkarte v. Ungarn m. besond. Rücksicht auf das bestehende
Eisenbahn-, Post- u. Telegrafen-Netz, sowie die Sitze der königl. Gerichte, Geld-
institute u. Industrie-Gesellschaften. 1 : 864,000. 2 Blatt. Chromolith. Imp.-Fol.
Budapest 1875, Lauffer. n. 9. —
Scheda, Jos. Ritter v., Karte d. österreichisch-ungarischen Reiches. 1 : 1,000,000.
Ausg. 1879. 4 Blatt. Kpfrst. u. voll color. Imp.-Fol. Wien, Artaria & Co. 12. —;
einfach color. 10. —
Schulz, R. A., General-Post- u. Strassen-Karte d. Kronlandes Galizien u. Lodo-
merien, m. Auschwitz, Zator u. Krakau, so wie d. Kronlandes Bukowina. Lith.
u. color. Imp.-Fol. Wien 1879, Artaria & Co. Einfach color. 2. —; voll color. 3. —
Sommer, Adf., General-Karte der Markgrafsch. Mähren u. d. Herzogth. Schlesien,
m. Benutzg. der neuesten u. besten Aufnahmen u. Messgn. entworfen. Rev. v.
Carl Kořistka. 1 : 432,000. Chromolith. u. color. Imp.-Fol. Wien 1877, Hölzel.
4. —; auf Leinw. in Decke n. 6. —
Special-Karte der österreichisch-ungarischen Monarchie. 1 : 75,000. Kpfrst. qu. gr.
Fol. Wien 1875—79, (Artaria & Co.). à Blatt n.n. 1. —
Ausführliche Prospecte sind durch die Verlagshandlung zu beziehen.
—— des Königreichs Ungarn. Hrsg. vom k. u. k. militär-geograf. Institute. 1:144,000.
Lith. qu. Fol. Ebd. 1875—79. à Blatt n.n. 1. — bis 1. 40.
Steinhauser, Ant., Karte der Markgrafsch. Mähren u. d. Herzogth. Schlesien.
1 : 432,000. Gezeichnet u. gest. unter Leitg. d. Official 1. Cl. Ant. Mück. Ausg.
1879. Kpfrst. Imp.-Fol. Wien, Artaria & Co. 4. —
—— Karte der gefürsteten Grafschaft Tirol u. Vorarlberg. Terrain v. Rud. Maschek
sen. 1 : 432,000. Chromolith. u. color. Imp.-Fol. Ebd. 1877. 6. —
—— Uebersichtskarte v. Oesterreich-Ungarn. 1 : 2,500,000. Lith. m. Schrift. Imp.-
Fol. Ebd. 1879. 3. —; ohne Schrift 1. 20.

Pläne etc.

Albach, Jul., Karte der Umgebung v. Wien. 1 : 200,000. Chromolith. gr. Fol. Wien
1878, Lechner's Verl. In Carton. n. 3. 30.
—— Umgebungs-Karte v. Wien. 1 : 25,000. 30 Blatt. Chromolith. Fol. Wien
1879, Artaria & Co. baar à n.n. 1. 20.
Hozak, F., neuester Situationsplan v. Prag u. der nächsten Umgeb. Ergänzt bis
zum J. 1876. Chromolith. gr. Fol. Prag 1875, Haase. In Carton. n. 2. —

Karte der Umgebung v. Wien. Hrsg. vom k. k. militär-geograf. Institute in Wien 1 : 12,500. 20 Blatt. Chromolith. qu. Fol. Wien 1878, (Artaria & Co.). n.n. 36. —

—— der Umgebung v. Wien. Hrsg. vom k. k. militär-geograf. Institute in Wien. 1 : 100,000. 9 Blatt. Kpfrst. qu. gr. Fol. Ebd. 1878. à n.n. — 80. —

—— der Umgebung Wiens. 1 : 100,000. Zusammengestellt u. gedr. im k. k. militär.geograf. Institute. Chromolith. Imp.-Fol. Wien 1879, Lechner's Sort. cart. n. 3. —

Loos, Carl, neuester Plan der k. k. Reichs- Haupt- u. Residenzstadt Wien, der Vororte u. Umgebung [Döbling, Dornbach, Hietzing, Schönbrunn, Simmering u. Kaisermühlen]. 1 : 14,400. 2. Aufl. Chromolith. Imp.-Fol. Wien 1879, Teufen. n. 1. 60; m. Strassenverzeichniss. 8. (45 S.) cart. n. 2. 40.

Plan v. Prag u. der nächsten Umgebung, ergänzt u. umgearb. v. Jos. Grafnetter. 1 : 11,520. Chromolith. Imp.-Fol. Prag 1877, Haase. In Carton. n. 2. —

—— neuester, der königl. Landes-Hauptstadt Prag u. der Vororte. Lith. u. color. Imp.-Fol. Mit Text. 8. (24 S.) Prag 1877, Kytka. cart. n. 1. 20.

—— der k. k. Haupt- u. Residenzstadt Wien u. der nächsten Umgebung. 1 : 14,400. 4., m. den neuesten Nachträgen ergänzte Aufl. Chromolith. qu. gr. Fol. Mit Strassenverzeichniss. gr. 16. (16 S.) Wien 1877, Braumüller. cart. n. 1. 20.

—— neuester, v. Wien, eingetheilt in 10 Bezirke. Ausg. 1878. Chromolith. qu. gr. Fol. Mit Fremdenführer u. Strassen-Verzeichniss. Mit 6 (lith.) Theater-Plänen. gr. 16. (62 S.) Wien 1878, C. A. Müller. cart. n. 1. 20.

—— neuester, der k. k. Reichs-Haupt- u. Residenzstadt Wien u. der Vororte. Mit Angabe der Häuser-Nummering. 5. Aufl. Chromolith. qu. gr. Fol. Wien 1879, Teufen. n. — 60; m. Strassenverzeichniss. 8. (24 S.) cart. n. 1. —

Situationsplan über die Erweiterung der k. Hauptstadt Prag in Folge der Auflassung der Schanzen vom pořičer zum blinden Thore, hrsg. vom Oekonomie-Amt der k. Hauptstadt Prag. 2 Blatt. Chromolith. Imp.-Fol. Prag 1875, Haase. 3. —

Strnad, Jos., Plan v. Prag u. der nächsten Umgebung 1 : 11,520. Chromolith. Imp.-Fol. Prag 1876, Haase. n. 1. 60; in Carton n. 2. —

Wagner, J. E., General-Karte der Umgegend v. Prag. 1 : 220,000. Lith. Imp.- Fol. Prag 1879, Kytka. n. — 80.

VIII. Russland.

Eisenbahn-Karte d. europäischen Russland. 1 : 8,400,000. Ausg. 1878. Lith. qu. gr. Fol. St. Petersburg 1878, Röttger. — 75

Handtke, F., General-Karte vom europäischen Russland. 1 : 5,000,000. Ausg. 1875. Lith. u. color. Imp.-Fol. Glogau, Flemming. 1. 50.

—— General-Karte vom westlichen Russland nebst Preussen, Posen u. Galizien. 1:2,000,000. Ausg. 1875. Lith. u. color. Imp.-Fol. Ebd. 1. 50.

Raab, G. F., Karte der Eisenbahnen Russlands. Nach den neuesten Materialien entworfen. 1 : 4,750,000. Ausg. 1875. Chromolith. Imp.-Fol. Glogau, Flemming. n. 1.

Schmidt, J. H., Karte v. Ehstland m. den Kreis-, Polizeidistricts- u. Gutsgrenzen, so wie den Plänen der Städte, neu umgearb. u. hrsg. im J. 1871. Mit der Eisenbahn-Linie Taps-Dorpat ergänzt im J. 1876. 1:210,000. 6 Blatt. Lith. u. color. gr. Fol. Reval 1877, Kluge. n. 18. —; auf Leinw. in Mappe n. 23. —

Special-Karte vom europäischen Russland, der Statthalterschaft Kaukasus u. den angrenzenden Theilen der europäischen u. asiatischen Türkei etc., auf Grund der im kriegstopograph. Depot bearb. u. v. der kaiserl. russ. geograph. Gesellschaft in St. Petersburg hrsg. Karte. 1:3,000,000. Höhenschichten v. O. Delitsch, Seewege von W. v. Freeden. Red.: Arnd. 4 Blatt. Kpfrst. m. Farbendr. u. Colorit. 2. rev. Aufl. Mit den neuesten polit. Umgestaltgn. Imp.-Fol. Weimar 1878. Geograph. Institut. n. 12. —; auf Leinw. in Etui n.n. 17. —; m. Stäben n.n. 19. —; lackirt n.n. 22. —

Ziegler, J. M., Karte d. europäischen Russland. 2 Blatt. Kpfrst. u. color. Imp.- Fol. Leipzig 1877, Hinrichs' Verl. 3. —; auf Leinw. u. in engl. Cart. n. 4. 50.

IX. Schweiz.

Eisenbahnkarte, officielle, der Schweiz, m. Benützg. der reduzirten Dufour-Karte. 1875. 1:250,000. 4 Blatt. Kpfrst. u. color. qu. gr. Fol. Bern. (Dalp). n.n. 10. —
Gross, Rud., Eisenbahnkarte der Schweiz m. Angabe der Poststrassen, Dampfschifffahrts-u. Telegraphenlinien. 3. Aufl. Lith. u. color. Imp.-Fol. Zürich 1875, Schmidt. n. 2. 40
Karte der Militärkreise der Schweiz. 1:125,000. Hrsg. vom eidgenöss. Stabsbüreau. 4 Blatt. Kpfrst. u. color. Imp.-Fol. Bern 1875, (Dalp). n.n. 12. —
—— der Militair-Kreis-Eintheilung d. Kantons Bern nebst Nummerirg. der Truppeneinheiten d. Kantons Bern. 1875. Chromolith. Imp.-Fol. Bern, Huber & Co. n. 1. 20.
—— der Schweiz in 4 Blättern, nach dem topograph. Atlasse d. eidgenöss. Generalstabes reduziert unter der Direction d. Herrn G. H. Dufour. 1:250,000. Neue rev. Ausg. 1875. Bl. 1 u. 2. Kpfrst. Imp.-Fol. Bern, (Dalp). à n.n. 2. 50
Keller, Hch., Karte der Militärkreise der Schweiz, enth. die Territorial-Eintheilg. u. die Nummerirung der Truppen-Einheiten u. der combinirten Corps. Kpfrst. u. color. Imp.-Fol. Zürich 1876, Keller. n. 3. —
Kutter, W. R., Karte d. Kantons Bern nach den eidgenöss. Aufnahmen bearb. u. hrsg. Gezeichnet v. R. Leuzinger. 1:200,000. 2. ganz umgearb. u. m. neuer Schrift verseh. Aufl. Imp.-Fol. Bern 1878, Dalp. Auf Leinw. n. 6. 40.
Leuzinger, R., neue Karte der Schweiz. 1:400,000. 2 Blatt. Chromolith. Imp.-Fol. Bern 1876, Dalp. n. 5. 60; auf Leinw. in Futteral n. 8. —
Uebersichtskarte, officielle, der schweizerischen Eisenbahnen m. Angabe sämmtl. Stationen. April 1879. Chromolith. qu. Fol. Zürich 1879, Orell, Füssli & Co. Verl. n. 1. 50.

X. Türkei und die Balkanländer.

General-Karte v. Bosnien, hrsg. vom k. u. k. militär-geograf. Institute in Wien. 1:300,000. 12 Blatt. Heliogravure in Kpfr. m. braunem Schraffenterrain. Imp.-Fol. Wien 1879, (Artaria & Co.). à n.n. 1. 40.
—— von Bulgarien, hrsg. vom k. u. k. militär-geogr. Institute in Wien. 1:300,000. 14 Blatt. Heliogravure in Kpfr. m. braunem Schraffenterrain. Imp.-Fol. Ebd. 1879. à n.n. 1. 40.
—— der Europäischen Türkei. Hrsg. vom k. u. k. militär-geograf. Institute in Wien. 1:300,000. (Anschluss an die General-Karte v. Central-Europa.) Chromolith. Imp.-Fol. Ebd. 1878. à Blatt n.n. 1. 40.
Geripp-Karte der Balkan-Länder. 1:500,000. Directe Reprodukzion nach dem Gerippe der Generalkarte 1:300,000, hrsg. vom k. k. militär-geogr. Institute. 7 Blatt. Lith. u. color. Imp.-Fol. Wien 1878, (Artaria & Co.). n.n. 11. 20.
Graef, C., Handkarte der europaeischen Türkei m. den Vasallenstaaten Montenegro, Serbien, Rumaenien. 1:3,000,000. Kpfrst. u. color. gr. Fol. Weimar 1876, Geograph. Institut. 1. —
—— Uebersichtskarte der europaeischen Türkei m. d. Vasallenstaaten Montenegro, Serbien, Rumaenien u. Griechenland. 1:3,000,000. Kpfrst. u. color. Imp.-Fol. Ebd. 1876. 1. 50.
Haardt, Vinzenz v., Handkarte v. Bosnien, der Herzegovina, Novibazar, Montenegro u. dem oesterreich.-ungar. Küstengebiete. 1:1,200,000. Chromolith. Fol. Wien 1878, Hölzel. n. 1. 20.
Handtke, F., General-Karte der Balkanhalbinsel, nebst e. Uebersichtskarte der Gebietsveränderngn. in Kleinasien. 1:1,580,000. Chromolith. Imp.-Fol. Glogau 1878, Flemming. 1. 20.
—— Special-Karte v. Bosnien, Montenegro u. Dalmatien. 1:600,000. Chromolith. Imp.-Fol. Ebd. 1878. 2. —
—— Specialkarte v. Rumänien. 6 Blatt. 1:600,000. Chromolith. Imp.-Fol. Ebd. 1878. 6. —

Handtke, F., Special-Karte v. Serbien u. Montenegro. 1:600,000. Chromolith. Imp.-Fol. Glogau 1878, Flemming. 1. 50.

—— Special-Karte der europäischen Türkei in 20 Blättern. 1:600,000. Lith. u. color. qu. gr. Fol. Ebd. 1875. à Blatt n. 1. 50.

Kanitz, F., Original-Karte v. Donau-Bulgarien, dem Balkan u. Süd-Ost-Serbien, nach seinen Reise-Aufnahmen. 1:625,000. Photozinkotyp. u. color. qu. gr. Fol. Gotha 1877, J. Perthes. n. 1. 20.

—— Original-Karte d. Fürstenth. Bulgarien u. d. Balkans, nach seinen eigenen Reise-Aufnahmen in den J. 1870—74 ausgeführt. 1:420,000. 2 Blatt. Chromolith. Imp.-Fol. Wien 1879, k. k. Hof- u. Staatsdruckerei. n. 4. —

Karte, neue, der Balkan-Halbinsel nach dem Frieden v. San Stefano. 1:2,250,000. Chromolith. Imp.-Fol. Berlin 1878, Mittler & Sohn. n. 1. —

—— v. Bosnien, der Herzegovina u. Rascien. 1:1,152,000. Rev. Ausg. Lith. u. color. qu. Fol. Leipzig 1875, Brockhaus. n. 1. 20.

—— der Küstenländer d. Schwarzen Meeres. Lith. u. color. qu. gr. Fol. Leipzig 1877, Bibliograph. Institut. n. — 50.

Kiepert, H., General-Karte d. türkischen Reiches in Europa u. Asien, nebst Ungarn, Süd-Russland, den kaukas. Ländern u. West-Persien. 4 Blätter. 1:3,000,000. Mit Nachträgen u. Berichtiggn. 1877. Lith. u. color. Imp.-Fol. Berlin, D. Reimer. n. 6. —; auf Leinw. in Mappe n. 10. —

—— Karte der neuen Grenzen auf der Balkan-Halbinsel nach den Bestimmgn. d. Vertrages v. Berlin vom 13. Juli 1878 nach amtl. Quellen zusammengestellt. 1:3,000,000. Lith. u. color. qu. Fol. Ebd. 1878. n. 1. 20.

—— Karte vom östlichen Rumelien [ant.: Thracien], nach den engl. u. russ. Küstenaufnahmen, österreich. u. russ. Recognoscirgn., verschiedenen Eisenbahn-Vermessgn. u. Reiserouten, vorzüglich Aug. Viquesnel's zusammengestellt. 1:540,000. Photolith., chromolith. u. color. 2 Blatt. Imp.-Fol. Ebd. 1877. n. 3. —

—— Karte d. Sandjak Filibe [Philippopolis], aufgenommen nach Anordng. d. dort. Provinzial-Gouverneurs Mehemmed-Nusret-Pascha. Nach dem zu Constantinopel lith. türk. Original übers.. auf den halben Längenmassstab reducirt u. autogr. Autogr., chromolith. u. color. qu. gr. Fol. Ebd. 1876. n. 1. 60.

—— neue Karte v. Bulgarien, nach den neuesten österreich. u. russ. Recognoscirgn., m. Benutzg. v. Aufnahmen f. Eisenbahnprojecte durch Humann u. Ogleditsch u. m. Berichtigg. der Nomenclatur redigirt. 1:540,000. 2 Blatt. Chromolith. u. color. Imp.-Fol. Ebd. 1877. n. 4. —

—— Special-Karte d. türkischen Armeniens, nach allen vorhandenen Quellen, besonders den Aufnahmekarten d. russ. Gebietes vom Kaukas. Generalstabe, einschliesslich der 1829 u. 1854—55 auf türk. Gebiete ausgeführten militair. Recognoscirgn., sowie nach sämmtl. veröffentlichten Reiseberichten u. Wegeskizzen [namentlich v. Hamilton, C. Koch, W. Strecker, J. Bluhm, M. Deffner, Narses Sarkiseau] zusammengestellt. 1:500,000. Autogr., chromolith. u. color. 2 Blatt. gr. Fol. Ebd. 1877. n. 3. —

—— die Staten der Balkan-Halbinsel nach den Grenzbestimmungen d. Friedens v. Hagios Stephanos. [S. Stefano.] 3. März 1878. 1:3,000,000. Lith. u. color. Imp.-Fol. Ebd. 1878. n. 1. 20.

Liebenow, W., Karte der europäischen Türkei. 1:1,250,000. 2 Blatt. Lith. u. color. qu. gr. Fol. Berlin 1876, Berliner lithogr. Institut. n. 1. —

Massaloup, J. V., General-Karte d. Fürstenth. Rumänien u. der angrenzenden unteren Donauländer von Pest bis Odessa. 1:806,400. Chromolith. Imp.-Fol. Bukarest 1876. (Leipzig, Kessler.) n. 4. 50.

Pauliny, J. J., Karte der russisch-türkischen Grenzgebiete in Kleinasien, nach den vorhandenen besten Quellen entworfen. 1:750,000. Photolith., chromolith. u. color. Imp.-Fol. Wien 1877, (Lechner's Verl.). n. 2. 30.

—— dasselbe. Ergänzungs-Blatt: Ersingan, Karahissar, Trapezunt. 1:750,000. Lith. gr. Fol. Ebd. 1878. n. 1. —; m. chromolith. Terrain n. 1. 40.

Petermann, A., Karte der russisch-türkisch-persisch-englischen Grenzländer v. Bosnien bis Kaschgar u. Indien. Lith. u. color. Imp.-Fol. Gotha 1877, J. Perthes. 1. 20.

Ravenstein, Karte der europäischen Türkei u. d. Königr. Griechenland. 1:3,400,000. Chromolith. gr. Fol. Leipzig 1876, Bibliograph. Institut. n. — 50.

Schaefer, M., neue Karte der Türkei in Europa u. Asien. Nach dem Friedens-

Vertrag v. San Stefano. 1:3,000,000. Lith. u. color. Imp.-Fol. Berlin 1878, A. Abelsdorff. 1. —

Scheda, Jos. Ritter v., General-Karte der europäischen Türkei u. d. Königr. Griechenland. 1:864,000. 13 Blatt (incl. Plan v. Constantinopel). Neue Ausg. v. 1876 m. Nachtragg. der Eisenbahnen. Chromolith. qu. gr. Fol. Wien 1876, Artaria & Co. 18. —; einzelne Blätter à 2. —

—— Karte der Europäischen Türkei, nebst Theilen v. Klein-Asien, Russland u. das Schwarze Meer. 3 Blatt. Kpfrst. u. color. Imp.-Fol. Ebd. 1877. 2. 40.

—— Karte v. Bosnien, Herzegowina u. Albanien, nebst Serbien, Montenegro u. Dalmatien. Photolith. u. color. Imp.-Fol. Ebd. 1875. 1. 50.

Schlacher, J., Karte v. Bosnien, Herzegowina, Serbien u. Montenegro, nebst e. grossen Theile v. Albanien, Bulgarien u. den angrenz. Ländern der österr.-ungar. Monarchie. Nach neuesten Quellen bearb. 1:1,200,000. Chromolith. Imp.-Fol. Wien 1876, Lechner's Verl. n. 2. 60.

—— Karte der Türkei u. Nachbarländer. 5 Blatt. Chromolith. Imp.-Fol. Wien 1877, (Faesy & Frick. — Lechner's Verl.). 2. 50; einzelne Blätter à n. — 80.

Steinhauser, A., Ortskarte v. Türkisch-Kroatien, Bosnien, Herzegowina nebst Serbien, Montenegro u. Theilen der angrenzenden Länder m. den vom Congress in Berlin bestimmten neuen Grenzen. Chromolith. Imp.-Fol. Wien 1878, Artaria & Co. 1. 20.

—— das Sandschak Novi Bazar, nebst Nord-Albanien, Neu-Serbien u. Montenegro, sowie Theilen v. Bosnien u. der Herzegovina. 1:864,000. Vollständig neu bearb. Lith. u. color. Imp.-Fol. Ebd. 1879. 1. 20; m. Terrain 2. —

Ziegler, J. M., Karte der Europäischen Türkei u. Griechenlands. Mit den Grenzen nach den Friedensbestimmgn. v. San Stephano. 1:3,000,000. Kpfrst. u. color. qu. Fol. Leipzig 1878, Hinrichs' Verl. — 75.

Pläne etc.

Fischer, J., Plan v. Constantinopel u. Umgebung, nach den neuesten Quellen bearb. 1:30,000. Lith. u. color. Imp.-Fol. Wien 1877, Hölder. n. — 80.

XI. Aussereuropäische Länder.

General-Karte v. Central-Asien, bearb. nach den besten u. neuesten russ. u. engl. Quellen vom k. u. k. militär-geograf. Institute in Wien. 1:3,024,000. 12 Blatt. Chromolith. qu. gr. Fol. Wien 1875, (Artaria & Co.). n.u. 12. —

Handtke, F., Karte v. Afghanistan, Turkestan u. Belutschistan (1:8,000,000), nebst e. Karte d. indisch-afghan. Grenz-Gebietes. Chromolith. qu. gr. Fol. Glogau 1878, Flemming. 1. —

Karte v. Afghanistan u. den angrenzenden Gebieten [m. Benützg. v. A. Petermann's Karte v. Iran u. Turan]. Ausg. I. 1:2,550,000. Chromolith. Mit beigedruckten statist. Daten. Imp.-Fol. Wien 1878, Hartleben. — 50.

—— dasselbe. Ausg. II. 1:5,000,000. Chromolith. qu. Fol. Ebd. 1878. — 25.

Kiepert, Heinr., Karte v. Iran. Oestliche Hälfte, enth. Afghanistan, Balutschistan u. die Oezbeghischen Khanate am Oxus, nach engl. u. russ. Orig.-Karten u. Reiseberichten zusammengestellt. Octbr. 1878. 1:3,000,000. Photolith., chromolith. u. color. Imp.-Fol. Berlin 1879, D. Reimer. n. 2. —

—— Special-Karte der Landschaft zwischen Kabul u. dem Indus, vorzüglich nach dem India-Atlas [1860—68] m. Zusätzen nach den Recognoscirgn. Lt. Sturt, Faiz-Baksch u. a. 1:600,000. Photolith., chromolith. u. color. qu. gr. Fol. Ebd. 1879. u. 1. 20.

Ziegler, J. M., Karte der Vereinigten Staaten v. Nordamerika, nebst Mexico. Centralamerika u. Westindien. 1:7,000,000. 4 Blatt. Chromolith. u. color. qu. gr. Fol. Leipzig 1876, Hinrichs' Verl. n. 4. —

XII. Militär- u. Kriegskarten.

Belegungs-Plan f. das Barackenlager auf dem Lechfelde. Autogr. qu. gr. Fol. Augsburg 1878, (Rieger). n. — 25.

Franke, Alc. Rud., Karte zu den Herbstübungen der k. sächs. II. Infanterie-Division im Jahre 1879. 1 : 100,000. Chromolith. Fol. Plauen 1879, Kell. n. — 50.

Garnison-Karte v. Frankfurt a/O. (2 Meilen Umkreis). 1 : 25,000. 4 Blatt. Lith. Imp·-Fol. Frankfurt a/O. 1879, Waldmann. n. 5. —; auf Leinw. n. 9. —; m. Stäben n. 11. —

—— der deutschen Armee, m. Angabe der Armeecorps- u. Landwehr-Bezirks-Grenzen, sowie m. Bezeichng. der Servis-Klassen f. sämmtl. Garnison-Orte. Chromolith. Imp.-Fol. Nebst e. ausführl. Liste aller Truppentheile u. Landwehr-Bataillone m. Angabe der Standquartiere. 8. (16 S.) Leipzig 1880, Ruhl. n. — 80.

General-Uebersichts-Karte d. gesammten russisch-türkischen Kriegsschauplatzes in Europa u. Asien. Nebst Rumäuien, Serbien u. Montenegro, dann Griechenland u. den angrenz. Gebieten v. Oesterreich-Ungarn. 1 : 2,500,000. Ausg. 1. Lith. n. color. Imp.-Fol. Wien 1877, Hartleben. — 70; Ausg. 2. schwarz — 25.

—— des gesammten russisch-türkischen Kriegsschauplatzes im Kaukasus. Lith. gr. Fol. Ebd. 1877. — 20; color. — 40.

Handkarte vom Kriegsschauplatze in der Herzegowina, Bosnien, Dalmatien, Montenegro, Serbien. 1 : 2,500,000. Kpfrst. u. color. qu. gr. 4. Weimar 1876, Geograph. Institut. — 30.

Handtke, F., General-Karte d. Schwarzen Meeres, nebst Kriegsschauplatz in der europ. u. asiat. Türkei. Mit den Karten d. Bosporus u. der Dardanelleustrasse. Chromolith. Imp.-Fol. Glogau 1877, Flemming. n. 1. 20.

—— Karte d. russisch-türkischen Kriegsschauplatzes in Asien. Generalkarte vom Kaukasus. Lith. u. color. Imp.-Fol. Ebd. 1877. n. 1. —

Hédin, description des plans des batailles de Borny, Rezonville, Gravelotte St.-Privat et du blocus de Metz. 8. (IV, 75 S.) Briey 1877. (Metz, Deutsche Buchh.) n. — 80.

—— Metz et ses environs. 1 : 80,000. Chromolith. qu. gr. Fol. Ebd. 1877. n. — 50.

—— Metz et ses fortifications. 1 : 20,000. Chromolith. Imp.-Fol. Ebd. 1877. n. 2. —

—— Metz-Thionville et environs. 1 : 80,000. Lith. u. color. Imp.-Fol. Ebd. 1877. n. 1. 20.

—— plan de la bataille de Borny. 1 : 50,000. Chromolith. Imp.-Fol. Ebd. 1877. n. 1. 20.

—— plan de la bataille de Gravelotte. 1:50,000. Chromolith. Imp.-Fol. Ebd. 1877. n. 1. 20.

—— plan du blocus de Metz. 1 : 50,000. Chromolith. Imp.-Fol. Ebd. 1877. n. 1. 60.

—— plan de la bataille de Rezonville. 1 : 50,000. Chromolith. Imp.-Fol. Ebd. 1877. n. 1. 20.

—— plans des 3 batailles Borny-Colombey, Rezonville-Mars-la Tour, Gravelotte-St.-Privat. 1 : 50,000. Chromolith. Imp.-Fol. Ebd. 1877. n. 2. 40.

—— tombes et monuments funèbres, élevés sur les champs de batailles autour de Metz. 1 : 50,000. Chromolith. Imp.-Fol. Ebd. 1877. n. 1. 60.

Hofacker, A., Karte vom Kriegsschauplatz in Europa u. Asien. Nebst e. Specialkarte der untern Donauländer. Chromolith. u. color. Imp.-Fol. Düsseldorf 1877, Michels. 1. 20.

Isenburg, Plan v. Düppel u. den Belagerungsarbeiten 1864. 1:12,500. Lith. qu. Fol. Neisse 1879, Graveur's Verl. — 75.

Karte d. russisch-türkischen Kriegsschauplatzes in Europa u. Asien. 1 : 1,250,000. 2 Blatt. Chromolith. qu. gr. Fol. Berlin 1877, Mittler & Sohn. n. 2. —

—— der Küstenländer d. Schwarzen Meeres. Kpfrst. qu. gr. Fol. Leipzig 1877, Bibliogr. Institut. — 50.

—— für die Manöver d. IX. Armeecorps im Septbr. 1875. 1 : 50,000. Sect. 1 u. 2. Rostock u. Doberan. Lith. u. color. gr. Fol. Lübeck 1878. (Rostock, Werther.) à n.n. — 90; auf Leinw. à n.n. 1. 40.

—— für die Manöver der 17. Division 1877. 1 : 83,333. Lith. Imp -4. Ratzeburg 1877, Schmidt. n. — 80.

Kiepert, Arnold, Special-Karte d. Kriegsschauplatzes. Der orientalische Krieg 1877. Chromolith. 1 : 2,600.000. Ausg. A. Imp.-Fol. Wien 1877, Perles. n. 1. 50; Ausg. B. n. — 75; Ausg. C. n. — 40.

Kiepert, H., Karte d. orientalischen Kriegsschauplatzes in Europa u. Asien. Ueberdruck aus der General-Karte d. türk. Reiches in 4 Blatt [1855] m. Berichtiggn. u. Zusätzen 1877. 1 : 3,000,000. Lith. u. color. Imp.-Fol. Berlin 1877, D. Reimer. n. 1. 20.

—— Special-Karte d. Kriegs-Schauplatzes in Serbien, Bosnien, Herzegowina. [Aus

der Generalkarte der Europ. Türkei in 4 Bl.] 1:1,000,000. Lith. u. color. Imp.-
Fol. Berlin 1876, D. Reimer.   n. 1. 60.
Kiepert, H., Uebersichtskarte vom Kriegsschauplatze in der Herzegowina, Bosnien, Dal-
matien, Montenegro. 1:800,000. Kpfrst. u. color. Imp.-Fol. Weimar 1876, Geograph.
Institut.   1. 50.
König, Gust., Karte d. Kriegsschauplatzes in der Europäischen Türkei, Bosnien,
Serbien, Montenegro, Hercegowina, nebst Rumänien u. Theilen der angrenz. Län-
der Oesterreich-Ungarn, Russland u. Griechenland. 1 : 2,600,000. 2. Aufl. Chro-
molith. Imp.-Fol. Wien 1876, Perles.   — 75.
Kriegskarte umfassend die europäische Türkei, Griechenland, Rumänien, Serbien,
Montenegro. 1:1,650,000. Lith. u. color. gr. Fol. Weimar 1876, Gast & Co. n. — 80.
—— umfassend die europäische Türkei, Griechenland, Rumänien, Serbien, Montenegro. 1 : 1,650,000. Lith. u. color. Imp.-Fol. Berlin 1877, Chun.   — 75.
Leeb, Karl, Plan vom Lager Lechfeld; nach dem neuesten Material bearb. 1:15,000.
2. Aufl. Lith. u. color. qu. gr. Fol. Augsburg 1878, Rieger.   n. 1. 50.
Manöver-Karte f. die Gegend Hadersleben-Kolding, hrsg. vom Generalstabe der
18. Division. 1 : 60,000. 4 Blatt. Chromolith. qu. gr. Fol. Berlin 1876, (Gold-
schmidt).   n. 3. —
Plan d. Artillerie-Schiessplatzes zu Griesheim bei Darmstadt u. seiner nächsten Um-
gebg. 1:25,000. Lith. u. color. qu. gr. 4. Darmstadt 1876, Klingelhöffer. n. — 40.
Rappard, F. v., Kaiser-Parade-Karte v. Düsseldorf zum 2. u. 3. Septbr. 1877.
1 : 25000. 9 Blatt. Lith. Fol. Barmen 1877. (Leipzig, Schneider.)   n. 7. —;
                                                                        color. n. 9. —
Rüdgisch, v., Plan v. Colombey u. d. Gefechtsfeldes d. VII. Armee-Corps am 14.
Aug. 1870. 1:5000. 4 Blatt. Lith. u. color. Imp.-Fol. Berlin 1875, Schropp. n. 5. —
Seifert, M., Karte zu den Uebungen der comb. II. Infanterie-Division No. 24. west-
lich Chemnitz im Septbr. 1877. 1:50,000. Autogr. Fol. Dresden 1877, (Burdach).
                                                                        n.n. — 75.
—— Karte zu den Uebungen der comb. I. Infanterie-Division Nr. 23. zwischen
Pirna u. Dippoldiswalde im Septbr. 1877. 1:50,000. Autogr. gr. Fol. Ebd. 1877.
                                                                        n.n. — 75.
Sundahl, v., Karte d. Kriegsschauplatzes in der Herzegowina. Lith. u. color. qu. Fol.
München 1875, Fritsch.   n. — 40.
Tröltsch, E. de, carte d'emplacement des forces militaires de la France en temps
de paix. Dressée d'après les meilleurs documents. 1:1,700,000. 3. éd. 2 feuilles.
Chromolith. Imp.-Fol. Stuttgart 1877, Aue.   n. 6. —
—— Dislocations-Karte der Kriegsmacht d. Deutschen Reichs im Frieden. Ent-
worfen nach den besten Quellen. 1:1,700,000. 2 Blatt. Chromolith. Imp.-Fol.
Ebd. 1879.   n. 6. —
—— dasselbe. 1:1,000,000. 6 Blatt. Chromolith. gr. Fol. Constanz 1877. (Berlin,
Schropp.)   n. 6. —
Uebersichtskarte f. die Herbstübungen d. XII. kgl. sächs. Armee-Corps. Chromo-
lith. Imp.-Fol. Dresden 1878, (Axt).   n. — 75.

XIII. Seekarten.

General-Karte d. Adriatischen Meeres in 4 Blättern. 1. Blatt. Nach den Aufnahmen der k. k. oesterreich. u. k. italien. Kriegs-Marine unter der Leitg. von
T. v. Oesterreicher u. Duca A. Imbert. 1867—1873. 1:350,000. Kpfrst.
Imp.-Fol. Triest 1879, Schimpff.   n.n. 4. —
General- u. Kurs-Karte d. Adriatischen Meeres. Nach den Aufnahmen der k. k.
österreich. u. der k. italien. Kriegs-Marine unter Leitg. von T. v. Oesterreicher
u. A. Imbert. 1867—1873. 1:1,000,000. Kpfrst. Imp.-Fol. Triest, (Schimpff).
                                                                        n.n. 2. 40.
Gezeiten-Tafeln f. d. J. 1880. Kaiserliche Admiralität, hydrograph. Bureau. Mit
13 Blättern in Steindr., enth. Darstellgn. der Strömgn. in der Nordsee u. der
Gezeiten-Strömgn. im engl. Kanal. 36. (VIII, 106 S.) Berlin 1879, Mittler & Sohn.
cart.   n. 1. 25.
Lange, H., Uebersichts-Karte der Leuchtfeuer an der deutschen Küste nach dem
Bestande im Sommer 1876. Hrsg. vom Reichskanzler-Amte. 2 Blatt. Chromolith.
Imp.-Fol. Berlin 1877, D. Reimer.   u. 6. —
Seekarten der kaiserl. deutschen Admiralität, hrsg. vom hydrograph. Bureau. Nr.

30—38. 43 a. u. b. 44. 45. 49—59. Kpfrst. Imp.-Fol. Berlin 1875—1879, D. Reimer.
n.n. 56. 25.

Inhalt: 30. Ostsee, deutsche Küste. Schleswig-Holstein. Sect. II. 1:100,000. Vermessen im
J. 1872 unter Leitg. d. Capt.-Lieutn. Henser durch S. M. Kanonenboote Meteor u. Drache
u. m. Benutzg. der neuesten dän. Aufnahmen f. das dän. Gebiet. Imp.-Fol. n.n. 2. 25. — 31.
Ostsee, Fehmarn-Sund. Specialkarte der Sect. II. 1:40,000. Aufgenommen im J. 1872.
Imp.-Fol. n.n. — 75. — 32. Ostsee: Eckernförder Bucht. 1:50,000. Vermessen in den J.
1872 u. 1874. n.n. 1. —. — 33. Ostsee: Kieler Bucht. 1:40,000. Vermessen im J. 1872.
n.n. 1. —. — 34. Westindien. Hayti. Puerto-Plata. Specialkarte. 1:10,000. Nach den Vermessgn. „S. M. S. Albatross", Commandant Corv.-Capt. Stenzel im Mai 1873. Fol. n.n. — 75.
— 35. Hafen v. Santoña [Spanien. N. Küste]. Mit Zugrundelegg. der Br. Adm. Karte Nr.
75, berichtigt nach Vermessgn. S. M. Kanonenboot „Nautilus", Commandant Corv.-Capt. O.
Zembsch. 1874. n n. — 50. — 36. Ostsee. Deutsche Küste, Holstein, Mecklenburg. Sect. III.
2 Blatt. n.n. 3. —. — 37. Ostsee: Neustädter Bucht m. der Einsegelung in die Trave u.
nach Wismar. 1:50,000. Vermessen im J. 1873. n.n. 3. —. — 38. Ostsee. Kleiner Belt.
Deutsche Küste. Schleswigs Küstenkarte. Sect. I. 1:100,000. Vermessen im J. 1874 unter
Leitg. d. Corv.-Capt. Hoffmann durch S. M. Kanonenboote „Delphin" u. „Blitz". Mit
Benutzg. der neuesten Aufnahmen f. das dän. Gebiet. 2 Blatt. n.n. 3. —. — 43 a u. b.
Häfen u. Ansichten der maroccanischen Küste. Vermessen von Frhrn. v. Löwenstern,
Lieutn. z. See, an Bord S. M. Kanonenboot „Nautilus", Commandant Corv.-Capt. Zembsch,
1875. 2 Blatt. n.n. 1. —. — 44. Die Nord-See. [Südlicher Thl.] Segel-Karte. Nach den
neuesten u. ausländ. Vermessgn. 1:800,000. 5 Blatt. n.n. 5. —. — 45. Ost-See. Deutsche
Küste, Preussen. Sect. VIII. 1:450,000. Vermessen im J. 1875 unter Leitg. d. Corv.-Capt.
Hoffmann, durch S. M. Kanonenboot „Delphin". 2 Blatt. n n. 2. 50. — 49. Jade-, Weser-
u. Elb-Mündungen. Sect. 3. 1:100,000. Nach den neuen Vermessgn. S. M. Kanonenboot
Drache. Unter Leitg. v. Capit.-Lieut. Holzhauer im J. 1876. n.n. 4. —. — 50. Die deutsche
Bucht der Nordsee. 1:300,000. Nach den neuesten deutschen u. ausländischen Vermessungen.
2 Blatt. n.n. 4. —. — 51. Ostsee. Deutsche Küste, Preussen. Sect. VII. 1:150,000. Vermessen
im J. 1876 unter Leitg. d. Corv.-Capt. Hoffmann, durch S. M. Kanonenboot „Delphin".
n.n. 2. 50. — 52. Ostsee. Specialkarte d. Königsberger Haff. Sect. 7. 1:50,000. Vermessen
im J. 1876. n.n. 1. 50. — 53. Nordsee. Von Terschelling bis Cap Criz Nez u. v. Cromer
bis Dungeness. [Die Hoofden.] 1:300,000. Nach den neuesten ausländischen Vermessungen.
2 Blatt. n.n. 4. —. — 54. Kattegat. Laesö-Rinne. Nach den neuesten dän. Vermessgn.
1:100,000. n.n. 1. 50. — 55. Der Sund. Nach den neuesten dän. u. schwed. Aufnahmen.
1:100,000. 2 Blatt. n.n. 3. —. — 56. Nordsee, Jade- u. Weser-Mündung. Specialkarte der
Section III 1:50.000. Nach den neuesten Vermessgn. 2 Blatt. n.n. 3. —. — 57. Dänemark.
Samsö-Belt. Nach dän. Aufnahmen. 1:100,000. 2 Blatt. n.n. 2. 50. — 58. Ost-See. Deutsche
Küste, Pommern. Sect VI. 1:500,000. Vermessen im J. 1877 unter Leitg. d. Corv.-Kapt.
Hoffmann durch S. M. Kanonenboot „Delphin" n.n. 2. 50. — 59. Die Nordsee. (Segel-Karte.)
1:1,500,000. 2 Blatt. n.n. 4. —

Seekarten der deutschen Nordseeküste. Hrsg. v. der kaiserl. Admiralität. Blatt 1,
3, u. 7. Lith. u. color. Imp.-Fol. Ebd. 1876.　　　　　　　　　　n. 14. —

Inhalt: 1. Deutsche Bucht der Nordsee. Nach Aufnahmen d. Corv.-Capt. Grapow u. Lieutn.
z. S. Hoffmann i. d. J. 1867—69, unter Benutzg. der hannov. Küsten-Karte v. 1866, der
Hamburger Elbe-Karte v. 1868, der holländ. Küsten-Karten v. 1868 u. der dän. Karte
„Helgoland's Bucht". 1:300,000. Verbessert bis 1876. 4 Blatt. n. 6. —. — 3. Ostfriesische
Inseln. Oestlicher Thl., m. Jade- u. Weser-Mündg. Nach d. J. 1866 hrsg. hannov. See-
karten u. Aufnahmen d. Corv.-Capt. Grapow u. Lieutn. z. S. Hoffmann i. d. J. 1867, 68 u. 69.
1:100,000. Berichtigt 1876. n. 4. —. — 7. Jade-, Weser- u. Elb-Mündungen. Nach den
Aufnahmen d. Corv.-Capt. Grapow i. d. J. 1867 u. 68, unter Zugrundelegg. der Ueber-
sichts-Karte d. Lieut. z. S. 1. Cl. Köhler v. 1859 u. theilweiser Benutzg. der Hamburger
Elb-Karte v. 1868. 1:100,000. Verbessert 1876. n. 4. —

Verlag der J. C. Hinrichs'schen Buchhandlung in Leipzig.

Neuer Atlas der ganzen Erde

für die Gebildeten aller Stände und für höhere Lehranstalten.

Fünfunddreissigste Auflage. 1879.

30 Karten mit Berücksichtigung der geographischen Werke von Dr. C. G. D.
Stein u. A., entworfen u. gezeichnet von Dr. **J. M. Ziegler**, Dr. **H. Lange**,
G. Heck u. A.

nebst historischen und statistischen Tabellen

von Dr. **Otto Delitsch**,　　　　und　　　　Hofrath Dr. **H. F. Brachelli**,

Prof. an der Universität und stellvertr. Director　　o. ö. Professor am Polytechnicum u. Vorstand des
an der Realschule zu Leipzig.　　　　　　statist. Departements im Handelsministerium zu Wien.

cart. M. 24. —, in Leinwand M. 26. —

Auswahl in 26 Karten cart. M. 16. 40.; in Leinwandband M. 18. —

Alphabetische Uebersicht.

7*

Zeibek, Oesterreichs Feld-Art.-Materiale M. 1875. 50.
Zeichnungeu z. Veranschaulichg. takt. Format. d. Iufant. etc. 33.
— zur Waffenlehre. 50.
Zeidner, Erzeugung etc. d. Geschützrohre, s.: Handbuch f. d. k. k. Art. 45.
Zeitschrift f. d. schweizer. Artillerie. 4.
— deutsche militärärztliche 4.
Zeleny, d. feldmäss. Eisenbahn - Oberbau. 53.
Zenetti, d. Reichsgesetze betr. Quartierleistgn. (Deutsches Reich.) 20.
— Wehrordnung. (Bayern.) 20.
Zepelin, v., Gesch. d. preuss. Gren.-Reg. No. 2. 70.
Zerbs, d. russ. Exped. gegen Chiwa. 9.
Zernin, aus d. Gesch. d. Allg. Militär-Zeitung. 70.
Zieglmayer, Bedienung d. Feldgeschütze, s.: Handbuch f. d. k. k. Art. 45.
Ziese, öb. neuere Schiffsmaschinen. 61.
Zieten, H. J. v., s.: Hahn, W. 71.
Zimmermann, A., Erlebnisse e. deut. Feldsoldaten in Frankr. 1870/71. 78.
Zimmermann, B., illustr. Gesch. d. orient. Krieges 1876/77. 70.
Zimmermann, K., bei der Iufanterie. 78.
Zimmermann, L. R., Skizzen aus dem österreich. Soldatenleben. 78.
Zipperling, Beschreibg. d. ersten österreich. Sanitäts-Schulzuges. (2) 30.

Zobel, d. Felddienst. 33.
— d. moderne Infant.-Gefecht. 37.
Zum Studium d. neuen Exercir-Regl. f. d. k. k. Fusstruppen. 37.
— Unterricht f. d. bayr. Cav. 43.
Zur Entwickelung d. Taktik. 33.
— Taktik der Situation. 33.
— Unteroffiziersfrage. 13.
Zürn, Hufbeschlag, s.: Schauplatz. 42.
Zusammenstellung d. Abändergn. d. Reglements üb. d. Geldverpflegg. (Deutsches Reich.) 20.
— der Aendergn. in d. Militär-Ersatz-Instruction. (Deutsches Reich.) 20.
— der Bestimmgn. f. d. einjähr. freiw. Dienst. (Deutsches Reich.) (2) 20.
— der abändernden Bestimmgn. üb. d. Friedenslazarethe. (Deutsches Reich.) 20.
— der Namen der einz. Theile d. Carab. M/71. 50.
— der Rang- u. Quartierlisten d. preuss. Cavallerie. 43.
— tabellarische, d. gesetzl. Bestimmgu. üb. d. Erfüllg. d. Militärpflicht. (Deutsches Reich.) 21.
Zustände, d. militär., iu d. Türkei. 77.
Zwehl, v., Handbuch f. Einjährig-Freiw., s.: Müller, C. Th. 23.
Zweythurm, L., Militär-Gesundheitspflege, s.: Handbuch f. Unteroff. 34.
Zwichem, van, Tageb. d. Schmalkald. Donaukrieges. 73.

Druckfehler.

Seite 49 lies: Weygand statt: Weigand.

Verlag von **Eduard Baldamus** in Leipzig.

MARINE-NOVELLEN.

Der Marine-Onkel. — Kadettenliebe.

Von **B. Lothar.**

VIERTE AUFLAGE.

Preis geheftet 2 M.; feine Ausgabe auf Kupferdruck-Papier in marineblauem eleg. Einband 3. M.